BIBLIOTHÈQUE
DES MERVEILLES

PUBLIÉE SOUS LA DIRECTION

DE M. ÉDOUARD CHARTON

L'INTELLIGENCE DES ANIMAUX

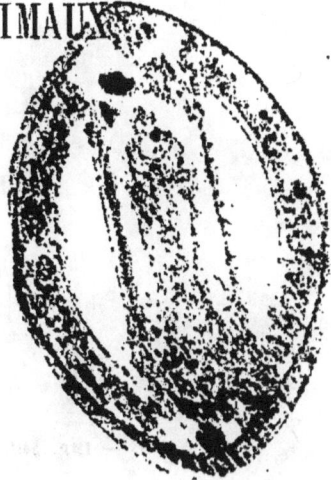

L'Intelligence des Animaux

a obtenu une Medaille d'argent à la Société protectrice
des animaux de France et à celle de Belgique.

PARIS. — IMP. SIMON RAÇON ET COMP., RUE D'ERFURTH, 1.

BIBLIOTHÈQUE DES MERVEILLES

L'INTELLIGENCE
DES ANIMAUX

PAR

ERNEST MENAULT

L'intelligence reflète l'organisation.

TROISIÈME ÉDITION

OUVRAGE ILLUSTRÉ DE 54 VIGNETTES
PAR E. BAYARD, A. MESNEL, ETC.

PARIS
LIBRAIRIE HACHETTE ET Cⁱᵉ
BOULEVARD SAINT-GERMAIN, Nº 79

1872

A

M. PAUL BOUDET

ANCIEN MINISTRE DE L'INTÉRIEUR

Hommage de respect et de reconnaissance.

ERNEST MENAULT.

Louverné, 1er novembre 1866.

Mon cher Menault,

Votre lettre est venue me trouver à la campagne, où je suis encore pour quelques jours.

Je vous remercie de votre souvenir, et j'accepte la dédicace de votre livre dans les termes où vous me la proposez.

Ma position actuelle, et les fonctions que j'ai occupées antérieurement, ne m'autorisent pas à me poser comme un savant ni comme un naturaliste; mais je passe par-dessus le sujet du livre pour ne voir que l'auteur, à qui j'ai voué un sincère attachement, et en faveur duquel je serai toujours heureux de manifester mon intérêt, sous quelque forme que ce soit.

A bientôt, mon cher Menault; je vous envoie mes compliments les plus affectueux.

P. BOUDET.

DE L'INTELLIGENCE

CHEZ

LES ANIMAUX

LES FOURMIS

Leur activité. — Leur industrie. — Leurs mœurs. — La transmission
de leurs idées. — Leur gouvernement.

Depuis bien longtemps on a remarqué l'intelligence
des fourmis.

Plutarque raconte les observations faites sur ces insectes par le philosophe Cléanthe. Montaigne, les rappelant
à son tour, ajoute « que les bêtes qui n'ont pas de voix
ne laissent pas d'avoir pratique et communication mu-
tuelle. »

Voyez aussi la merveilleuse organisation des fourmis:
tête forte, mâchoires vigoureuses, antennes longues et
délicates, pattes fines, munies de crochets qui leur servent pour se fixer et prendre des points d'appui, corps
léger dépourvu de tout ornement, de tous moyens de
protection.

Les fourmis naissent, comme l'homme, complétement

1

nues ; mieux que lui, elles ont de bonnes nourrices qui
les entourent des soins les plus assidus et leur prodiguent
les plus tendres caresses, les exposent au soleil s'il fait
chaud, les gardent dans leur retraite si la température
se refroidit. En grandissant, les
fourmis suppléent à la faiblesse
de leur corps par la vitesse de leurs
pattes, par la finesse de leur toucher, par une cinquantaine d'yeux
qui préviennent les dangers. Elles
ont enfin à leur disposition un
acide mordant qu'elles lancent
contre leurs ennemis et dont certaines espèces se servent pour sécher, noircir, brûler les arbres où
elles construisent leurs demeures.

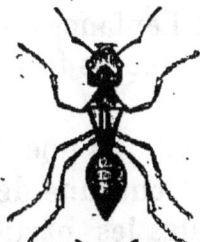

Comme nous, les fourmis ont un
gouvernement ; mieux que nous,
elles ont su établir une république, une pure démocratie qui semble réaliser les rêves politiques du
divin Platon, de Thomas Morus. Dans la république des
fourmis, tous les biens demeurent en commun, tous les
enfants appartiennent à l'État : chacun est frère et ne se
distingue de ses concitoyens que par son amour ardent pour la chose publique. Les femelles sont toujours
entourées d'une cour respectueuse, portées même en
triomphe quand elles se sentent fatiguées, nourries dé-
licieusement, mais elles ne jouissent dans la république
d'aucune influence politique ; elles se contentent du rôle
patriotique de donner un grand nombre de citoyens à
l'État. Aussi, ces nobles matrones sont-elles honorées
pendant qu'elles vivent ; et Huber prétend qu'on leur fait
à leur mort de magnifiques obsèques. Quant au pouvoir,

Fourmis.

il est dévolu au peuple, aux artisans, au gros de la nation.

Cette existence prouve à elle seule l'intelligence des fourmis. Aussi, croyons-nous inutile de parler de l'instinct de ces ouvrières qui naissent bûcheronnes, charpentières et pourvoyeuses, et de reproduire l'excellente description des nids de fourmis par Huber. Cependant je dirai un mot des fourmis noires cendrées qui construisent tout différemment que les autres espèces. Leur industrie est fort simple comparée au talent de la fourmi fauve ou de la fourmi des gazons ; c'est l'enfance de l'art, mais leurs combinaisons ne sont pas moins fort ingénieuses.

Ces fourmis traçant le plan d'un mur, d'une case, d'une galerie, d'une avenue, travaillent chacune de leur côté ; aussi arrive-t-il parfois que toutes les parties en construction ne coïncident pas parfaitement les unes avec les autres. Une voûte, par exemple, est ébauchée ; trop basse pour le mur parallèle qui doit la recevoir, elle rencontrerait ce mur d'attente à la moitié de son élévation, si on la continuait sur le même plan. Un pareil obstacle semble insurmontable pour un si faible insecte. Les noires cendrées ne s'en émeuvent pas ; une fourmi passe, reconnaît l'erreur, détruit la voûte commencée, relève le mur sur lequel elle devait s'appuyer et fait une nouvelle voûte qui, cette fois, conduite par une ouvrière expérimentée, remplit parfaitement toutes les conditions de construction. N'est-ce pas là un acte de comparaison, de jugement, d'intelligence enfin ?

Lorsque les fourmis noires cendrées commencent quelque entreprise, dit Huber, on croirait voir une idée naître dans leur esprit et se réaliser par l'exécution. Ainsi, quand l'une d'elles découvre sur le nid deux brins d'herbe, qui se croisent et peuvent fa-

voriser la formation d'une loge, ou quand elle aperçoit
quelques petites poutres qui en dessinent les angles et
les côtés, on la voit examiner les parties de cet ensemble, puis placer avec beaucoup de suite et d'adresse des
parcelles de terre dans les vides et le long des tiges,
prendre de toutes parts les matériaux à sa convenance,
quelquefois même sans ménager l'ouvrage que d'autres
ont ébauché, tant elle est dominée par l'idée qu'elle
a conçue et qu'elle suit sans distraction; elle va, vient,
retourne jusqu'à ce que son plan soit devenu sensible
pour d'autres ; l'idée comprise, celles-ci achèvent en
commun l'ouvrage dont leur compagne a pris l'initiative.

La première qui conçoit un plan en trace aussitôt
l'esquisse, les autres n'ont plus qu'à continuer ce qu'elle
a commencé. A l'inspection des premiers travaux, elles
jugent de ceux qu'elles doivent entreprendre; elles savent toutes ébaucher, continuer, polir et perfectionner
leur ouvrage selon l'occasion: leurs mandibules dentelées leur servent d'instruments tranchants, leurs antennes leur tiennent lieu de compas, et leurs pattes
antérieures sont la truelle avec laquelle elles gâchent
leur mortier, l'appliquent, l'étendent et le fixent en
ciment solide.

Le docteur Ebrard, auteur d'excellentes observations
sur les mœurs des fourmis, fut un jour témoin du stratagème d'une noire cendrée qui révèle le plus ingénieux
calcul de la part de cette espèce.

« Un jour, dit-il, j'aperçus sur le sommet d'une fourmilière toute une ébauche d'un nouvel étage en construction ; c'étaient des séries de galeries formées par
deux murs apposés et mi-couverts, interrompues par
de nombreuses cellules inachevées. Les extrémités supérieures des parois de plusieurs de ces salles faisaient
en dedans une saillie de 3 millimètres, et cependant

elles laissaient entre elles un espace découvert large
de 2 centimètres. Les fourmis noires cendrées ne transportent jamais ni brins de bois, ni brins d'herbe et ne se
servent jamais de piliers en terre; comment les ouvrières s'y prendront-elles pour achever de couvrir les
cellules commnncées, avant que les matériaux, formant
le pourtour de la voûte inachevée, tombent sous leur
propre poids? Le sol était mouillé et les travaux en
pleine activité. C'était un va-et-vient continuel de fourmis sortant de leur demeure souterraine et apportant
des morceaux de terre qu'elles adaptaient aux construc-
tions anciennes.

« Concentrant mon attention sur la salle la plus vaste,
je vis qu'une seule fourmi y travaillait; l'ouvrage était
avancé, et cependant, malgré une saillie prononcée en
dedans de la partie supérieure des murs, un espace
de 12 à 15 millimètres restait à couvrir. C'était le
cas, pour maintenir la terre restant à placer, d'avoir
recours, comme le font plusieurs espèces de fourmis, à des piliers, à de petites poutres, ou bien à
des débris de feuilles sèches, mais l'emploi de ces
moyens n'est pas dans les habitudes des noires cendrées.

« Notre ouvrière, paraissant quitter un moment son
ouvrage, se dirigea vers une graminée peu distante,
dont elle parcourut successivement plusieurs feuilles,
qui, comme l'on sait, sont linéaires, longues et étroites.
Choisissant la plus proche, elle alla chercher de la terre
mouillée qu'elle fixa à son extrémité supérieure. Elle recommença cette opération jusqu'à ce que, cédant sous
le poids, la feuille s'inclinât légèrement du côté de la
salle à couvrir. Cette inclinaison avait lieu malheureusement plutôt vers l'extrémité de la feuille, laquelle
menaçait de se rompre. La fourmi, parant à ce nouvel

inconvénient, la rongea à sa base externe, de sorte qu'elle s'abaissa dans toute sa longueur au-dessus de la salle à couvrir. Ce n'était point assez : l'apposition n'étant pas parfaite, l'ouvrière la compléta en déposant de

Travail d'une fourmi.

la terre entre la base de la plante et celle de la feuille, jusqu'à ce que le rapprochement désiré fût produit; ce résultat obtenu, elle se servit de la feuille de graminée en guise d'arc-boutant, pour soutenir les matériaux destinés à former une voûte. »

Après ces différentes observations, qui sont pour nous une preuve incontestable de l'intelligence des fourmis, nous vous demanderons, cher lecteur, de vous raconter aussi ce que nous avons vu, de nos propres yeux vu.

C'était aux derniers jours de mai, alors que les hannetons, après avoir dévoré les feuilles des arbres, viennent mourir sur les chemins, où ils servent de pâture aux carabes et aux fourmis. J'étais à me promener avec un de mes jeunes amis et compatriotes, M. Henri Delafoy, amateur d'histoire naturelle, lorsque nous aperçûmes quelques fourmis activement occupées autour

d'une aile de hanneton. Que faisaient-elles? — Vous
allez le voir. — Elles entraînaient l'aile vers une petite
ouverture qui était certainement beaucoup trop étroite
pour la recevoir. Comment donc la faire entrer? Il
fallait aviser : les fourmis ne sont jamais embarrassées.
Il est bien probable cependant qu'elles n'avaient pas
encore rencontré pareil obstacle ; ce qu'elle devaient
exécuter n'était pas pour elles affaire d'habitude.
Elles commencèrent donc par diriger une des extrémités de l'aile dans le petit conduit de leur retraite.
Trois d'entre elles, jugeant que la chose n'irait pas
seule, se mirent à descendre dans le trou tirant l'aile
par en bas, tandis que les autres la poussaient par en
haut ; mais, vains efforts ! l'aile ne voulait pas entrer.
Que faire? fallait-il donc abandonner une si belle cap-
ture ? Non, les fourmis sont aussi courageuses qu'intelligentes ; sans perdre confiance dans leur activité et leur
génie, elles renoncent à leur premier moyen, et elles
appliquent l'aile contre une des parois de l'ouverture.

Elles ont sans doute examiné ce qu'il y avait à faire.
Les voilà toutes résolues, pleines d'activité, qui se mettent à élargir le conduit ; chacune descend à son tour
et rapporte une petite parcelle de terre qu'elle dépose
aux abords de l'orifice. Elles font tant qu'en moins
d'une demi-heure l'ouverture est agrandie de moitié,
elle a environ un centimètre de diamètre, l'aile est aux
trois quarts enfoncée. Nul doute que d'ici peu elle aura
complétement disparu ; mais voici qu'une fourmi arrive triomphante traînant toute seule un insecte. Ses
sœurs l'aperçoivent, elles vont à sa rencontre et en-
traînent l'animal vers l'ouverture où est toujours l'aile
du hanneton ; elles le glissent le long de cette aile
comme sur un plan incliné ; deux ou trois descendent,
tirent l'animal par la tête ; une minute après, il a

complétement disparu. Les fourmis, heureuses de leur
succès, reviennent à l'aile du hanneton ; elles cherchent pendant quelque temps à la faire entrer de
force : impossible ! Alors une fourmi la prend dans
ses mandibules et l'emporte hors du trou : aussitôt
ses sœurs se mettent à travailler, elles descendent et
montent de nouveau des parcelles de terre qu'elles

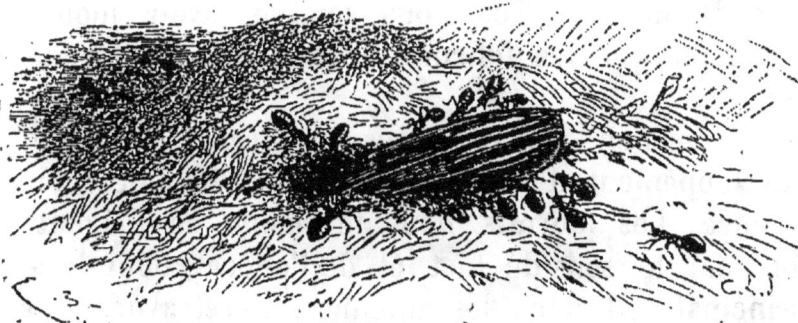

Transport d'un fardeau.

arrachent aux parois de l'ouverture pour agrandir le
passage. Quelques-unes, un peu pressées, reprennent
l'aile, l'attirent de nouveau, l'aile s'enfonce presque
entièrement, mais elle est encore arrêtée ; le fond de
l'ouverture n'est sans doute pas assez dégagé ; les
unes ont beau tirer par en haut, les autres incliner à
droite, à gauche, pour tâcher de la faire pénétrer plus
facilement, il faut renoncer à ce procédé ou commencer à déblayer le terrain ; mais les fourmis jugent,
de nouveau, que l'aile leur nuit dans leur travail, elles
la sortent encore une fois et se mettent à déblayer
avec une nouvelle ardeur. Une troisième fois elles
essayent de la faire entrer ; un nouvel obstacle survient,
une pluie d'orage détrempe la terre. Je ne sais si
c'est par hasard ou par calcul, toujours est-il que
l'aile est renversée sur l'ouverture et semble servir

d'abri aux fourmis, qui continuent leur travail. Enfin, ce n'est que vers six heures du soir, après trois heures et demie de patience, d'efforts et d'intelligence, que le trou est assez grand et que l'aile pénètre jusqu'au fond de la retraite. Dira-t-on encore que ces insectes avaient l'habitude d'un pareil travail, qu'ils l'ont exécuté par instinct, sans raisonnement, sans calcul, sans réflexion, sans intelligence enfin? Il faudrait, ce nous semble, avoir moins de jugement que les fourmis elles-mêmes pour en juger ainsi.

Un dernier exemple nous montrera comment le développement d'un sens peut venir en aide à l'intelligence. Les fourmis, nous le savons, se dirigent à la fois par le sens du tact et de l'odorat, dont le siége principal gît dans les antennes. Arrêtez des fourmis dans leur marche, dispersez-les à droite ou à gauche, elles commencent par éprouver quelque embarras, ne savent quel parti prendre, retournent souvent en arrière, en sondant le terrain avec leurs antennes ; puis, inspection faite des lieux, elles reviennent sur leurs pas, retrouvent et poursuivent leur chemin. La finesse de l'odorat, ou plutôt la délicatesse de leur toucher, leur fait retrouver leur direction.

Une fourmi avait un jour rencontré sur un chemin une patte de carabe doré, elle voulait l'entraîner à la fourmilière, tâche difficile, car elle était seule ; ses sœurs étaient sans doute occupées à d'autres travaux. La distance n'était pas très-longue, il est vrai. Elle avait environ 50 centimètres de trajet à parcourir, pour arriver à sa retraite, mais le chemin était raboteux, malaisé, couvert de pierres, de mottes de terre. Vous raconter toutes les tribulations de cette pauvre fourmi pour arriver à son but est impossible. La moindre saillie était pour elle une montagne; tantôt elle contournait les pierres qu'elle rencontrait, d'autres fois elle s'efforçait de grimper par-dessus. Sa proie lui échappait et roulait

Persévérance d'une fourmi.

à droite ou à gauche. Et la pauvre fourmi, inquiète mais non découragée, était obligée de chercher. Comme un chien de chasse, elle s'en allait de ci de là, ayant l'air de flairer, de palper la terre.

Après un temps plus ou moins long, elle ne manquait jamais de retrouver sa proie. Mais jugez de la patience et du courage de ces petites bêtes ! ce n'est qu'après deux heures de lutte contre maints obstacles, qu'elle put arriver à la fourmilière, située dans les herbes près du chemin. Là, notre fourmi trouva du secours ; plusieurs de ses compagnes accoururent à son aide, et en quelques instants, malgré le réseau inextricable des herbes, la patte de carabe fut enfoncée dans la fourmilière.

C'est encore par le contact des antennes que la fourmi reconnaît ceux qui lui sont amis ou ennemis : des signes particuliers, compris de toutes les habitantes de la même fourmilière, ne laissent passer aucune erreur à cet égard ; on peut s'en assurer par l'expérience suivante.

Enlevez des fourmis d'une fourmilière et remettez-les, après un certain laps de temps, dans leur nid. Le premier sentiment de ces émigrées rentrant au logis est une vive inquiétude ; elles veulent échapper, mais la fuite n'est pas facile au milieu de cette foule bruissante, qui va, vient, circule de toute parts sur la fourmilière. Les premières ouvrières qu'elles rencontrent, à défaut de passe-port, leur demandent le mot d'ordre : elles échangent entre elles des contacts d'antennes.

C'est bien, on s'est compris, nos exilées sont du pays ; leur agitation cesse, elles pénètrent avec confiance dans le labyrinthe natal, on les y accueille comme des sœurs qu'on avait crues perdues.

Faites maintenant, dit M. Rendu, l'expérience inverse.

Introduisez dans la fourmilière des fourmis appartenant à la même espèce, mais qui font partie d'un autre nid ; les choses se passeront autrement que tout à l'heure. Les mêmes préliminaires auront lieu de part et d'autre, mais l'interrogatoire au moyen des antennes, loin de rassurer les intruses, ne fait qu'accroître leur frayeur et leur empressement à s'enfuir. Elles ne sont pas de la cité, haro sur l'étranger ! l'éveil est donné, on leur fait une chasse à outrance ; malheur à elles si on les attrape ! la multitude furibonde s'accroche à leurs pattes, à leur corps, à leurs antennes, et les entraîne de force dans la sombre caverne.

Quand, par hasard des fourmis d'une autre tribu ont osé faire une incursion illicite dans la fourmilière, leur vie est bien compromise : une lutte acharnée s'engage ; elles sont assaillies de tous côtés par des combattants qui se renouvellent sans cesse.

Si les fourmis savent se défendre courageusement conïre les étrangers, dans leur famille elles montrent la plus intelligente fraternité.

Qui ne sait que les fourmis se donnent réciproquement à manger ? L'ouvrière est souvent trop occupée pour aller chercher elle-même sa nourriture. Quand elle est pressée par la faim, elle avertit une de ses compagnes en la frappant rapidement avec ses antennes ; la pourvoyeuse à l'instant même s'approche d'elle et lui dégorge dans la bouche les sucs renfermés dans son estomac ; en reconnaissance, l'ouvrière la caresse avec ses antennes et lui brosse la tête avec ses pattes antérieures. N'est-ce pas là encore de l'intelligence, et de la meilleure, puisqu'elle est fraternelle ?

On sait aussi que la fourmi rouge renonce quelquefois à sa demeure souterraine pour se loger dans le tronc de vieux arbres ; elle y sculpte ses logements comme le ferait la fourmi fuligineuse ; elle monte son bâtiment à plusieurs étages ; ses loges et ses cases sont supportées, tantôt par de petites colonnes, tantôt elles s'appuient sur des parois extrêmement minces.

La fourmi rouge, comme le fait remarquer avec raison M. Rendu, cultive donc deux professions bien distinctes. Elle s'élève à volonté jusqu'à l'art difficile de la sculpture et descend aussi au modeste métier de maçon ; elle ne croit pas déroger en échangeant le ciseau de l'artiste contre la truelle de l'ouvrier, quand ses besoins le lui commandent.

Le besoin, chez tous les êtres, est le stimulant le plus vif de l'intelligence. Plusieurs espèces de fourmis d'Amérique ont gardé, sous ce beau climat, l'industrie de faire du miel. Les nôtres, privées de cette faculté, ont été obligées de recourir aux pucerons ; de là un art et un progrès, l'industrie d'élever, de garder, de parquer ce bétail.

Mais si nous constatons que l'intelligence des bêtes et

des hommes est essentiellement stimulée par le besoin, reconnaissons aussi qu'une fois le besoin satisfait, l'intélligence décline : tel fut le sort des peuples conquérants, qui sont arrivés à la décadence à force de raffinement et d'abus de puissance.

Certaines peuplades de fourmis conquérantes semblent avoir exprimé la même destinée. Ce sont les grandes fourmis roussâtres, nommées amazones, aux longues jambes, à la démarche brusque et comme soldatesque, qui vont attaquer les fourmis noires, leur enlèvent des nymphes d'ouvrières et les emmènent comme des ilotes, pour servir de nourrices à leurs larves et compléter ainsi leur société ; car les amazones n'ont pas dans leur société ce gros de la nation, qui forme la classe ouvrière, composée de vierges laborieuses, qui s'en tiennent à l'amour des enfants communs à la république et font tous les travaux de la cité. L'origine de cette société a beaucoup exercé la sagacité des savants.

Il y a là, dit Michelet, un mystère qu'on ne peut guère expliquer aujourd'hui, mais que l'histoire générale de l'espèce, de ses migrations, de ses changements, si on pouvait la refaire, éclaircirait probablement. Qui ne sait combien les animaux se modifient au dehors, au dedans, dans leurs formes et dans leurs mœurs, par les déplacements? Telles espèces ont pu avancer, mais telles autres rétrograder. Et c'est ainsi, ajoute l'ingénieux auteur de *l'Insecte*, que j'expliquerai ce brigandage des rousses. Ce sont probablement des classes dépaysées et démoralisées, des fragments de cités déchues, qui ont perdu leurs arts et qui ne vivraient pas sans ce moyen barbare et désespéré de l'esclavage. Elles n'ont plus la caste artiste, éducatrice, sans laquelle tout peuple périt. Réduites à la vie militaire, elles ne vivraient pas deux jours, si elles ne s'ajoutaient des âmes. Elles vont donc, pour ne

pas périr, voler ces petites âmes noires; lesquelles les
soignent, il est vrai, mais aussi les gouvernent. Et cela,
non-seulement dans l'intérieur de la cité, mais au dehors,
décidant leurs expéditions ou bien les ajournant ; enfin,
réglant la guerre, tandis que les rousses, loin de régler
les affaires de la paix, ne semblent même pas les comprendre.

LES ARAIGNÉES

Mœurs et intelligence de la mygale. — L'araignée fileuse de soie. —
Ruses des araignées pour saisir une proie.

La famille des araignées se distingue d'une manière
assez nette des autres articulés ; cependant cette classe
est loin d'être parfaitement homogène. Il existe des dif-
férences profondes dans l'organisation des divers types
qui la composent. Aussi est-il impossible de dire, d'une
façon générale, quelle est l'intelligence des araignées.
Néanmoins il est bien constaté que ces articulés possèdent un système nerveux variable dans son développement suivant les types, mais qui atteint généralement un
haut degré de centralisation.

Et si certaines araignées sont dépourvues du sens de
la vue, la plupart, au contraire, possèdent des yeux, et
ces yeux sont toujours simples.

Quant au toucher, on admet que les extrémités de
leurs pattes sont parfaitement conformées pour l'exercice
du sens du toucher, mais rien n'est reconnu à l'égard
des autres sens.

La preuve que ces insectes sont parfaitement doués
sous le rapport du système nerveux, c'est que, chez eux
et chez les scorpions en particulier, dont le système

nerveux est très-centralisé, la moindre piqûre au ganglion cérébral amène un trouble immédiat. L'animal ne paraît plus savoir se diriger, il semble avoir perdu la connaissance exacte de ses mouvements. Des expériences faites par M. Émile Blanchard, il paraît résulter que, chez les araignées, toute volonté et tout sentiment des objets extérieurs émanent exclusivement des ganglions cérébroïdes. Aucune trace de mouvements réfléchis ne persiste chez les scorpions quand les noyaux médullaires ont subi une lésion un peu notable, au contraire de ce qui a été constaté chez d'autres articulés dont le système nerveux n'atteint pas le même degré de centralisation.

Parmi la famille des arachnides, l'ordre des aranéides est cité comme une des divisions les plus naturelles et les mieux caractérisées du règne animal tout entier. Cette division est si parfaitement circonscrite, qu'à aucune époque on ne s'est trompé sur ses limites. De tout temps ses divers représentants ont été qualifiés du même nom, *aranea*, araignée. Les espèces de ce groupe zoologique étant devenues fort nombreuses, on a senti la nécessité d'établir des subdivisions parmi ces arachnides et de donner plus d'attention à leurs caractères qu'on ne l'avait fait jusqu'alors. L'œuvre fut commencée par notre célèbre entomologiste Latreille, mais il fallait aussi classer ces animaux d'après une certaine méthode pour rendre faciles les déterminations spécifiques. Ce fut Walckenaer, dont le nom est justement estimé par les entomologistes, comme par les érudits et les géographes, qui, séduit par l'intérêt bien réel qu'offrent les habitudes curieuses et l'industrie de ces êtres, trouva dans la disposition de leurs yeux et dans la nature de leur toile le moyen d'établir des divisions secondaires, pour la plupart assez naturelles.

Dans la classification de Walckenaer, l'ensemble des représentants du genre *aranea* des anciens auteurs forma un grand groupe qu'il désigna sous le nom d'aranéides, adopté depuis dans tous les ouvrages de zoologie.

Parmi ce groupe des araignées, nous décrirons la mygale, dont l'industrie et l'intelligence sont si remarquables. La mygale, non-seulement possède un cerveau bien organisé, mais elle est aussi douée de certains organes des sens, vraiment merveilleux, qui servent admirablement son industrie et son intelligence.

Les yeux de la mygale sont au nombre de huit, formant quatre paires. Ils sont tous placés sur une éminence arrondie et assez élevée. L'utilité de l'espèce de mamelon sur lequel se trouvent les yeux est évidente. A l'aide de cette saillie, ils sont orientés dans diverses directions. Ces yeux n'ont pas tous la même grosseur ni la même forme. Il y en a deux médians, deux principaux sensiblement plus gros que les autres et presque arrondis; ceux-ci occupant le sommet du mamelon, les autres sont rejetés sur les parties latérales. Dans chaque disposition particulière, il y a un but de la nature, une merveilleuse adaptation à des mœurs, à des habitudes spéciales, à un genre de vie propre.

Ainsi la soie, que tous les bombyx ont la propriété de filer, n'est employée par eux que pour un seul usage, c'est-à-dire pour se constituer un abri, une protection, pendant le temps d'immobilité qu'ils passent sous la forme de chrysalide.

Au contraire, pour les araignées, la soie, dit M. Émile Blanchard, a les usages les plus variés. Cette délicate matière textile peut être employée à tapisser des demeures construites en maçonnerie; à former pour l'animal des retraites peu accessibles, à constituer des filets propres à saisir des proies vivantes, à servir de câble ou

d'échelle pour descendre sans danger d'une grande
hauteur, à envelopper les œufs et les défendre ainsi de
la manière la plus efficace contre les atteintes des animaux carnassiers.

Il y a, dans le midi de l'Europe, et même dans le midi
de la France, des araignées d'assez forte taille qui n'ont
pas beaucoup de soie à dépenser. Néanmoins elles savent se servir de leur modeste fortune. Elles ne sont pas
assez riches pour se construire une habitation avec leurs
seules ressources; aussi ces araignées, ces mygales, ainsi
qu'on les appelle, creusent dans le sol un tuyau d'un
diamètre proportionné à celui de leurs corps et, comme
les parois resteraient rudes, elles garnissent ces parois
d'une tenture de soie brillante et si douce au toucher, que
l'habitant n'a pas à redouter le moindre frottement.

Ce n'est pas tout : si cette retraite restait ouverte au
niveau du sol, la mygale pourrait être bientôt saisie par
quelque animal carnassier ; mais cette mygale sait confectionner une porte solide avec la terre qu'elle a rejetée
au dehors en creusant son trou ; cette porte est taillée
un peu en cône, de façon à ne pouvoir être enfoncée par
une pression venant du dehors. A l'extérieur, elle est
inégale comme le sol qui l'entoure, mais en dedans elle
est soigneusement tapissée. A une porte il faut nécessairement une charnière ; et une serrure ou un verrou
peut devenir bien souvent nécessaire ; la mygale sait
pourvoir à toutes ces nécessités. La charnière est formée
avec de la soie si serrée qu'elle peut offrir une incroyable résistance. Ce qui tient lieu de verrou, c'est un cercle de petits trous réguliers placés du côté opposé à la
charnière. Et voyez quelle intelligence ! l'araignée s'a-
perçoit-elle qu'on tente de soulever sa porte, vite, elle
enfonce ses griffes dans les petits trous en s'arc-boutant
dans sa retraite, et défend ainsi toute violation de domicile.

N'est-ce pas admirable? Lorsque la mygale veut sortir pour aller à la chasse, elle soulève sa porte et la laisse retomber ; quand elle revient, elle la tire avec ses griffes et rentre dans sa demeure ; c'est quelque chose de tout à fait semblable à ce que l'on voit encore dans plusieurs villes du nord de la France, de la part des habitants de ces caves dont la porte se soulève sur le trottoir.

Une foule d'araignées emploient la soie pour se confectionner des tubes, des loges dans lesquelles elles se blottissent pour épier leur proie et aussi pour échapper aux atteintes de leurs ennemis. Pour les prendre, elles fabriquent également des filets dont les fils ne sont pas tous de même nature, ni, comme nous le verrons plus loin, de même grosseur. Les fils qui constituent la grande corde transversale, la corde verticale et les rayons, sont d'une soie qui est sèche dès qu'elle sort de la filière de l'araignée. Au contraire, ceux qui constituent les cercles sont d'une soie qui reste assez longtemps agglutinante ; propriété précieuse, car elle permet au fil de contracter une adhérence complète avec les rayons.

Enfin ces mêmes araignées produisent encore une soie destinée à former des cocons pour envelopper les œufs. Cette soie est, quelquefois, toute différente de celle dont la toile est composée. Tandis que les fils de la toile sont blancs, cette soie des cocons, où reposent les œufs, sera d'une magnifique couleur d'or. Les trois sortes de soie sont sécrétées par trois sortes de glandes séricipares, et chacune sécrète une soie spéciale.

Les toiles de l'araignée de nos jardins ne donnent qu'une idée incomplète de quelques-uns des filets qui sont tendus par d'autres espèces appartenant au même genre. Dans les contrées les plus chaudes du monde, à Madagascar, à l'île de la Réunion, à l'île Maurice, dans l'Inde, dans la plupart des îles de la Polynésie, il y a des araignées qui construisent des toiles d'une dimension gigantesque. Elles jettent leur toile au-dessus des cours d'eau, les accrochant aux arbres des deux côtés de la rive. Tous les voyageurs assurent que, lorsque ces animaux sont en grand nombre, leurs toiles ainsi jetées sur les rivières y font un charmant effet dans le paysage.

Dès le siècle dernier, des voyageurs explorant Mada-

Toilés d'araignées.

gascar ou l'île Bourbon avaient remarqué une espèce d'araignée qui construit des trames assez semblables aux toiles de l'araignée des jardins; mais dans ces toiles il y avait quelque chose de plus. On y voyait au centre un gros fil d'un blanc d'argent, plié en zigzag. Le fait avait été signalé, et personne n'avait pu se douter de l'usage de ce gros fil.

Il y a quelques années, un jeune naturaliste, le docteur Vinson, attaché à la mission envoyée à Madagascar pour y nouer des relations avec le gouvernement de ce pays, fit à ce sujet une intéressante observation.

Plusieurs fois, il avait passé des heures entières à examiner l'araignée dont le mode de construction est si singulier, se demandant quel pouvait être l'usage de ce gros fil, véritable câble, si on le compare aux autres fils. Chaque jour il se rendait auprès de quelques-unes de ces araignées pour les étudier. Des mouches venaient se jeter dans le filet. Vite l'araignée se précipitait sur cette proie, jetant au hasard quelques-uns de ces fils légers, et enveloppait les mouches. Le câble ne bougeait pas. L'observateur le détacha à trois ou quatre reprises différentes; l'araignée, chaque fois, en fit un nouveau. Enfin, un jour, au milieu de cette toile se précipita une grosse sauterelle. Les fils légers eussent été impuissants à retenir une pareille proie. Mais remarquez ce trait d'intelligence! aussitôt l'araignée s'élança sur son gros câble et se mit à enrouler la sauterelle avec la plus grande rapidité. Pour qu'il ne restât aucune incertitude, notre observateur, retourna les jours suivants au même lieu, décidé à renouveler l'expérience; il avait eu soin de se munir de très-gros insectes pour les jeter dans la toile de l'araignée. La même manœuvre fut répétée, l'usage du fil fut découvert.

On a songé, il y a fort longtemps, à utiliser la matière textile de l'araignée, mais il est difficile d'en obtenir une quantité suffisante. Le fil ordinaire de l'araignée est quatre-vingt-dix fois plus mince que celui du ver à soie et il faudrait bien dix-huit mille fils d'araignée, selon Réaumur, pour faire un fil de ver à soie.

Cette circonstance empêche de prévoir un emploi industriel un peu considérable de la soie des araignées. Cependant, M. Lebon, président du parlement de Montpellier, parvint en 1709, à en faire fabriquer pour Louis XIV des bas et des gants d'une jolie couleur grise. Mais on dit que le grand roi ne tarda pas à s'en dégoûter.

Alc. d'Orbigny se fit confectionner, avec des toiles de quelques espèces d'araignées d'Amérique, un pantalon qui dura fort longtemps. Les voyageurs rapportent que, dans les contrées équatoriales, on rencontre des toiles

L'araignée américaine.

d'araignées qui ont tant de force, qu'elles arrêtent les oiseaux-mouches, comme le ferait un filet. On dit même que l'homme ne les rompt qu'avec difficulté.

Mais revenons à l'intelligence de nos bêtes. C'est dans les moyens de saisir leur proie que les araignées emploient toutes leurs ressources intellectuelles. L'arai-

gnée des murailles se tapit dans une fente, et là, guet-
tant une mouche, elle fond sur elle d'un seul bond, et
la manque rarement, tant le saut est preste et le coup
d'œil rapide. Une autre espèce guette, sur un arbre, des
chenilles près de l'ouverture de leur nid, et, à mesure
qu'il en sort une, l'araignée la saisit, la suce avide-
ment et la rejette. Mais le moyen le plus généralement
employé par les araignées, celui qui dénote le plus
d'intelligence, c'est la confection de leur toile. Certaines araignées tendent un réseau circulaire à mailles
lâches pour des moucherons ; d'autres forment des tis-
sus plus serrés et d'une trame plus solide, pour enlacer
de plus grosses mouches. Dans le premier réseau, les
fils de trame sont plus forts, et tordus en cordes. Ils
rayonnent tous d'un centre à la circonférence. D'autres
filets plus déliés sont placés circulairement. Par les lois
de cette disposition géométrique, l'insecte en se tenant
au centre, sentira, mieux que partout ailleurs, le moindre mouvement à la circonférence. C'est, au dire de
Virey, ce qu'a prouvé Schmidius, savant mathématicien
allemand, qui a publié un ouvrage dans lequel il démon-
tre que les araignées, comme les abeilles, déploient la
géométrie la plus transcendante. Ce n'est pas seulement
pour saisir différentes proies que l'araignée varie la grosseur de ses fils. Cet animal a l'intelligence de donner d'autant plus de force et de consistance aux fils extérieurs de
sa toile que les corps auxquels ils sont attachés sont
plus éloignés.

Un autre exemple de l'intelligence des araignées a été
raconté par le savant naturaliste Reimar.

Les araignées, dit-il, commencent leur toile en filant
perpendiculairement ; néanmoins j'ai observé le contraire. Mes domestiques ayant tendu des cordes dans ma
cour pour y faire sécher du linge, une araignée étendit

ses fils d'une corde à l'autre et par conséquent tout à fait horizontalement ; elle ne s'écarta des règles ordinaires que parce qu'elle ne vit aucun corps qui lui permit de filer perpendiculairement. — N'est-ce pas agir autrement que par instinct de savoir modifier ses procédés de travail selon les nécessités ?

Mais ce que présente de plus ingénieux cet engin destructeur, c'est le gîte dans lequel l'araignée se tient à l'affût. C'est un véritable tunnel circulaire à double issue et à double usage. L'entrée donne sur la toile et est horizontale ; la sortie aboutit au-dessous et est perpendiculaire. C'est de la première que l'insecte chasseur s'élance sur sa proie ; l'autre remplit l'office d'oubliettes.

L'araignée prend le plus grand soin de ne jamais laisser sur sa toile les cadavres dont elle a sucé le sang : ce charnier épouvanterait sa pâture vivante ; chaque fois que la mouche a été immolée, l'insecte la prend, l'entraîne dans son canal et la précipite par l'ouverture inférieure. Aussi, lorsque les regards s'abaissent vers le parquet situé au-dessous, on est surpris du nombre de victimes de l'araignée. Parfois cette issue dérobée lui sert aussi pour s'évader, quand un grand danger la menace. Mais c'est un cas fort rare ; son usage spécial, son unique destination, dit M. Pouchet, qui revendique l'honneur de cette découverte, c'est de recevoir les débris des repas de l'araignée.

LES ABEILLES

L'habitude de vivre en société est chez les animaux un signe de civilisation et d'intelligence. Nous avons déjà observé ce fait chez les fourmis. Les abeilles vont nous en fournir de nouvelles preuves. Ces petites créatures forment, comme l'homme, des sociétés régulières permanentes, construisent des cités, établissent des ordres divers dans l'État, font des émigrations et fondent des colonies.

Nous sommes surpris quand nous voyons de petits animaux exécuter de si magnifiques travaux, parce que nous oublions toujours que le petit ou le grand ne sont que des

Abeille.

quantités relatives à l'homme, qui se fait le centre de tous les mondes et l'unité de mesure de tous les êtres.

La nature nous étonne, dit Swammerdam, par la grandeur des ouvrages qu'elle a produits, en déployant, pour ainsi dire, toute sa puissance sur la matière,... mais elle ne nous est pas moins incompréhensible, lorsque travaillant à la formation du plus petit insecte, elle concentre toutes ses forces dans un seul point. On n'admire jamais plus les animaux appelés parfaits (c'est-à-

dire que l'homme a jugés les plus semblables à lui) que
lorsque, en les décomposant dans leurs plus petites
parties, l'on découvre que, dans une masse vivante,
tout est organisé, tout est vivant, et dans ce sens le petit
est l'élément du grand, il est partout, il pénètre la nature entière et devient un objet digne de la philosophie.

Après les travaux de Swammerdam et de Maraldi,
Réaumur s'excuse encore d'écrire sur les abeilles. A plus
forte raison devrions-nous aussi nous abstenir, surtout
après les magnifiques découvertes de Schirach, de Huber,
de Wilhelmi, de John Hunter, et de Dzierzon. Nous ne
dirons rien des merveilles de l'architecture de ces animaux, tant de fois décrites, non plus que des soins des
ouvrières pour les petites larves. Ce que nous chercher-
rons uniquement pour ne pas tomber dans les redites, ce
sont de véritables manifestations intellectuelles.

Les abeilles, dit Fée, dont les actes sont plus réguliers
se rapprochent beaucoup des fourmis par l'intelligence.
Ce qu'on sait de la conduite d'une ruche a depuis longtemps excité l'admiration. Les résultats obtenus par les
mouches à miel, avec des instruments d'une simplicité
extrême, atteignent à un degré de perfection incroyable.
Appellera-t-on seulement instinct cette sollicitude de
tous les instants? cette singulière distribution du travail? cette police admirable qui soumet tout à la règle
et obvie à l'instant à une foule d'éventualités que ne pouvaient, en particulier, prévoir ces animaux?

Les abeilles connaissent l'inquiétude, la haine, la
colère. Elles modifient leurs actes, suivant les circonstances, savent user de stratagèmes contre les ennemis
plus forts qu'elles et proportionnent la défense à l'attaque.

Parmi les mellifères, les chalicodomes ne constru-

sent de nid que s'ils n'en ont pas trouvé de vieux.
En ont-ils rencontré un, ils le remettent en état. Les
xylocopes ne se creusent des demeures dans le bois
qu'après avoir exploré les vieux troncs qui sont dans le
voisinage afin de se loger dans les trous faits par des
générations antérieures d'insectes de leur espèce ; ce
qui les dispense de tout travail inutile.

Voici d'autres preuves d'intelligence encore plus
concluantes.

On trouve des ruches dont les gâteaux sont tous parallèles les uns aux autres, c'est le cas le plus ordinaire ; dans d'autres, les gâteaux qui occupent, de haut
en bas, une partie de la ruche sont encore parallèles
entre eux, mais ceux qui remplissent le reste de l'habitation sont obliques aux premiers. Les abeilles, en
commençant un second gâteau, s'attachent souvent au
bout opposé à celui auquel le premier gâteau est assu-
jetti ; ce second gâteau doit être parallèle au premier,
et il ne doit rester entre eux qu'un intervalle limité.
Ont-elles, par aventure, mal pris leurs mesures, et le
second gâteau s'écarte-t-il trop du premier, les abeilles,
pour regagner une partie du vide provenant de leur
mauvaise disposition, le dirigent obliquement ; à mesure qu'elles l'étendent, elles lui donnent une inclinaison qui le rapproche de l'autre ; elles font plus quelquefois, elles remplissent certains espaces de gâteaux
tous parallèles entre eux, mais inclinés ou même per-
pendiculaires aux rayons précédemment construits. Est-
ce là de l'automatisme ? Il faudrait être vraiment plus
sot que les bêtes pour ne pas voir qu'il y a, dans ces
actes, du calcul, de la comparaison, de la réflexion, de
l'intelligence enfin.

Voici un autre acte d'intelligence non moins saisissant. Dans une ruche, un grand nombre de cellules sont

réservées uniquement pour les provisions, les abeilles les font plus creuses que les autres; elles ont parfois jusqu'à 22 millimètres de profondeur sur un diamètre qui n'en excède jamais 5. Lorsque la récolte du miel est si abondante que les vaisseaux manquent pour la loger, les ouvrières sortent de leur voie accoutumée; elles allongent les anciennes cellules, ou bien elles donnent aux nouvelles des dimensions plus considérables que celles des alvéoles ordinaires. Leurs ressources, en l'art de bâtir, sont toujours au niveau de leur besoin. On ne peut donc pas dire que ces insectes font ce qu'ils ont toujours fait sans réflexion, sans calcul, sans intelligence.

Niera-t-on encore que ce n'est pas par un fait d'intelligence que l'abeille ouvrière juge si les cellules, où sont contenues les larves, sont bien approvisionnées? L'ouvrière visite d'abord un certain nombre de cellules à la fois, elle ne s'arrête que lorsque cette revue générale est faite. Après avoir bien tout vu, tout examiné, elle revient alors sur ses pas, entre dans l'une des cellules qui ne lui semble pas suffisamment approvisionnée et y dégorge la bouillie sur laquelle le corps de la larve demeure couché.

Que d'autres actes intelligents encore à citer! On sait que la mère abeille part toujours avec le premier essaim que jette une ruche au printemps. Tandis que la nouvelle colonie fait acte de premier occupant, prépare ses logements, bâtit, butine et travaille à l'accroissement de la population par les soins qu'elle prend de la descendance de son chef, les abeilles restées dans l'ancienne ruche font une garde sévère autour des alvéoles royaux où se trouvent de jeunes femelles à l'état de larves, de nymphes et même d'insectes parfaits, mais emprisonnés. Aucune de ces der-

nières ne sera retenue captive au delà du temps précis
où elle doit jouir de sa liberté, mais aucune d'elles
non plus ne sera délivrée avant son tour; toutes ne
sortiront de leurs cellules que successivement, suivant
la date de leur âge. La consigne sur ce point est in-
flexible. Plus elles feront d'efforts pour s'affranchir,
plus leurs gardiennes les surveilleront de près, réta-
blissant la porte de leur prison au fur et à mesure
qu'elles la détruisent, et la refermant chaque fois
qu'elles ont pris leur repas au bout de la trompe de leur
nourrice.

On se rappelle qu'au moment de l'essaimage, les
alvéoles royaux renferment un certain nombre de femelles, sous la forme de larves et de nymphes; plusieurs n'attendent que le moment de leur délivrance
pour s'emparer à leur tour du gouvernement. Une seule
reine doit régner. La première femelle sortie de prison
n'a pas plutôt été fécondée, qu'elle va détruire les
autres femelles retenues dans leurs cellules royales; les
ouvrières ont reconnu sa qualité de mère, elles la
laissent faire; elle attaque ses rivales toutes l'une après
l'autre, et les tue avec son dard. Huber fut un jour témoin de cette exécution, dans laquelle la mère abeille
développa une grande intelligence.

« La reine, dit-il, se jeta avec fureur sur la première
cellule royale qu'elle rencontra. A force de travail, elle
parvint à en ouvrir la pointe. Nous la vîmes tirailler avec
ses mandibules la soie de la coque qui y était renfer-
mée, mais, probablement, ses efforts ne réussissaient
pas à son gré, car elle abandonna ce bout de la grande
cellule et alla travailler à l'extrémité opposée, où elle
parvint à faire une plus grande ouverture. Quand elle
l'eut assez agrandie, elle se retourna pour y introduire
son ventre; elle fit différents mouvements en tous sens,

jusqu'à ce que enfin elle réussit à frapper sa rivale d'un
coup d'aiguillon. Alors, elle s'éloigna de cette cellule,
et les ouvrières qui, jusqu'à ce moment, étaient restées
simples spectatrices de son travail, se mirent, après
qu'elle eût quitté la cellule, à agrandir la brèche qu'elle
y avait faite et en tirèrent le cadavre d'une reine à peine
sortie de son enveloppe de nymphe. Pendant ce temps,
la reine se jeta sur une grande cellule et y fit également
une large ouverture, mais elle ne chercha pas à y introduire l'extrémité de son ventre ; cette seconde cellule ne
contenait pas, comme la première, une reine déjà développée, elle ne renfermait qu'une nymphe de reine. »

Quoiqu'il soit naturel aux abeilles et aux guêpes de
jeter au dehors de leurs habitations les cadavres qui
s'y trouvent, lorsqu'ils sont d'un volume trop considérable, elles ont recours à l'expédient de les mettre en
pièces et de les transporter ainsi morceau par morceau
au dehors. Reimar, à qui nous devons cette observation,
raconte que s'il arrive qu'un limaçon se soit glissé dans
une ruche, les abeilles ont l'intelligence de l'envelopper
de cette matière gommeuse dont elles bouchent ordinairement les fentes et les crevasses de leurs ruches ;
le cadavre étant ainsi claquemuré ne répand pas plus
de mauvaise odeur que s'il était jeté au dehors.

M. Maurice Girard, qui a fait un excellent livre sur
les métamorphoses des insectes[1], cite plusieurs exemples de la grande mémoire des abeilles. Elles reconnaissent, dit-il, leur ruche au milieu d'une foule
d'autres ; si un champ est couvert de fleurs qui leur
plaisent, elles retournent l'année d'après au même endroit, lors même que sa culture est toute changée et
qu'elles n'y font plus qu'un maigre butin. Un essaim

----

[1] C'est l'un des livres de la *Bibliothèque des merveilles*.

égaré avait été se loger sous les poutres d'un toit et là
avait commencé ses gâteaux dorés. Le maître le prend
et le met dans une ruche. Le lieu précédemment choisi
avait plu singulièrement aux abeilles, car, pendant huit
années, tous les essaims de cette ruche (et aucun des
autres ruches voisines) envoyèrent quelques éclaireurs

Défense de l'entrée d'une ruche.

le reconnaître. Le souvenir en fut donc, non-seulement
conservé dans la petite nation, mais transmis à plusieurs
générations de descendants.

Voici un dernier trait de l'intelligence des abeilles.
En 1806, Huber père constatait que le sphinx à tête de
mort abondait, et que, gourmand de miel, il entrait dans
les ruches et cassait tous les gâteaux en promenant son
énorme corps, dont le volume est plus de cent fois celui

d'une abeille. Les abeilles furent épouvantées, elles ne savaient que faire. Jamais elles ne s'étaient trouvées en face d'un pareil ennemi. Après maintes réflexions, jugeant de leur faiblesse, elles imaginèrent d'employer la ruse suivante, qui leur réussit. Un épais bastion de cire s'éleva à l'entrée de toutes les ruches du pays ; une petite poterne ne laissait passer qu'une abeille à la fois : les sphinx gloutons, mais dépourvus d'appareils tranchants, volèrent en frémissant contre l'obstacle, mais ils ne purent entrer. Au bout de deux ou trois ans, l'ennemi redevint plus nombreux, et immédiatement les abeilles fermèrent les orifices des ruches.

Un dernier trait des mœurs des abeilles va nous montrer comment ces faibles insectes sont arrivés à résoudre un problème qui peut exciter la jalousie de l'homme. Je ne sais par quel raisonnement physiologique les animaux ont pu comprendre l'importance de la nutrition dans le développement des forces physiques, et même dans les modifications profondes qu'elle peut apporter dans l'organisme, au point de rendre féconds des êtres qui ne le sont pas. Cette transformation, que nos plus grand médecins, nos plus profonds observateurs, depuis Aristote jusqu'aux micrographes de nos jours, n'ont pu tenir sous leur volonté, de pauvres petits êtres, qui ne sont ni de l'Académie des sciences, ni de l'Académie de médecine, l'ont découvert et pratiqué depuis les temps les plus reculés, bien avant l'époque où nous n'étions encore que des Gaulois barbares, dégagés de toute science.

Au lieu de la simple bouillie distribuée aux mâles et aux ouvrières, quand les abeilles ont perdu leur reine et qu'elles veulent en créer une autre, elles choisissent des vers d'ouvrières, qu'elles nourrissent avec une substance plus épaisse, plus sucrée, plus stimulante, connue

sous le nom de *gelée royale*. Les abeilles leur en donnent une si grande quantité, que, au moment où l'on
ne trouve plus de bouillie dans les cellules des mâles ou
des ouvrières qui viennent de passer à l'état de nymphes,
les cellules royales contiennent encore, à ce moment, un
volume de gelée égal à celui de la larve, tant l'éducation des mères abeilles s'écarte des règles ordinaires !

Les abeilles comprennent très-bien que, pour une
plus grande alimentation, il faut une plus grande quantité d'air, autrement les digestions seraient mauvaises,
la nutrition nullement réparatrice ; ce n'est pas ce qu'on
mange qui profite, mais ce qu'on digère. Elles le savent ;
aussi ont-elles soin d'agrandir les cellules de ces larves,
en proportion de la nourriture qu'elles leur donnent.
Elles font plus, elles les ornementent d'un autre style
d'architecture, elles les agrandissent aussi, au fur et à
mesure que la larve prend son accroissement, et, lorsque celle-ci est sur le point de se changer en nymphe,
quand la vie de nutrition est suspendue, alors elles réduisent la cellule en la fermant avec un couvercle, mais
ce rétrécissement de la demeure se fait peu à peu jusqu'à
la métamorphose suprême.

C'est à cette gelée spéciale, ainsi qu'à la dimension
des alvéoles royaux, que les larves de mères abeilles
doivent le principe de leur fécondité. Aussi, quand des
abeilles ont perdu leur reine, elles peuvent la remplacer à volonté, si toutefois la ruche contient des larves
âgées de moins de trois jours. Plus tard, la transformation ne saurait avoir lieu. Mais, à ce moment une larve
d'ouvrière peut parfaitement, par l'influence de l'air et
de la nourriture, devenir une femelle féconde.

Telle est l'influence de la gelée royale, que, si quelques parcelles de cette nourriture tombent par mé-
garde dans les petites cellules qui environnent les

alvéoles royaux, les larves d'ouvrières reçoivent une portion de fécondité, mais elles ne pondent jamais que des œufs de faux bourdons.

La chalicodonie, ou abeille maçonne, montre dans la construction de son nid maintes preuves d'intelligence. Les travaux de cet insecte, dit M. Émile Blanchard, commencent au mois de mai, c'est-à-dire peu de temps après sa naissance. Une femelle explore une muraille et fait choix d'un emplacement. Fixée sur ce point, elle va à la recherche des matériaux, et, si vous la suivez avec patience, vous la verrez s'arrêtant sur un terrain rempli de graviers. Avec ses mandibules, notre insecte saisit de petits graviers d'une certaine dimension, il dégorge un peu de salive, y réunit des grains de terre, et agglutine ainsi terre et gravier, pour en former le mortier qu'il doit employer à bâtir. Une petite masse se trouvant bien pétrie, il s'envole avec son fardeau, et retourne à son mur appliquer cette première quantité de ciment. Le même manège se renouvelle nombre de fois ; enfin la masse de mortier étant jugée suffisante pour commencer le travail, la chalicodome se met à gâcher sa terre, et si bien elle la pétrit en l'humectant de salive, que, dans l'espace d'une journée, une première cellule est construite. Mais cette cellule reste ouverte sur une certaine étendue, l'hyménoptère y a pénétré plusieurs fois pour en lisser les parois. A ce moment, un autre soin doit l'occuper, il s'agit de procéder à l'approvisionnement de cette loge. La chalicodome va récolter sur les fleurs miel et pollen : l'un avec l'autre est mêlé, et il en résulte la pâte sucrée qui constitue la nourriture de toutes les larves d'apide. La provision étant complète et remplissant presque en entier la cellule, un œuf y est déposé. Notre hyménoptère mure cette loge, et aus-

sitôt il se met à en construire une seconde tout auprès,
puis une troisième, et ainsi de suite jusqu'à ce qu'il
y en ait huit, dix, douze ou même davantage. Ces loges
sont placées assez irrégulièrement et ne sont pas en
même nombre dans tous les nids. Toutes les cellules
construites, approvisionnées et hermétiquement closes,
le travail n'est pas encore achevé ; l'hyménoptère façonne une couverture générale, une sorte de toit
pour lequel il recueille des graviers plus gros que
ceux qui sont entrés dans la composition du mortier
destiné à la fabrication des cellules. La paroi extérieure
du nid se trouve avoir une épaisseur énorme et la dureté prodigieuse dont nous avons parlé, ce qui n'est
pas le caractère le moins curieux de ce genre de construction. Les larves vont vivre dans l'abondance, et,
autant qu'il est possible de l'imaginer, à l'abri du
danger. Au terme de leur croissance, elles s'empri-
sonnent encore dans une coque d'un tissu papyracé et
comme vernissé. Leur transformation en nymphe s'effectue et les insectes adultes éclosent. Comment pour-
ront sortir de leur demeure les nouvelles chalicodomes ? parviendront-elles à percer ce ciment plus dur
que la pierre, et que les coups de marteau ne brisent
pas toujours ? On l'a cru, et Réaumur tout le premier ;
mais c'est une erreur. Tout est prévu pour ne pas
donner de peines infinies aux abeilles maçonnes voulant
venir à la lumière. Quand la voûte du nid a été construite, une échancrure a été ménagée au bord in-
férieur, au voisinage d'une cellule, de celle dont
l'habitant est destiné à sortir le premier : c'est une
sorte de porte simplement masquée par une terre assez
friable. L'instinct de l'architecte confond notre raison,
et cet architecte n'obéit-il en toutes circonstances qu'à
un instinct aveugle ? Lui, si attentif à choisir et son

emplacement et ses matériaux, paraissant à chaque
instant examiner l'état de son travail, agit-il comme
la machine montée, exécutant son mouvement uni-
forme? Que l'on en juge par plusieurs faits de l'histoire de notre chalicodome. Possédant exclusivement
des facultés instinctives, elle devrait accomplir toujours
le même travail, le commencer et le finir de la même
façon. Ce n'est pas ce qui a lieu. Des nids plus ou
moins délabrés, contenant à l'intérieur des coques
abandonnées, des dépouilles de nymphes, ayant les
parois des cellules plus ou moins brisées, restent attachés aux murailles. Des chalicodomes, dans leurs ex-
plorations, reconnaissent ces vieux nids, et ne manquent pas alors de s'épargner leur besogne habituelle ;
elles en prennent possession. Elles ont donc compris
qu'elles s'éviteraient beaucoup de fatigues. Un pareil
sentiment ne saurait être mis au compte de l'instinct.
Ce n'est pas tout, cependant. Lorsqu'une abeille maçonne s'empare ainsi de ce que nous appellerions une
masure, s'il s'agissait d'une habitation construite par
la main des hommes, elle est obligée de se mettre à
un genre de travail bien différent de celui de l'insecte
qui bâtit son nid de toutes pièces. Il lui faut procéder à un nettoyage intérieur, enlever les débris de
coques, les dépouilles de larves et de nymphes et de
toutes les saletés possibles. Il lui faut ensuite réparer
les brèches, boucher les ouvertures ; en un mot, se
rendre compte de la situation, des détails et de l'ensemble. Peut-on estimer qu'aucun raisonnement n'est
nécessaire en telle occurrence ?

Il y a mieux encore ; il arrive parfois qu'une abeille
maçonne paresseuse songe à voler autrui ; elle pénètre
dans le nid en construction d'un autre individu, et, trouvant
l'endroit à son gré, cherche à s'y maintenir par la force.

Réaumur a bien tracé d'après l'étude d'un autre naturaliste ce côté curieux des mœurs de la chalicodome des murs.

« Ces observations, dit-il, nous apprennent de plus
« que l'esprit d'injustice ne nous est pas aussi parti-
« culier qu'on le croit, qu'on le trouve chez les plus
« petits animaux comme chez les hommes ; que, parmi
« les insectes comme parmi nous, on veut usurper le
« bien d'autrui et s'approprier ses travaux. Pendant
« qu'une mouche étoit allée se charger de matériaux
« pour ajouter ce qui manquoit à une cellule, M. du
« Hamel a vu plus d'une fois une autre mouche entrer
« sans façon dans cette cellule, s'y tourner et retourner
« en tous sens, la visiter de tous côtés, travailler à la
« ragréer comme si elle lui appartenoit. La preuve
« qu'elle le faisoit à mauvaise intention, c'est que
« quand la vraye maîtresse arrivoit chargée de maté-
« riaux, la place qui lui étoit nécessaire pour les mettre
« en œuvre ne lui étoit point cédée par l'autre ; elle
« étoit obligée de recourir aux voyes violentes pour se
« conserver la possession de son bien ; elle étoit forcée
« de livrer un combat à l'usurpatrice, qui étoit prête à
« le soutenir. »

Avec un peu de patience chacun peut examiner aisément les faits que nous venons de rapporter au sujet des
chalicodomes, et se procurer un agrément fort instruc-
tif. Rien n'est plus digne des méditations du philosophe
que ces manifestations de l'instinct et de l'intelligence
des petits animaux, que ces actes de leur part, qui,
parmi les hommes, seraient jugés les uns louables et
les autres méprisables. Des individus d'une même espèce,
chez les hyménoptères industrieux, semblent n'avoir
pas tous les mêmes penchants : les uns, courageux,
travaillent honnêtement ; les autres, paresseux, pré-

fèrent ne pas travailler, et accaparer, soit par la ruse, soit par la force, la propriété d'autrui. Restera-t-il long-temps encore des gens aussi ignorants pour voir dans les animaux de véritables machines, et ne rien com-prendre à la grandeur de la création? — Ces réflexions faites par Émile Blanchard, l'un des naturalistes les plus distingués de notre époque, sont un précieux témoignage en faveur de l'intelligence des insectes.

LES BOURDONS

Fouriérisme. — Industrie et intelligence développées en raison directe
du nombre des citoyens.

Les voilà ces gros ventrus, ces insectes obèses et
ronds, ces personnages pleins d'eux-mêmes qui font
plus de bruit que de besogne. Les voyez-vous avec leurs
yeux saillants à fleur de tête, avec leurs petites ailes,
comme ils se donnent des airs d'importance ! Ce n'est
certainement pas à lécher les murs qu'ils ont pris un
pareil embonpoint. Heureux mortels, la nature les a
doués d'un bon naturel ; ni ambitieux, ni méchants, ils
digèrent à merveille. Ils travaillent et se nourrissent en
chantant au milieu des fleurs qui profitent elles-mêmes
de leurs joies, pour se livrer à leurs plaisirs. Les bourdons sont de vrais fouriéristes : ils réalisent le travail
attrayant. Ils savent se grouper, s'associer et accomplir doucement leur tâche avec amour. Leurs sociétés
sont beaucoup moins nombreuses que celles des
abeilles. Cette sociabilité moins développée indique
une civilisation moins avancée, une industrie moins
grande, une intelligence enfin moins étendue. Aussi
l'architecture de leurs nids est-elle moins remarquable
que celle des abeilles et des guêpes ; néanmoins ils sont

capables d'une certaine intelligence. Voici le jour venu
de choisir son nid; ne croyez pas que ce choix se fasse
à la légère, sans réflexions. Dès le premier jour du printemps, nous dit M. Rendu, on voit les bourdons femelles voler çà et là dans les prairies et les collines
sèches, visiter toutes les cavités qu'elles rencontrent,
trous de mulots, gîtes de musaraignes, retraite de
campagnols; elles y entrent tour à tour, en font l'inspection, et finalement se décident en faveur de
ceux qui leur paraissent le mieux répondre à leur
but.

L'époque de la ponte arrivée, la femelle y prélude
en essayant de faire entrer l'extrémité de son abdomen dans les cellules. Si elle ne peut y parvenir, elle
quitte sa place, va chercher de la cire, et revient
élargir l'alvéole en évasant ses bords. La rectification
n'est pas plutôt achevée, qu'elle s'assure par un second
essai que ses dimensions sont bien prises ; elle insère
de nouveau l'extrémité de son abdomen dans la cellule,
et, si elle en remplit exactement l'orifice, elle y prend
position.

Les larves d'une même cellule sont-elles écloses,
elles vivent en commun, à la même table, sous la même
tente; elles s'y nourrissent ensemble de la pâtée pré-
parée au fond de leur berceau et y prennent tout leur
développement. Cette cellule n'excède pas la grosseur
d'un pois, quand la femelle y dépose ses œufs; mais,
à mesure que les larves grossissent, l'espace devient
plus étroit; bientôt il ne peut plus suffire à l'accroissement progressif des jeunes insectes; l'alvéole se fend
dans sa longueur. C'est alors que la mère va développer
toute son intelligence. Aussitôt, elle prend des fragments
de cire et les applique entre les bords de l'ouverture;
elle va, vient, retourne à la provision de cire, et répète

son, travail de calfatage, jusqu'à ce qu'il n'y ait plus
trace de rupture; après trois ou quatre manœuvres de
ce genre, la cellule est complétement fermée et se
trouve agrandie de toute la pièce ajoutée. Grâce à ces
additions renouvelées, chaque fois que l'alvéole éclate
sous la pression intérieure des larves, celles-ci acquièrent dans leur prison commune, sans cesse élargie, le
volume normal qu'elles doivent avoir, 13 millimètres
de longueur. Une autre preuve de l'intelligence des bourdons, lorsqu'ils veulent puiser le miel sur des fleurs à
corolle infundibulée, ils ne peuvent souvent parvenir,
à cause de leur grosseur, à s'enfoncer suffisamment
pour atteindre le fond avec leur trompe. Cette difficulté
ne les déconcerte pas; avec leurs mandibules, ils en-
taillent la corolle dans sa partie inférieure et passent
leur trompe par l'ouverture.

L'accroissement de la population chez les bourdons
a cela de remarquable, que l'industrie et l'intelligence
de la cité se développent en raison directe du nombre
des habitants; elles déclinent, au contraire, là où les
sociétés se réduisent à quelques individus; c'est ainsi
que les petites peuplades ne doublent pas de cire
leur toit de mousse et n'allongent pas leurs pots à
miel, elles se bornent au strict nécessaire. Il n'en est
pas de même dans les sociétés nombreuses. L'intelligence s'excite alors au contact de tous, une sorte d'émulation entraîne toutes les volontés au travail, à la défense commune et aux soins des petits.

Parmi les insectes hyménoptères intelligents, nous
citerons encore le chlorion comprimé. Souvent, on est
témoin de l'attaque d'un kakerlac par un chlorion, et
de l'intelligence que ce dernier déploie pour amener à
son nid et faire entrer dans son trou, assez étroit, un
corps aussi volumineux que celui de la blatte. Le chlo-

rion se montre rôdant de divers côtés, en quête de la découverte d'une proie. Il aperçoit un kakerlac; celui-ci
reconnaît l'ennemi et s'arrête sous l'impression de la
frayeur. Alors le chlorion s'élance sur lui, le saisit avec
ses mandibules entre la tête et le corselet, et lui perce
l'abdomen de son aiguillon. L'acte accompli, il s'éloigne
un moment, attendant la fin des convulsions de sa
victime. Dès que les mouvements ont cessé, il vient
la saisir et la traîne, jusqu'à son nid, souvent avec des
efforts inouïs, car le fardeau est pesant. Il s'agit de
la faire entrer dans une cellule, mais l'ouverture est
trop étroite, les pattes, les ailes de l'orthoptère sont
un obstacle insupportable à son introduction dans
l'espace resserré. Le chlorion a compris la situation,
la difficulté ne l'étonne pas. A la blatte trop volumi-
neuse il coupe pattes et ailes, et ainsi diminuée, il
cherche à la pousser dans son trou, mais elle est encore trop large; l'hyménoptère sent qu'il a mieux à
faire : entrant lui-même à reculons dans son étroite
galerie, il saisit le kakerlac avec ses mandibules et le
tire de toutes ses forces; les téguments de l'orthoptère
ne manquant pas d'une certaine flexibilité, le corps de
l'insecte finit par passer dans le tube où l'on n'aurait
jamais cru qu'il pût être introduit.

De tels actes de la part du chlorion sont-ils du seul
domaine de l'instinct? qui pourrait le croire, en présence de ces manœuvres si intelligentes, variables selon
les circonstances; et comme, au reste, une foule d'hyménoptères nidifiants nous en offrent des exemples[1]?

1. Emile Blanchard, *les Métamorphoses, les mœurs, les instincts
des insectes*, chez Germer Baillière.

PUCES ET PUNAISES

Tendresse maternelle et intelligence des puces. — Puces militaires.
Puces chevaux.

Nous terminons cette étude sur l'intelligence des
insectes par les faits curieux qui ont été observés sur
des animaux qu'on avait jusqu'ici crus bons tout au plus
à tourmenter l'homme. Les puces, puisqu'il faut les
nommer, ne possèdent pas seulement la faculté de faire
des sauts gigantesques, elles déploient une force musculaire incroyable. Lémery dit avoir vu une puce de
médiocre grosseur enchaînée à un petit canon d'argent
qu'elle traînait. Ce canon était gros comme la moitié de
l'ongle, gros comme un ferret d'aiguillette, creux, mais
pesant quatre-vingts fois plus que la puce; il était soutenu de petites roues; en un mot, il avait exactement la
figure d'un canon dont on se sert à la guerre : on y
mettait de la poudre et on l'allumait. La puce intrépide
n'était ni épouvantée, ni alarmée du feu d'une telle artillerie. Sa maîtresse, ajoute Lémery, la gardait dans une
petite boîte veloutée, qu'elle portait dans sa poche, elle
la nourrissait aisément en la mettant tous les jours un
peu de temps sur son bras, quand l'hiver fit mourir cette
puce martiale.

Au rapport de Mouffet, un nommé Marck, Anglais, avait fait une chaîne d'or, de la longueur du doigt, avec un cadenas fermant à clef : une puce détenue en esclavage et attachée à cette chaîne la tirait journellement avec facilité. Tout l'équipage pesait à peine un grain.

Hoock raconte qu'un autre ouvrier anglais avait construit en ivoire un carrosse à six chevaux, un cocher sur le siége avec un chien entre les jambes, un

Les puces savantes.

postillon, quatre maîtres dans le carrosse et deux laquais derrière : tout cet équipage était traîné par une puce. Quel limonier !

Sont-ce là les seuls travaux auxquels on peut soumettre les puces? Non. Ces petits êtres sont si intelligents, qu'on peut les habituer à toutes sortes d'exercices. Le baron Walckenaer, mort en 1852, rapporte les merveilles exécutées par des puces savantes que l'on montrait sur la place de la Bourse pour la somme de soixante centimes. « Je les ai vues, dit-il, avec mes yeux d'entomologiste, armés de plusieurs loupes. »

Quatre puces faisaient l'exercice et se tenaient debout sur leurs pattes de derrière armées d'une pique, qui était un petit éclat de bois très-mince.

Deux puces étaient attelées à une berline d'or à quatre roues, avec un postillon, et elles traînaient cette berline. Une troisième puce était assise sur le siége du cocher avec un petit éclat de bois qui figurait le fouet. Deux autres puces traînaient un canon sur un affût. Ce petit bijou était admirable, il n'y manquait pas une vis, pas un écrou. Toutes ces merveilles et quelques autres encore s'exécutaient sur une glace polie. Les puces chevaux étaient attachées avec une chaîne d'or par leurs cuisses de derrière; on m'a dit, ajoute Walckenaer, que jamais on ne leur ôtait cette chaîne. Elles vivaient ainsi depuis deux ans et demi. Pas une n'était morte dans cet intervalle. On les nourrissait en les posant sur un bras d'homme qu'elles suçaient. Quand elles ne voulaient pas traîner le canon ou la berline, l'homme prenait un charbon allumé qu'il promenait au-dessus d'elles, et aussitôt elles se remuaient et recommençaient leurs exercices.

Ces puces ont, en 1825, montré leur talent rare à Paris et dans les principales villes de province: partout elles ont confondu l'orgueil humain.

Mais à quoi sert l'intelligence sans le cœur? Il a été dit que le plus petit animal, le moins utile en apparence, nous étonnerait par la patience, le courage, l'esprit; ajoutons par le sentiment et la tendresse maternelle.

Quand les puces ont pondu leurs œufs dans la poussière, dans les fentes des planchers, sur les coussins où dorment les animaux; dans les langes des jeunes enfants; quand les larves blanches et transparentes, sans pattes, très-remuantes, en sortent se tortillant comme des petites anguilles; la mère puce va leur dégorger

dans la bouche le sang dont elle s'est remplie, et on voit
sur leur peau transparente se colorer le tube digestif.
Ainsi la légère souffrance qu'elle nous cause, la goutte
de sang qu'elle nous enlève, c'est la vie de ses enfants.

N'accusez plus de méchanceté cette pauvre et tendre
mère ; si elle vous mord, c'est qu'elle y est contrainte et
forcée : la nature lui a imposé cette loi, elle ne peut s'y
soustraire ; mais croyez-le bien, elle agit avec tous les
égards, tous les ménagements, avec tous les procédés
d'un insecte gastronome, si l'on veut, mais qui n'est certes
ni glouton, ni méchant. Une fois repue, la puce se hâte
de lâcher prise, on dirait qu'elle a des scrupules de conscience. Le théâtre de son méfait, elle l'abandonne, vive,
sautillante, alerte, chatouillant tout le voisinage d'une
patte légère et douce comme pour engourdir et calmer
la douleur, minime d'ailleurs, que sa piqûre a détermi-
née. Pourquoi Linnée donne-t-il à la puce de l'homme
la qualification d'irritante ? C'est la punaise des lits,
c'est ce fléau des nuits que Linnée eût dû baptiser ainsi.
Que la puce agace par sa piqûre ceux d'entre nous dont
le système nerveux n'est pas dûment équilibré par le
système sanguin, d'accord ; mais elle n'irrite, elle ne
martyrise personne.

La puce ne possède pas le liquide âcre, infect de la
punaise. Celle-ci ne se contente pas de percer les chairs,
d'en extraire le sang dont elle se sustente : dans la plaie
qu'elle a ouverte, au lieu du sang qu'elle a dérobé, elle
introduit un liquide âcre, mordant, sécrété par elle.
Déplorable compensation ! je me suis toujours défié des
gens plats, et ennemis de la lumière. La punaise et
l'homme sont les plus directs et les plus cruels ennemis du genre humain. Leur méchanceté est d'autant
plus dangereuse, qu'elle est servie par une intelligence
plus développée.

Valmont de Bomare rapporte qu'un curieux, voulant découvrir comment la punaise était avertie de la présence de l'homme, a fait l'expérience que voici : il s'est couché dans un lit suspendu et sans ciel, au milieu d'une chambre où il n'y avait aucun meuble ; il a mis sur le plancher une punaise qui, conduite sans doute par l'odorat, a hésité quelque temps sur les moyens qu'elle prendrait pour arriver au lit : elle a enfin pris le parti de monter à la muraille par le chemin le plus court : elle a gagné le plafond toujours en suivant une ligne droite qui devait passer au-dessus du lit, et lorsqu'elle y est parvenue, elle s'est laissée tomber sur le nez de l'observateur. N'est-ce pas encore là un acte d'intelligence ?

Punaise tombant du plafond.

REPTILES ET BATRACIENS

Couleuvre amie de la femme. — Lézard ami de l'homme. — La tortue
et Vénus. — Salamandre et François Iᵉʳ. — Biographie d'un crapaud
chasseur qui vécut trente-six ans.

La mythologie, dit Virey en son style imagé, arma
jadis le dieu du jour Apollon de ses flèches pour percer l'énorme Python, sorti du limon terrestre après
le déluge ; jadis Hercule étouffa l'horrible Achéloüs malgré ses tortueux replis ; jadis des dragons furieux gar-
dèrent le jardin des Hespérides et la Toison d'or ; Persée,
secouant la tête sanglante de Méduse, sema les serpents
de sa chevelure sur l'aride Libye ; les atroces Gorgones,
les infernales Euménides, la Discorde et l'Envie, armées
de couleuvres, épouvantaient les humains, les pétrifiaient
d'horreur. Les amis de la nature, ajoute le poëte naturaliste, aujourd'hui vainqueurs de tant de monstres,
nouveaux Cadmus, empruntant le caducée pacifique de
Mercure, s'avancent sans crainte au milieu de ces races
ennemies, les dénombrent, les classent, et, couverts de
l'égide de la science, se garantissent de leurs atteintes.
Ils ne voient plus parmi les reptiles que des créatures
merveilleuses dans leurs formes, singulières par les couleurs variées qui les décorent, curieuses par les étran-

ges métamorphoses de quelques espèces, par les mœurs
bizarres de presque toutes. — N'en déplaise à Virey, je
n'ai aucune sympathie pour les reptiles; je n'ai aucune
confiance en eux ; je n'aime pas ces animaux à l'air gla-
cial, à la peau humide, qui vous font froid lorsqu'on
les touche. Je déteste ces êtres qui n'ont point de patrie,
qui ne savent s'ils sont originaires de France ou d'Angleterre ; qui tantôt demeurent dans les eaux, tantôt
viennent habiter sur notre continent, qui ne sont ni
poisson, ni quadrupède, et se font passer pour tels selon leurs intérêts et crient tour à tour : « Vive le roi ! vive
la Ligue ! » On a dit que l'empire du monde est aux gens
froids ; je n'en crois rien. La preuve, c'est que le Français est le plus vaillant des peuples et qu'il est à la tête
des arts. Je sais que les reptiles, comme les aigles, arrivent aux grandes places, mais ce n'est point à force de
cœur, de courage et d'intelligence, c'est à force de bas-
sesses, c'est parce qu'ils savent endurer toutes les injures, supporter tous les coups, puis se couler obscuré-
ment, se dérober à la jalousie. Leur médiocrité ne porte
ombrage à personne ; ils sont toujours ici dans un coin
d'antichambre, attendant que la porte s'ouvre pour se
glisser jusqu'auprès des ministres et des rois.

Je déteste le reptile, parce qu'il n'a ni poil, ni plume
parce qu'il a trompé notre première mère, parce qu'il
nous a fait perdre le paradis. Comprend-on que l'être le
plus hideux et qui a le moins le sentiment de la maternité ait pu séduire la mère du genre humain ? Qu'un
vertébré supérieur, qu'un être intelligent, plein de cœur
et d'enthousiasme, exerce un empire pareil, rien de sur-
prenant ; mais un reptile !... si encore c'était un oiseau !
Parmi les animaux les plus abjects, les moins intelligents sont ceux qui sont le moins sensibles, qui prennent le moins soin de leur progéniture. La plupart des

femelles, chez les reptiles, non-seulement ne couvent pas leurs œufs, mais encore quelques-unes d'entre elles méconnaissent leurs petits. Quant aux mâles, véritables saturnes du règne animal, ils n'aspirent dans certains cas qu'à dévorer leur progéniture. A peine nés, leurs enfants les fuient comme des ennemis naturels de leur propre race. Le crocodile porte la peine de cette insensibilité : c'est le plus abject, le plus féroce et le plus lâche des reptiles.

La dignité des animaux, dit Franklin, est relative à la vie de famille. Ceux chez lesquels ce sentiment existe le plus sont les premiers dans la série des êtres vivants. Ceux chez lesquels ce sentiment existe le moins viennent en second ordre. Ceux chez lesquels il n'existe presque point sont les derniers de tous. Ainsi, il est prouvé une fois de plus que la nature proportionne les développements de l'intelligence aux développements du cœur. Or comme les reptiles ont le cœur incomplet, le sang froid, les sens en général imparfaits, il ne faut pas s'attendre à une grande intelligence de leur part.

Ces animaux sont généralement timides et craintifs ; ils se cachent et vivent isolés, l'éducation n'éveille point en eux l'intelligence. Des jongleurs parviennent à faire tenir debout certaines espèces de serpents qui se balancent sur leur queue, en suivant le mouvement plus lent ou plus accéléré d'une musique. Les reptiles batraciens sont dans une condition particulière en ce qui concerne les organes centraux de la circulation. Subissant des métamorphoses, ils respirent d'abord à la manière des poissons, et ce n'est que plus tard qu'ils acquièrent des poumons ; leur cœur, qui n'a d'abord que deux cavités, répond alors au cœur droit des vertébrés supérieurs.

Il faudrait passer en revue toutes les fonctions pour faire comprendre combien, dans l'organisation animale,

tout se tient, se solidarise et se fortifie. Plus la circulation est développée, plus la respiration est active, plus
le sang est vivifié, plus les organes qu'il arrose sont to-
nifiés, plus les forces sont grandes, plus le cerveau est
sain et vigoureux, plus les manifestations intellectuelles
sont vives et étendues. Tous les organes sont en corréla-
tion dynamique les uns avec les autres, de telle sorte,
que le système nerveux, le cerveau, par exemple, est
d'autant plus développé que les poumons le sont davantage. — Ainsi chez les reptiles, les poumons sont vési-
culeux et ne reçoivent que fort peu de sang; ceux qui
ont les poumons plus volumineux ont le cerveau plus
développé.

Avec une circulation et une respiration incomplètes,
les reptiles ne peuvent avoir un cerveau bien parfait.
Cet organe est, en effet, très-petit relativement à leur
taille; il est composé de six petits tubercules qui ne
remplissent même pas la cavité du crâne.

Le cerveau paraît jouer un rôle si peu important dans
l'existence des reptiles, qu'on peut impunément l'enlever sans que l'animal en meure. L'expérience a été
faite sur la tortue, qui n'en a pas moins vécu dix-huit
jours.

Les reptiles mangent et respirent peu; aussi leurs
fonctions montrent-elles peu d'activité et les organes de
leurs sensations ne sont-ils guère développés. Leur toucher est très-obtus à cause de la densité et de la dureté
de leur peau; leur goût paraît également peu étendu,
puisque leur langue est cartilagineuse ou enduite
d'une humeur visqueuse et épaisse. La petitesse des organes de leur odorat accuse la faiblesse de ce sens.
L'ouïe seule est assez complète, quoiqu'elle manque
de plusieurs parties, telles que le limaçon, la conque
et le canal intérieur. Leur tympan reste même cou-

vert, pour l'ordinaire, de peau, d'écaille, ou de parties musculaires. Aussi, dit Lacépède, les reptiles doivent-ils recevoir un bien plus petit nombre de sensations et communiquer moins souvent et moins parfaitement avec les objets extérieurs, être intérieurement émus avec moins de force et de fréquence ; c'est ce qui produit cette froideur d'affections, cette espèce d'apathie, cet instinct confus, ces intentions peu décidées que l'on remarque souvent dans plusieurs de ces animaux. Si donc l'on observe les divers principes de leur mouvement vital, on trouvera une plus grande simplicité, tant dans ces premiers moteurs, que dans les effets qu'ils font naître : on verra les différents ressorts moins multipliés ; on remarquera même, à certains égards, des dépendances entre les différentes parties. Aussi l'action des uns sur les autres est-elle moindre ; les communications sont-elles moins parfaites ; les mouvements plus lents ; le frottement moins fort.

Cette organisation particulière doit encore être comptée parmi les causes de leur peu de sensibilité ; et cette espèce de froideur de tempérament n'est-elle pas augmentée par le rapport de leur substance avec l'eau? Non-seulement, en effet, ils recherchent la lumière active du soleil, par défaut de chaleur intérieure, mais encore ils se plaisent au milieu des terrains fangeux et d'une humidité chaude, par analogie de nature. Bien loin de leur être contraire, cette humidité, aidée de la chaleur, sert à leur développement.

Cette convenance de leur nature avec l'humidité montre combien leur mouvement vital tient, pour ainsi dire, à plusieurs ressorts indépendants les uns des autres.

Le lecteur se demandera peut-être pourquoi tout ce chapitre sur les reptiles, dont l'intelligence n'a rien de merveilleux. Quel intérêt pouvent nous offrir des êtres moins sensibles que les autres, moins animés par des passions vives, moins agités au dedans, moins agissant à l'extérieur, moins sociaux et qui ne montrent aucun art, aucune industrie, qui n'ont d'autre demeure que les fentes des rochers ou le creux des arbres, des êtres qui ne connaissent jamais leur mère, qui ne reçoivent jamais ni nourriture, ni soins, ni secours, ni éducation; qui ne voient et n'entendent rien qu'ils puissent imiter, chez lesquels les communications d'idées ou de sentiments sont, pour ainsi dire, nulles?

L'intérêt est plus grand qu'on ne croit. Et d'abord, quoique les reptiles paraissent moins sensibles que les autres animaux, ils n'en éprouvent pas moins, au retour du printemps, le sentiment impérieux de la famille, qui, dans la plupart des animaux, donne tant de force aux plus faibles, tant d'activité aux plus lents, tant de courage aux plus lâches. Malgré le silence habituel de ces reptiles, ils ont presque tous, en cette saison, des sons particuliers. Le mâle appelle sa femelle par un cri expressif, auquel elle répond par un accent semblable.

D'autre part, si les reptiles ne paraissent pas doués de hautes facultés intellectuelles, s'ils n'ont pas les qualités brillantes de l'imagination, ils ont les vertus des tempéraments froids, le calme, l'attention, la défiance et surtout la prudence. Celle du serpent est devenue proverbiale: « Le serpent, dit Chateaubriand, s'associe naturellement aux idées morales ou religieuses, comme par une suite de l'influence qu'il eut sur nos destinées : objet d'horreur ou d'adoration, les hommes ont pour lui une haine implacable ou tombent devant son génie ; le mensonge l'appelle, la prudence le réclame, l'envie le porte dans son cœur et l'éloquence à son caducée. Aux enfers, il arme le front des furies ; au ciel, l'éternité en fait son symbole. Ses regards charment les oiseaux dans les airs, et, sous la fougère de la crèche, la brebis lui abandonne son lait. » (Ce dernier fait est contestable.)

Les reptiles ne sont pas tous aussi repoussants, ni aussi méchants qu'on pourrait le croire. La couleuvre verte et jaune nous en donne une preuve bien remarquable; elle ne nous présente ni venin mortel, ni armes funestes; elle ne montre que des mouvements agréables, des proportions légères, des couleurs douces

Attelage de couleuvres.

ou brillantes; captive, elle subit une sorte de domesticité, elle obéit aux divers mouvements qu'on veut lui faire suivre : on voit des enfants prendre deux animaux de cette espèce, les attacher par la queue et les contraindre aisément à ramper, ainsi attelées, du côté où ils veulent les conduire. Elle se laisse entortiller autour du bras, du cou, rouler en divers contours de spirale, tourner et retourner en différents sens, suspendre en différentes positions, sans donner aucun signe de mécontentement; elle paraît même avoir du plaisir à jouer ainsi avec ses maîtres.

Valmont de Bomare a vu une couleuvre, qu'on suppose la couleuvre verte et jaune, être tellement affectionnée à la maîtresse qui la nourrissait, que ce serpent se glissait souvent le long de ses bras comme pour la

La couleuvre suivait le bateau.

caresser, se cachait sous ses vêtements ou allait se reposer sur son sein. Sensible à la voix de celle qu'il paraissait chérir, l'animal allait à elle lorsqu'elle l'appelait; il la suivait avec constance, il reconnaissait jusqu'à sa manière de rire; il se tournait vers elle lorsqu'elle marchait, comme pour attendre son ordre. Le même naturaliste a vu un jour la maîtresse de ce doux et familier animal le jeter dans l'eau pendant qu'elle suivait dans un bateau le courant d'une grande rivière; la fidèle couleuvre, toujours attentive à la voix de sa maîtresse chérie, nageait en suivant le bateau qui la portait; mais la marée étant remontée dans le fleuve, et les vagues contrariant les efforts de l'animal, déjà lassé par ceux qu'il avait faits pour ne pas quitter le bateau de sa maîtresse, la malheureuse couleuvre fut bientôt submergée. Cette affection, cette tendresse, cette attention si grande, si habile à reconnaître une personne, à la suivre, pourrait-elle exister sans mémoire, sans réflexion, sans intelligence enfin? Je ne le crois pas.

TORTUES

La tortue de terre a de tous les temps passé pour le symbole de la lenteur; les tortues de mer doivent être regardées aussi comme l'emblème de la prudence. Cette qualité, précieuse, qui, parmi les animaux, est le fruit des dangers qu'ils ont courus, ne doit pas étonner chez les tortues, que l'on cherche d'autant plus qu'il est peu dangereux de les chasser. Défendues par une carapace osseuse très-forte, et si dure que des poids très-lourds ne peuvent les écraser, garanties par cette sorte de bouclier, mais n'ayant rien pour nuire, elles ne redoutent point la société de leurs semblables, qu'elles ne peuvent troubler, à leur tour, par aucune offense.

La douceur et la force pour résister sont donc les qualités qui distinguent la tortue franche; et c'est peut-

être à ces qualités que les Grecs firent allusion, lors-
qu'ils la donnèrent pour compagne à la beauté, lorsque
Phidias la plaça comme un symbole aux pieds de sa
Vénus. Et voyez, encore une fois, combien le caractère

Carapace de tortue.

reflète l'organisation ! Les habitudes de la tortue sont
aussi constantes que son enveloppe a de solidité. Plus
patiente qu'agissante, elle n'éprouve presque jamais de
désirs véhéments ; plus prudente que courageuse, elle
se défend rarement, mais elle cherche à se mettre à
l'abri ; et elle emploie toute sa force à se cramponner,
lorsque, ne pouvant briser sa carapace, on cherche à
l'enlever avec cette couverture.

LE LÉZARD

Si nous parlons ici de cet ami de l'homme, ce n'est
pas qu'il soit bien intelligent, mais il est si doux, si
innocent, si paisible, si familier avec les enfants ! On
dirait qu'il cherche à leur rendre caresse pour caresse ;
ils s'embrassent et s'aiment tous deux sans malice. Lui

aussi connaîtra la tendresse, lui aussi se fera beau pour
courtiser sa fiancée ; vous le verrez se dépouiller de
son vêtement gris, revêtir une parure plus agréable et
l'audace d'une force nouvelle pour célébrer sa joie.
Soyons indulgents pour ceux qui sont bons et qui
aiment. Rappelons-nous aussi que si la science physiologique ne reconnaît pas aujourd'hui beaucoup d'intelligence aux têtes plates, les lézards ont été, autrefois,
l'objet de la plus vive admiration. Ainsi, on a attribué
à la salamandre la plus merveilleuse de toutes les pro-
priétés. On a voulu que ce petit lézard, non-seulement
ne fût pas consumé par les flammes, mais parvint même
à les éteindre.

Les anciens ont cru à cette propriété de la salamandre. Désirant que son origine fût aussi surprenante
que sa puissance, et voulant réaliser les fictions ingénieuses des poëtes, ils ont écrit qu'elle devait son
existence au plus pur des éléments, qui ne pouvait la
consumer, et ils l'ont dite fille du feu, en lui donnant
un corps de glace. François Ier avait pris pour devise
une salamandre dans le feu, avec cette épigraphe :
J'y vis et je l'éteins.

Un autre reptile, le caméléon, a été aussi l'objet d'un
grand nombre de fables. On a dit qu'il changeait souvent de forme ; qu'il n'avait point de couleur en propre,
qu'il prenait celle de tous les objets dont il approchait ;
qu'il était par là une sorte de miroir fidèle ; qu'il ne
se nourrissait que d'air. Le nom du caméléon est encore
employé pour désigner la vile flatterie, et aussi pour
caractériser les gens qui changent facilement.

Nous terminerons ce chapitre par l'histoire de la vie
d'un crapaud qui a vécu plus de trente-six ans, et a
montré, pendant cette longue existence, une sagesse et
une intelligence dignes d'éloges.

Ce crapaud, au dire de Lacépède, a habité pendant longtemps une maison où il a été presque élevé et apprivoisé. Il n'y avait pas acquis ce que l'on remarque dans quelques espèces d'animaux domestiques, et qui était

Crapaud familier.

trop incompatible avec son organisation et ses mœurs, mais il y était devenu familier ; la lumière des bougies avait été, pendant longtemps pour lui, le signal du moment où il allait recevoir sa nourriture ; aussi, non-seulement il la voyait sans crainte, mais même il la recherchait. Il était déjà très-gros lorsqu'il fut remarqué pour la première fois ; il habitait sous un escalier qui était devant la porte de la maison ; il paraissait tous les soirs au moment où il apercevait de la lumière, et levait les yeux comme s'il eût attendu qu'on le prît et qu'on le portât sur une table, où il trouvait des insectes, des cloportes et surtout de petits vers ; il regardait fixe-

ment sa proie ; tout d'un coup il lançait sa langue
avec rapidité, et les insectes ou les vers y demeuraient
attachés.

Comme on ne lui avait jamais fait de mal, il ne s'irri-
tait point lorsqu'on le touchait ; il devint l'objet d'une
curiosité générale et les femmes mêmes demandèrent à
voir le crapaud familier.

Il vécut plus de trente-six ans dans cette espèce de

Crapaud et corbeau.

domesticité. Il aurait vécu plus de temps peut-être si
un corbeau, apprivoisé comme lui, ne lui eût crevé un
œil, ce qui le gêna pour attraper les insectes. Il mourut
de langueur au bout d'un an.

Je n'ai raconté cette histoire que pour montrer combien, par la domesticité et l'éducation, on peut modifier
les êtres les moins bien doués et tirer parti des moindres lueurs de l'intelligence.

LES POISSONS

Mollesse de caractère. — Platitude du corps et de l'esprit. — Les fortes têtes du monde aquatique : raie, squale et chabot. — Intelligence de l'épinoche. — Habileté du chelmon. — Espièglerie des hippocampes. — Tendresse des requins. — Fidélité des raies. — Ruses des turbots. Reconnaissance du brochet, des limandes, des spares, des bandoulières et des zées.

Quiconque regarde un poisson dans le blanc des yeux, s'écrie aussitôt : Quel animal stupide ! quel œil de zinc ! on dirait le regard d'un vieillard abruti dont le cerveau est en voie de ramollissement ! Et ce front, comme il est bas ! quelle platitude de tête, de corps, quelle platitude sans doute de caractère ! Vous les avez rencontrés ces êtres-là, sous la forme humaine : ce sont des messieurs pâles, anémiques, chez lesquels les passions ont éteint toute passion, tout sentiment, tout cœur, tout caractère. On ne sait s'ils sont chair ou poisson. On les rencontre souvent dans les régions diplomatiques. Leur talent consiste à paraître froids, et leur politique à ne rien dire, rien vouloir. Ils vivent dans les eaux douces des dignités, des honneurs, et ainsi continuellement ramollis, ils ne sont guère susceptibles d'impressions vives.

Les poissons sont presque dépourvus de sensibilité;

et comme ils respirent toujours le même air et moitié
moins vite que l'homme, ils ont nécessairement moins de
facultés ; quant à ceux qui sont plongés dans la vase, ou
le fond des eaux bourbeuses et stagnantes, ils sont extrêmement mollasses, paresseux, inertes et stupides. Mais
la nature, cette bonne mère, toujours prête à établir des
compensations parmi ses enfants, accorde à ces êtres
doués d'une complexion plus humide une plus grande
fécondité et surtout lorsque leurs facultés intellectuelles
et sensitives sont peu étendues. Cela tient peut-être
aussi à ce qu'il n'y a point chez eux de rapports de paternité et de maternité réels ; ils ne prennent nul soin
de leur postérité. C'est, du reste, un fait reconnu chez
les animaux qui ont une nombreuse famille : les liens,
trop étendus, s'affaiblissent, les affections, trop partagées,
se dissipent. Certains poissons, les anguilles, par exemple, nous apparaissent à travers le monde sous le manteau féminin. Vous les reconnaîtrez à leur forme allongée
comme celle des serpents, à leur peau froide et visqueuse. Elles vivent généralement dans la vase ; elles
changent souvent de demeure, soit pour chercher leur
nourriture, soit pour chasser aux grenouilles. Elles sont
très-voraces. Têtes de canards, rats, souris, tout leur
est bon. Leurs mouvements sont gracieux, leur robe est
satinée ; elles ont des plis et des replis élégants, une sorte
de beauté qui leur est propre. Leur caractère est inquiet,
agité, agacé surtout avant et pendant les jours d'orage ;
elles sont alors de mauvaise humeur, elles ont mal aux
nerfs.

Il ne faudrait pas cependant trop juger les êtres d'a-
près leur apparence, ni conclure du particulier au général. Il y a des poissons qui savent s'élever au-dessus de
leur niveau et étendre leur existence dans les espaces
éthérés ; tel est le poisson volant, qui a été comparé par

les Pères de l'Église à l'âme humaine. « Si l'âme, disent-ils, veut planer au-dessus des vagues de l'existence matérielle, elle doit se replonger de temps en temps dans l'océan de l'infini — en Dieu — ne fût-ce que pour y rafraîchir et y humecter ses ailes. »

D'autres poissons, comme le saumon, habitent alternativement les eaux douces et les eaux salées. Ils ressemblent en cela à ces grands seigneurs qui ont leur résidence d'hiver et leur résidence d'été. Le saumon demeure l'été dans les fleuves, et l'hiver dans la mer. D'autres, enfin, démentent l'accusation d'égoïsme lancée contre eux, comme animaux inférieurs; s'agit-il de leur progéniture, il n'est point de privations, de déplacements, de sacrifices dont ces humbles créatures ne se montrent capables pour assurer le bien-être de leur postérité. Ce sentiment est d'autant plus admirable, qu'il se montre plus désintéressé.

Chez les mammifères et chez les oiseaux, le père et la mère se trouvent en quelque sorte récompensés de leurs peines, de leurs soins, de leurs souffrances, par les jouissances attachées à l'exercice d'un devoir naturel. Ils voient, ils caressent, ils aiment leurs petits et en sont aimés. Mais, comme certains insectes, les poissons se dévouent à une famille qu'ils ne connaîtront point.

Cet amour, non des individus, mais de la race, non des enfants, mais de la progéniture, est si puissant, si caractéristique chez les poissons, qu'il les invite à changer au moins une fois dans l'année leurs mœurs, leurs habitations, leur manière de vivre.

Pour bien se rendre compte du caractère, des mœurs, de l'intelligence des poissons, il faut considérer, non-seulement le milieu spécial dans lequel ils vivent, mais leur organisation, qui est en rapport avec ce milieu. L'eau est le domaine des poissons, comme l'air celui desoiseaux et des insectes ailés. L'eau imprime aux poissons cette mollesse d'organes, cette mucosité, cette flexibilité glissante et cette mobilité perpétuelle qui les caractérisent. Dans l'étude de leur cerveau il faut donc tenir compte de la densité de la matière, qui est plus faible que chez la plupart des animaux; cette flaccidité de la chair réagit nécessairement sur les manifestations intellectuelles, qui sont moins énergiques, et aussi sur la sensibilité, qui est moins vive. Mais si cette vie supérieure du sentiment et de l'intelligence est moins développée, ou du moins plus ralentie, la vie animale est plus longue, les poissons gagnent en longévité ce qu'ils perdent en chaleur. Ce ne sont pas eux qui ont jamais émis la maxime : Vie courte et bonne. On ne saurait prendre un meilleur exemple pour prouver que la mort, chez les vertébrés, est due à une condensation trop rapide de la vie, et combien les bains sont utiles pour prolonger l'existence. Constamment plongés dans l'eau, leurs fibres, leurs os, le tissu de leurs organes conservent bien plus longtemps leur flexibilité.

Leur mouvement de composition et de décomposition est plus ralenti, leur ossification moins rapide; ils sont presque toujours jeunes, comme le prouve leur état cartilagineux; ils n'arrivent pas, comme nous, prématurément à cette rigidité du corps et de l'esprit, à cette sécheresse du cœur, à cette dureté de l'être qui fait que nous ne sommes plus bons qu'à retourner dans la terre, mêler nos os avec les minéraux, à alimenter les végétaux pour redevenir, en passant par les animaux, chair nouvelle, chair fraîche, bonne à manger. Par le milieu spécial dans lequel ils vivent, comme aussi par leur organisation vertébrale, qui en forme des êtres de transition entre les articulés et les vertébrés, les poissons sont fort intéressants à étudier. Ils forment, en quelque sorte, le premier anneau de cette grande famille d'animaux dont les oiseaux sont le second chaînon, et avec lesquels ils ont, sous certains rapports, une si grande analogie : habitants de deux fluides, pleins d'inconstance, tous deux les sillonnent avec la plus grande facilité.

Les poissons, dit Virey, peuvent être regardés comme les oiseaux de la mer, et les oiseaux comme les poissons, de l'atmosphère ; les ailes des uns sont représentées par les nageoires des autres et les plumes par les écailles. S'il y a des oiseaux aquatiques, il existe des poissons en partie aériens ou volants. Si les oiseaux sont pénétrés d'air, pour être plus légers, les poissons aussi portent, pour la plupart, une vessie d'air. Leurs nageoires peuvent se plier et s'étendre avec des mouvements analogues à ceux des ailes ; ces deux instruments étant à peu près les mêmes, et la natation comme le vol étant presque le même acte, exécuté dans deux fluides différents, le poisson vole dans l'eau comme l'oiseau nage dans l'atmosphère.

Si les vents détournent le vol des oiseaux à ailes faibles, les courants de la mer arrêtent aussi les poissons à nageoires impuissantes ; tandis que des espèces plus fortes bravent audacieusement et les vents de l'Océan et les grands courants de l'air.

S'il y a certains oiseaux qui ne peuvent voler, il existe aussi des poissons presque hors d'état de nager ; enfin dans l'une ou dans l'autre classe une foule d'espèces aiment à vivre en une sorte de société et d'autres sont solitaires. Les émigrations annuelles des poissons au sein des profondes mers ne sont ni moins régulières, ni moins étonnantes que celles des oiseaux dans la région des tempêtes. Les uns et les autres circulent en légions immenses, soit pour recueillir en d'autres contrées une nourriture plus abondante, soit pour s'y reproduire en

5

paix; chacun d'eux retourne annuellement dans sa première patrie, et, à ses époques de voyages, l'homme fait également peser son bras dominateur sur les peuples chanteurs des airs et sur les muets habitants des ondes.

D'autres analogies se manifestent en sens inverse entre ces deux classes d'animaux. L'oiseau est moins fécond que le poisson. L'un a la chair humide, une fibre relâchée, apathique ; le premier s'attache à sa famille, l'aime, la soigne, la nourrit ; le second n'a pour la sienne presque aucun attachement, il l'abandonne sans regret.

Il y a plus d'oiseaux dans l'hémisphère boréal à cause des terres, et plus de poissons au pôle austral à cause de l'étendue des mers.

Si les oiseaux des tropiques sont enrichis des plus éclatantes couleurs, les poissons des mers de la zone équatoriale ne sont pas moins brillants : cuirassés d'écailles d'or, d'argent, d'azur, de rubis, d'émeraudes ; ils étincellent dans l'onde du feu des pierreries sous les feux du soleil ; mais ces décorations resplendissantes s'évanouissent souvent à leur mort, tandis que la couleur des plumes ne change point chez les oiseaux.

Les poissons changent de couleurs et d'écailles, selon l'âge, les sexes, et même suivant les saisons, comme les oiseaux muent leur plumage et se nuancent de diverses teintes par les mêmes causes. Et de même que les oiseaux savent prédire l'orage et les vents, de même les poissons annoncent par des mouvements inquiets l'approche des tempêtes, et montent à la surface des ondes lorsqu'il doit tomber de la pluie.

Cette grande ressemblance entre deux classes d'animaux si éloignés entre eux dépend sans doute de la qualité des milieux qu'ils habitent, car la fluidité étant com-

mune à l'air et à l'eau, les résultats doivent être analogues dans les êtres qui s'y trouvent plongés. Il en résulte
que la nature, s'accommodant à ces circonstances, n'est
pas libre de les enfreindre ; qu'elle paraît être obligée de
suivre une marche semblable, lorsque les occasions sont
pareilles, comme si une main invisible, un pouvoir irré-
vocable, lui avaient tracé ses limites et la route qu'elle
parcourt dans la durée des siècles. Nous verrons que cette
analogie pour les habitudes et les mœurs existe également pour l'intelligence. Mais, comme nous le savons,
c'est le système nerveux qui peut le mieux nous donner
une idée relative du degré de perfection organique plus
ou moins grand et du développement de la sensibilité et
de l'intelligence.

Chez les poissons, les parties centrales du système nerveux se composent, de même que chez tous les animaux
vertébrés, de l'encéphale, de la moelle épinière ; l'encéphale, logé dans la boîte crânienne, la moelle, occupant
le canal vertébral, qu'elle remplit d'ordinaire dans presque toute sa longueur. Il n'y a guère d'exceptions à cet
égard ; on cite la baudroie et le poisson lune, où la moelle
épinière est extrêmement courte.

Mais relativement à la grosseur de la tête de la plupart
des poissons, relativement à la capacité de leur boîte
cérébrale, les proportions de l'encéphale se montrent
extrêmement réduites. Comme il existe un accord à peu
près général entre l'étendue des manifestations intellectuelles et le développement du cerveau, on se trouve
assez fondé à voir dans les poissons des créatures
très-imparfaitement douées sous le rapport de l'intelligence.

L'encéphale, au lieu d'être moulé sur les parois de la
boîte crânienne, ainsi que cela se rencontre chez tous les
vertébrés supérieurs, n'occupe ordinairement, chez le

poisson, qu'un espace assez limité dans cette boîte.
Une secousse un peu violente suffirait donc pour le dé-
placer, si une abondante matière huileuse ne comblait le
vide.

Il résulte de cette organisation que le cerveau des poissons se fait remarquer par la faible centralisation des
parties qui le composent ; c'est une dégradation organique. Les fonctions des centres nerveux paraissent être
aussi moins localisés que chez ces mêmes vertébrés supérieurs ; c'est une dégradation physiologique. Voilà comment tout se tient, comment l'organisation influe sur l'intelligence, comment aussi il ne faut pas seulement considérer, dans le cerveau, son volume, mais aussi sa densité et sa composition.

Les poissons dont le cerveau se rapproche le plus de
celui des vertébrés supérieurs sont les raies, les squales,
etc., en général tous ceux connus scientifiquement sous
le nom de plagiostomes. Non-seulement leurs hémisphères cérébraux sont très-développés, surtout fort larges,
mais encore ils ont une cavité, ainsi que deux lobes inférieurs, des lobes optiques creux, assez convexes à l'extérieur, et aussi un cervelet très-développé. S'il était plus
facile d'observer les mœurs de ces animaux, on remar-
querait sans doute chez eux des phénomènes d'intelligence en rapport avec ce développement si remarquable
du cerveau.

Dans un mémoire fort intéressant sur le cerveau des
poissons, M. Holard a montré que leur encéphale ne ren-
ferme aucune partie qui n'ait son homologue dans l'encéphale des animaux supérieurs.

D'autre part, on connaît les expériences de Magendie
et Desmoulins, ainsi que celles de M. Flourens. Ces
physiologistes ont tenté, en pratiquant des lésions
où l'ablation de certains lobes du cerveau, de recon-

naître le rôle particulier, la véritable fonction de cet organe.

Dernièrement, notre ami le professeur Baudelot a repris ces expériences et il a constaté qu'aucun trouble bien appréciable n'apparaît chez les poissons après la destruction des hémisphères des lobes cérébraux.

L'animal semble avoir conservé toutes ses facultés ; on le voit se diriger avec la même agilité et la même sûreté qu'avant l'opération. C'est un résultat très-différent de celui qui se produit, soit chez les mammifères, soit chez les oiseaux, où l'ablation des hémisphères amène une profonde stupeur et un anéantissement total des facultés intellectuelles.

Les poissons ne sont pas encore trop dépourvus sous le rapport des sens. Tout le monde a remarqué la grandeur de leurs yeux ; cela était sans doute nécessaire pour voir dans l'eau. Leur vue est très-étendue, leur coup d'œil très-juste et ils se jettent avec une étonnante sûreté sur un appât. Tous les pêcheurs vous diront aussi avec quelles précautions il faut s'approcher de l'eau pour ne pas effrayer les poissons. Les Romains, qui ne se sont jamais guère occupés des poissons que pour les manger, avaient cependant remarqué la finesse de l'ouïe de ces animaux. Ils se plaisaient à donner des noms particuliers aux hôtes de leurs viviers, et réussissaient à faire venir chacun d'eux à l'appel de son nom. Le sens de l'odorat paraît être aussi très-raffiné et très-parfait chez les habitants des eaux.

Leurs nerfs olfactifs sont très-développés, et des expériences faites par M. Jesse prouvent la finesse de leur odorat. Cet observateur nourrissait des poissons dans un bassin, et il a reconnu que ces animaux préféraient de la pâte et des vers qui avaient été préparés avec certains parfums. Cette circonstance n'est point inconnue aux pêcheurs à la ligne : quelques-uns d'entre eux trempent leurs amorces dans des substances odorantes, pour allécher d'autant mieux l'appétit des poissons sybarites.

Qui sait si la plupart des poissons n'ont l'intelligence si peu développée, que parce qu'ils manquent de goût et de tact ? que peut-on attendre d'êtres qui ne savent rien déguster? En effet, les poissons ne mangent pas, ils avalent. Il n'y a que les gens d'esprit, dit un célèbre gastronome, qui sachent manger.

Si les poissons manquent complétement de tact, il est vrai qu'ils n'en ont guère besoin.

L'existence pour eux n'est pas bien difficile. Ils n'ont pas grande diplomatie à développer pour vivre, ils n'ont qu'à se laisser aller, qu'à descendre le fleuve de l'existence. Les habitants des eaux paraissent aussi très-insensibles. Jamais on n'a vu un poisson « répandre un pleur. »

Mais s'agit-il du besoin de se conserver, d'assurer l'existence de sa postérité, l'habitant des eaux semble sortir de son insouciance, de sa torpeur intellectuelle. Voyez ce chabot dont le nom rappelle celui de caboche. Il a une forte tête, qui est au moins aussi large que longue chez les vieux mâles. Elle est, il est vrai, un peu aplatie en dessus, arrondie en avant; mais elle n'en forme pas moins le tiers de la longueur de l'animal. Ses yeux sont plus petits que la plupart des autres poissons, mais ils sont plus fins, ils sont situés presque au sommet et dirigés de côté, de façon à voir sur un grand nombre de points à la fois. Avec une pareille tête et une vue aussi étendue, on ne peut pas manquer d'être intelligent. On a reconnu, en effet, que le chabot est trop intelligent pour mordre à l'hameçon.

Veut-on le prendre, on est obligé de se munir d'une

nasse que l'on traîne en renversant les pierres et en
agitant le sable, soit avec les pieds, soit avec un bâton
de manière à déloger le poisson blotti dans les cavités
et à le pousser dans le filet. Il ne faut rien moins que
trois hommes pour mettre parfaitement cette manœuvre
en pratique, dans une petite rivière; tandis que deux
d'entre eux traînent la nasse en remontant le courant,
le troisième, placé en avant, remue le fond avec son
bâton dans la direction du filet.

Voyez encore l'intelligence, le soin que l'épinoche
met à construire son nid. M. Émile Blanchard raconte
que, vers les premiers jours de juin, dans les circonstances les plus ordinaires, l'épinoche mâle semble rechercher un endroit à sa convenance ; il s'agite longtemps à la même place ; s'il quitte cette place, il y
revient fréquemment. De sa part, il y a une préoccupation évidente. Après s'être arrêté à un endroit déterminé, il fouille avec son museau la vase qui se trouve
au fond de l'eau : il finit pas s'y enfoncer.

S'agitant avec violence, tournant avec rapidité sur
lui-même, il forme bientôt une cavité qui se trouve circonscrite par les parties terreuses rejetées sur les bords.
Ce premier travail exécuté, le poisson s'éloigne sans
paraître toujours suivre une direction bien arrêtée ; il
regarde de divers côtés, il est évidemment en quête de
quelque chose. Un peu de patience encore, et vous le
verrez saisir avec ses dents un brin d'herbe ou un filament de racine. Alors, tenant ce fragment dans la bouche, il retourne directement sans hésitation au petit
fossé qu'il a creusé. Il y place le brin, le fixe à l'aide de
son museau, en apportant au besoin des grains de
sable pour le maintenir et en frottant son ventre sur le
fond. Dès qu'il est assuré que le fragile filament ne
pourra être entraîné par le courant, il va en chercher

un nouveau pour l'apporter et l'ajuster comme il a fait
du premier. Le même manége devra être recommencé
bien des fois, avant que le fond du fossé soit garni d'une
couche suffisante de brindilles. Le moment arrive cependant où le tapis est devenu épais ; toutes les parties

L'épinoche et son nid.

sont bien enchevêtrées et parfaitement adhérentes les
unes aux autres, car l'épinoche par le frottement de son
corps les a agglutinées avec le mucus qui suinte des
orifices percés le long de ses flancs. Ce qui ravit l'observateur attentif à suivre ce travail, c'est de voir l'in-

telligence qui paraît présider aux moindres détails de
l'opération. En plaçant ses matériaux, le poisson semble d'abord chercher simplement à les entasser, mais
une fois le premier lit établi, il les dispose avec plus
de soin, se préoccupant de leur donner la direction
qui sera celle de l'ouverture à la sortie du nid. Si l'ouvrage n'est pas parfait, l'habile constructeur arrache
les pièces défectueuses, les façonne, et recommence jusqu'à ce qu'il ait réussi au gré de son désir. Parmi les
matériaux apportés, s'en trouve-t-il que leur dimension
ou leur forme ne permet pas d'employer convenable-
ment, il les rejette et les abandonne après les avoir
essayés. Ce n'est pas tout. Comme s'il voulait s'assurer
que la base de l'édifice est bien consolidée, il agite avec
force ses nageoires de façon à produire des courants
énergiques, capables de montrer que rien n'en sera entraîné. N'est-ce pas là encore de la réflexion, du jugement, de l'intelligence ?

Ce n'est pas tout encore ; les fondations du nid sont
établies ; pour compléter l'édifice, notre architecte doit
travailler beaucoup, mais sa persistance ne faiblit pas
un seul instant. Il continue à se procurer des matériaux,
et bientôt les côtés du fossé dont le fond est tapissé se
garnissent de brindilles qui sont pressées et tassées les
unes contre les autres. L'épinoche les engloutit toujours
avec le même soin.

Il s'introduit entre celles qui s'élèvent des deux côtés
de façon à ménager une cavité assez vaste pour que le
corps de la femelle y passe sans difficulté. Il s'agit enfin
de construire la toiture ; de nouvelles pièces sont encore
apportées et, pour former la voûte, elles prennent place
sur les murailles déjà établies et s'enchevêtrent par leurs
extrémités.

Le poisson poursuit toujours son travail de la même

manière; il fixe et contourne les brindilles avec son museau, il lisse les parois de l'édifice en les imprégnant de mucosité par les frottements répétés de son corps. La cavité est particulièrement l'objet de ses soins; il s'y retourne à maintes reprises, jusqu'à ce que les parois du tube soient devenues bien unies. Parfois, le nid demeure fermé à l'une de ses extrémités; le plus souvent, au contraire, il est ouvert aux deux bouts; l'ouverture opposée à celle par laquelle l'animal est entré si fréquemment, pour accomplir son travail, reste très petite. La première est surtout construite avec un soin extrême; pas un brin ne dépasse l'autre, le bord est englué, poli avec les plus minutieuses précautions pour rendre le passage facile.

Si les différentes espèces d'épinoches proprement dites paraissent se comporter dans tous leurs actes exactement de la même manière, le procédé varie pour les espèces de la division des épinochettes. Le mâle est toujours le seul architecte, et il ne se montre ni moins habile, ni moins vigilant que l'épinoche. Celui-là établit son nid à une certaine hauteur du sol, parmi les plantes qui croissent dans les eaux entre les tiges ou contre les feuilles. Il fait choix des matériaux les plus délicats, conferves et brins d'herbes très-déliés. Il en apporte jusqu'à ce qu'il en ait un paquet suffisant pour construire le petit édifice, en prenant des soins incessants pour leur faire contracter adhérence avec les végétaux sur lesquels ils sont appuyés et les empêcher d'être entraînés par le courant. Il emploie, dans ce but, le même moyen que l'épinoche; il englue de mucus toutes les parties en les frottant avec son corps. Lorsque la masse des brins d'herbes et des conferves est devenue assez considérable, il s'efforce de pénétrer dans le milieu en poussant avec son museau. Dès qu'il a réussi à l'enfoncer un peu dans cette masse, il se retourne à diverses reprises et avance de mieux en mieux en faisant agir ses nombreuses épines dorsales qui contournent et enchevêtrent tous les brins les uns avec les autres. Parvenu au bout, il sort par l'extrémité opposée à celle par laquelle il a pénétré. A ce moment, le nid a pris sa forme définitive. On a comparé assez heureusement le nid à un petit manchon. Le poisson a encore peut-être quelques précautions à prendre pour que ce petit édifice soit achevé, les parois du tube lissées, l'orifice d'entrée bien uni. Tout cela s'exécutera à l'aide des procédés que nous avons vus employés par l'épinoche.

Les épinoches et les épinochettes ne sont pas les seuls poissons qui imitent les oiseaux en faisant des nids, dans lesquels ils déposent leurs œufs. Les doras construisent également des nids avec des feuilles, et quelquefois un trou est creusé dans le rivage pour les recevoir. Le père et la mère veillent l'un et l'autre avec l'attention la plus dévouée, et défendent avec courage leur famille future.

D'autres phénomènes, se rattachant à l'intelligence, se manifestent chez les poissons. On sait qu'un des caractères des êtres intelligents est de vivre en société. La perche est éminemment sociable. Un grand nombre de ces poissons forment ensemble un troupeau, comme si une sorte de pacte avait été signée entre eux. Par les temps calmes, on peut les observer en troupes dans un lac, une rivière ou même dans de larges fossés où ils se tiennent près de la surface de l'eau et tout à fait immobiles. Mais leurs perceptions sont très-fines, et le moindre son inaccoutumé leur donne l'éveil : ils disparaissent alors rapidement et se retirent dans quelque trou qui est la citadelle commune de toute la troupe. S'ils se trouvent être vingt ou quarante dans ce trou, on peut, dans certains cas, les prendre tous les uns après les autres.

D'autres poissons montreront une adresse qui surpasse celle des hommes les plus intelligents. Une espèce de choctodon, connu sous le nom de chelmon rostratus, dont le museau se projette en un tube long, étroit, fréquente les rivages de la mer et les bords des rivières au pourchas de la nourriture. Quand, dit le docteur Jonathan Franklin, il avise une mouche posée sur les plantes qui croissent dans les eaux peu profondes, il s'en approche en nageant, jusqu'à la distance de 4, 5 ou six pieds. Puis, avec une dextérité surprenante, il lance hors de sa bouche tubulaire une goutte d'eau qui ne manque jamais de frapper la mouche et de l'abattre dans la mer, où elle devient bientôt la proie de son ennemi.

Le récit d'un trait de mœurs si peu commun éveilla la curiosité du gouverneur de l'hôpital de Batavia, dans l'île de Java. Le fait était attesté par des témoins dignes de foi, mais le gouverneur voulut se convaincre par ses propres yeux de l'authenticité de tels rapports. A cette fin, il fit remplir d'eau de mer un large bocal et, ayant plusieurs de ces poissons sous la main, il les mit dans le bocal, dont il renouvelait l'eau tous les jours. En peu de temps, ils se montrèrent réconciliés avec leur état de captivité, et le gouverneur résolut alors de commencer ses expériences.

Il prit une mince baguette, au bout de laquelle il piqua une mouche avec une épingle ; puis il plaça cette baguette sur les bords du vaisseau de manière que les poissons pussent apercevoir l'insecte. Ce ne fut point sans un sentiment d'inexprimable joie qu'il vit, et cela tous les jours, ces poissons exercer leur adresse, en tirant à la mouche avec une vélocité merveilleuse ; ils ne manquaient jamais leur but.

Le brochet, le requin de nos rivières, donne des signes d'intelligence et même de sentiment. « N'allez pas trop sourire de cette alliance de mots, dit le docteur Franklin : le sentiment du brochet ! Est-ce que les mammifères les plus féroces, les plus carnassiers, les plus voraces ne sont pas souvent ceux qui se montrent les plus capables d'attachement, de bons rapports avec l'homme ? pourquoi ne serait-il pas de même parmi les tribus à nageoires ? »

L'anecdote suivante fut lue en 1850 par un grave docteur, devant une grave assemblée, la Société littéraire et philosophique de Liverpool.

« Quand je demeurais à Durham, raconte le docteur Warwick, je me promenais, un soir, dans le parc qui appartient au comte de Stamford, et j'arrivai sur le bord d'un étang où l'on mettait, pour quelque temps, les poissons destinés à la table. Mon attention se porta sur un beau brochet d'environ 6 livres; mais, voyant que je l'observais, il se précipita comme un trait au milieu des eaux.

« Dans sa fuite, il se frappa la tête contre le crochet d'un poteau. Il s'était fracturé le crâne et blessé d'un côté le nerf optique. L'animal donna des signes d'une effroyable douleur; il s'élança au fond de l'eau, et enfonçant sa tête dans la vase, tournoya avec tant de célérité, que je le perdis presque de vue pendant un moment. Puis il plongea çà et là dans l'étang, et enfin se jeta tout à fait hors de l'eau, sur le bord. Je l'examinai et je reconnus qu'une très-petite partie du cerveau sortait de la fracture du crâne.

« Je replaçai soigneusement le cerveau lésé, et avec un petit cure-dents d'argent, je relevai les parties dentelées du crâne. Le poisson demeura tranquille pendant l'opération, puis il se replongea, d'un saut, dans l'étang.

Il sembla d'abord beaucoup soulagé ; mais au bout de quelques minutes, il s'élança de nouveau et plongea çà et là, jusqu'à ce qu'il se jeta encore hors de l'eau. Il continua ainsi plusieurs fois de suite.

« J'appelai le garde, et avec son assistance j'appliquai un bandage sur la fracture du poisson ; cela fait, nous le rejetâmes dans l'étang et l'abandonnâmes à son sort. Le lendemain matin, dès que je parus sur le bord de la pièce d'eau, le brochet vint à moi, tout près de la berge et posa sa tête sur mes pieds. Je trouvai le fait extraordinaire ; mais sans m'y arrêter, j'examinai le crâne du poisson et je reconnus qu'il allait bien ; je me promenai alors le long de la pièce d'eau, pendant quelque temps ; le poisson ne cessa de nager, en suivant mes pas, tournant quand je tournais ; mais comme il était borgne du côté qui avait été blessé, il parut toujours agité quand son mauvais œil se trouvait en face de la rive sur laquelle je changeais la direction de mes mouvements.

« Le lendemain, j'amenai quelques jeunes amis pour voir ce poisson : le brochet nagea vers moi comme à l'ordinaire. Peu à peu il devint si docile qu'il arrivait, dès que je sifflais, et mangeait dans ma main. Avec les autres personnes, au contraire, il resta aussi ombrageux et aussi farouche qu'il l'avait toujours été. »

L'histoire de ce brochet reconnaissant est de nature, dit le docteur Franklin, à nous donner une idée toute nouvelle des facultés qu'on accorde généralement aux poissons. Il ajoute, et tous les naturalistes seront de son avis, qu'il est regrettable que l'élément dans lequel vivent les poissons s'oppose à ce que nous fassions plus intime connaissance avec eux. Il serait pourtant ridicule de dire que la barrière soit infranchissable ; et

J'appliquai un bandage sur la fracture du poisson, p. 78.

dans certains cas, comme nous venons de le voir, ce n'est pas l'homme qui va au poisson, c'est le poisson qui vient à l'homme.

Un autre signe de l'intelligence des animaux, c'est leur aptitude à s'apprivoiser. La morue, qui le croirait? est un des poissons qui semble le mieux apprécier la société et les caresses de l'homme. On peut la prendre dans ses mains, la caresser, pourvu, toutefois, qu'on n'oublie pas de flatter sa gourmandise avec des moules. O toute-puissance du ventre!

Souvent c'est aux êtres les plus petits qu'il faut s'adresser quand on veut trouver de l'intelligence. La nature leur a ainsi donné une compensation. Certains petits poissons nommés « chevaux marins » ou hippocampes, qui vivent dans la Méditerranée et dont les mœurs ont été parfaitement observées par M. Lukis, ont fourni des signes manifestes d'intelligence.

Cet observateur tenait captives dans un vaisseau de verre deux hippocampes femelles.

« Je vis que ces poissons cherchaient avec inquiétude un endroit pour se reposer; je contentai leur désir en plaçant dans le vaisseau des tiges de roseaux marins; c'était ce qu'ils demandaient. Ils montrèrent alors beaucoup des habitudes qui leur sont propres; or, je dois dire que peu de sujets de l'abîme manifestent, dans une prison, plus d'espièglerie et plus d'intelligence que les hippocampes.

« Quand ils nagent, ces poissons conservent une position verticale, mais leur queue cherche à saisir tout ce qui peut se montrer dans l'eau. On les voit alors s'élancer autour des tiges de roseau. Une fois fixé, l'animal observe attentivement tous les objets qui l'entourent, et il s'élance sur sa proie avec une grande dextérité.

« Quand l'un s'approche de l'autre, ils entrelacent souvent leurs queues, et c'est ensuite une lutte lorsqu'il s'agit de se séparer. Pour en venir à bout, ils s'attachent aux roseaux par la partie inférieure des joues ou du menton. Ils se servent de la même manœuvre quand ils ont besoin d'un point d'appui, pour soulever leur corps, alors qu'ils désirent entortiller leur queue autour de quelque objet nouveau. »

Le requin, dont la férocité et l'instinct sanguinaire sont devenus proverbiaux, le requin, dont le nom est dit-on, une corruption de *requiem*, parce qu'on peut dire à tous ceux qui tombent dans sa gueule : *Requiescant in pace!* le requin s'humanise. Lacépède (auquel, je l'avoue, je n'accorde pas toujours, malgré son génie, une très-grande confiance), Lacépède dit des requins que, radoucis en certaines circonstances et cédant à des affections bien différentes d'un sentiment destructeur, ils mêlent sans crainte leurs armes meurtrières, rapprochent leurs gueules énormes, et leurs queues terribles et, bien loin de se donner la mort, s'exposent à la recevoir plutôt que de se séparer.

La raie, qu'on prendrait pour un animal peu capable de tendresse, est cependant, si l'on en croit encore Lacépède, susceptible du plus grand attachement ; aucun être même ne serait plus fidèle dans ses sentiments, ni plus constant en amour. N'est-ce pas une supériorité incontestable sur l'homme ? Les Français font grand cas de la raie, les Anglais l'apprécient médiocrement et les Hollandais la dédaignent.

La nécessité est, dit-on, la mère de l'industrie ; on peut ajouter qu'elle est aussi la mère de l'intelligence.

Il n'est pas un être, si bête qu'il soit, qui ne modifie ses habitudes et ne développe son talent suivant le

besoin ou la circonstance; une intelligence particulière aux tribus à nageoires les porte à choisir le repas
qui convient par rapport à chaque temps de l'année.
La mouche la plus tentante, présentée à un poisson
quand elle n'est plus de saison, n'allèchera guère son
appétit, et un appât dont vous aurez éprouvé l'efficacité à une certaine heure du jour s'offrira en vain,
quelques heures plus tard, à la sensualité de l'animal.
Dites encore qu'ils manquent d'intelligence, ces turbots, ces limandes qui savent si bien sillonner le
sable, ou s'enterrer comme l'anguille, ou se creuser
des asiles au fond des eaux, pour se mettre à l'abri de
leurs ennemis! Dites qu'elle est sotte, cette anguille
qui, serpentant dans les eaux troubles des étangs, sort
de nuit du fond de sa fange et s'avance dans les
prairies pour y surprendre des vermisseaux endor-
mis! De la Chambre affirme que, quand la femelle
du dauphin voit l'un de ses deux petits blessés,
elle chasse l'autre, comme pour l'avertir de fuir,
et va après le premier, se laissant plutôt prendre
avec lui que de l'abandonner.

LE NAUTILE

La navigation du nautile est un spectacle vraiment
curieux. A cet acte il est difficile de ne pas reconnaître
de l'intelligence. Lorsqu'il veut voguer, il lève la tête et
élève deux de ses bras, entre lesquels se trouve une
membrane, mince et légère qu'il étend en forme de
voile; deux autres bras lui servent de rame et sa queue
lui tient lieu de gouvernail; il connaît la quantité d'eau
nécessaire pour servir de lest à son vaisseau. Ce testacé

ne se plaît à voguer que pendant le calme. Et quand survient une tempête ou une cause d'épouvante, on le voit caler sa voile, retirer ses avirons et son gouvernail, s'enfoncer dans sa coquille et la remplir d'eau pour couler plus aisément à fond.

Traiterez-vous d'imbécile ce spare qui, demeurant au fond des eaux, affecte un air débonnaire et attire autour de lui les petits poissons sans défiance? Au moment où ils sont à sa portée, il allonge aussitôt son museau extensible et gobe à l'instant celui qui y songe le moins. Et cette bandoulière à long bec et le zée rusé qui s'approchent, en tapinois, des mouches, leur lancent de l'eau, les atteignent toujours, les noient et en font leur pâture; direz-vous que les poissons ont moins de sensibilité que l'homme? C'est vrai en apparence; néanmoins je vous répondrai avec Walter Scott : « C'est là une question délicate et que le poisson seul serait à même de résoudre. »

Direz-vous qu'ils sont moins heureux que l'être intelligent par excellence? Je vous répondrai avec Virey que les poissons digèrent facilement, qu'ils ne sont affectés, ni des variations de l'air, ni de l'inégalité du genre de vie, ni des pertes de transpiration, ni d'aucun dérangement du corps, du sang et des humeurs.

D'ailleurs, ils n'ont point, comme l'homme, ces peines du cœur qui rongent la vie, ces chagrins, ces passions qui tourmentent. Ils ne sont consumés, ni par des plaisirs trop vifs, ni par des douleurs profondes; ils ont une nature tempérée comme l'onde qu'ils habitent. Ils sont dans un état que recommandent les philosophes, excepté que l'ataraxie du stoïcien et la molle tranquillité de l'épicurien sont les fruits de la raison, tandis que c'est le résultat du tempérament flegmatique chez le poisson. Mais la raison étant une barrière bien moins sûre contre les passions que l'apathie du corps, l'animal aquatique aura toujours l'avantage sur le philosophe et jouira d'une vie proportionnellement plus longue.

LES OISEAUX

Merveilleuse organisation des oiseaux. — Supériorité des sens. — Étendue de la vue en rapport avec la rapidité du vol. — Finesse de l'ouïe. — Correspondance entre la voix et l'audition. — Sensibilité générale. — Mémoire des lieux. — Température des oiseaux. — Son influence sur leur caractère et leur intelligence. — Le chant. — Le nid.

Qui n'a souvent entendu dire d'une personne légère et sans réflexion : « Elle a une tête de linotte? » Le bon sens populaire se trompe quelquefois dans ses comparaisons. Celle-ci est essentiellement juste : ce charmant petit oiseau, à tête fine et mignarde, manifeste en effet peu d'intelligence et de réflexion. En vain, sa beauté demande grâce pour son esprit. Tête légère la linotte est appelée, tête légère elle restera. Cet oiseau n'est pas le seul dont nous accusions l'esprit. Notre rhétorique a puisé dans le monde ailé quantité de comparaisons qu'on s'est trop hâté d'accepter. A chaque instant, nous disons : stupide comme un dindon ; sotte comme une bécasse ; abrutie comme une buse. Nous identifions même tellement l'idée d'imbécillité à celle d'oiseau, que voulant nous injurier, nous nous traitons purement et simplement d'oies, de grues et de serins.

Nous mettons toutes nos mauvaises passions chez ces innocentes créatures : le hibou est sauvage et taciturne, le héron triste et mélancolique, les mouettes sont insatiables et criardes, la pie est curieuse, bavarde et voleuse. A entendre notre langage, le monde des oiseaux serait essentiellement le monde des bêtes. N'en croyez rien. La science, plus sage que l'imagination, a reconnu que les oiseaux n'ont point aussi peu de tête qu'on a bien voulu le dire. Un savant, pour lequel j'ai le plus grand respect, a signalé le premier ce fait remarquable que le cerveau des fringiles, proportionnellement à la masse du corps, l'emporte sur celui de l'homme. Je sais bien, que, d'une façon générale, le cerveau des oiseaux n'est pas aussi volumineux que celui des mammifères ; les hémisphères y manquent de circonvolutions et sont peu développées. Mais le cerveau n'en existe pas moins, et par conséquent, l'intelligence avec lui. Et ici encore, nous trouvons que les manifestations intellectuelles sont en rapport avec le volume de l'organe cérébral. Le cerveau de l'autruche n'est guère plus gros que celui du coq. L'oie et le dindon ont un cerveau très-petit.

Mais la disproportion de l'encéphale avec la masse du corps est surtout remarquable dans l'ordre entier des oiseaux de rivage et se reconnaît au premier aspect à la petitesse de leur tête ; ce sont aussi les plus sauvages et les moins susceptibles de domesticité. Dans l'ordre des rapaces, la masse cérébrale augmente sensiblement parmi les faucons ; cette augmentation, cependant, n'est bien appréciable que chez les oiseaux nocturnes, dont la tête est très-volumineuse. Peu d'animaux ont le cerveau plus développé que les perroquets. La masse cérébrale chez les granivores et les insectivores, relativement au poids du corps, est pour le moins aussi forte que chez l'homme. On comprend déjà que l'intelligence ne sera pas aussi rare chez les oiseaux qu'on ne l'a cru pendant longtemps La distance qui les sépare des mammifères

n'est pas non plus aussi éloignée qu'on le dit. Ils sont
certainement supérieurs de beaucoup aux insectivores,
aux marsupiaux, aux cheiroptères chauves-souris, aux
rongeurs et même à la plupart des ruminants. Nous avons
un grand défaut quand nous étudions les animaux : nous
voulons toujours les comparer à notre organisation, à
nos besoins. De ce que tel ou tel organe est moins développé chez eux que chez nous, nous sommes portés à
dire qu'ils sont moins parfaits ; c'est là une grande erreur. Chaque être est aussi perfectionné que son espèce,
que ses conditions d'existence l'exigent. Et il possède
souvent en plus ce qu'un autre a en moins.

Ainsi, les oiseaux sont admirablement doués, quant
aux sens et nommément pour celui de la vue. On a pré-
tendu qu'il y a un rapport direct entre l'étendue de la
vue et la rapidité du vol. L'aigle, le faucon, le vautour
et tous les oiseaux de proie, à l'exception des oiseaux de
nuit, embrassent un horizon dix fois plus étendu que
celui de l'homme. Le martinet, au dire de Belon,
aperçoit distinctement un moucheron à la distance de
500 mètres, fond dessus en un clin d'œil et l'enlève
avec une dextérité sans égale. Le milan, qui plane dans
les airs à des hauteurs inaccessibles à nos yeux, aperçoit facilement le poisson mort qui flotte à la surface des
eaux ou le mulot imprudent qui se dispose à sortir de son
trou.

Pour embrasser d'un seul coup d'œil une étendue considérable de pays, les oiseaux sont souvent dans l'obliga-
tion de changer la portée de leur vue, suivant qu'ils se
trouvent sur le sol ou planent à une hauteur considérable dans les airs. Leur œil est naturellement presbyte,
sauf celui des espèces aquatiques ; le cristallin est plus
aplati que chez les mammifères ; mais ils possèdent, pour
l'accommoder aux distances, un petit organe particulier

appelé le peigne, sans doute parce qu'il sert à débrouiller les distances. L'oiseau a de plus que nous une troisième paupière qui circule entre les deux autres, couvre tout le globe de l'œil, le parcourt sans cesse pour le tenir propre et brillant comme un verre de lorgnette, et lui sert à la fois de frottoir et de rideau contre l'effet des rayons lumineux. Il est probable qu'un œil aussi bien organisé doit servir admirablement l'intelligence de l'oiseau, dans ses migrations, dans ses voyages périodiques aux contrées les plus lointaines.

Après la vue, l'ouïe paraît être le second sens de l'oiseau, c'est-à-dire le second pour la perfection. L'ouïe est non-seulement plus parfaite que l'odorat, le goût et le toucher dans l'oiseau, mais même plus parfaite que l'ouïe des quadrupèdes ; on le voit par la facilité avec laquelle la plupart des oiseaux retiennent et répètent des sons et des suites de sons et même la parole ; une autre preuve de la perfection de l'ouïe chez l'oiseau est la suivante. Il m'est arrivé d'enlever un nid de moineaux de dessous mon toit, de le poser sur mon balcon quand les oiseaux n'étaient pas encore assez forts pour appeler leurs parents. Le père et la mère, qui par la vue ne savaient pas reconnaître leur nid, ne manquaient pas dans une autre expérience, les petits étant assez forts pour les appeler, de reconnaître leur voix et de leur apporter à manger. Dans ce cas, l'ouïe l'emporte sur la vue.

On a accusé plusieurs oiseaux d'être complétement sourds, et notamment le gros bec. Mais tout le monde sait que le gros bec possède une voix : s'il était sourd de naissance, il serait nécessairement sourd et muet. Il y a, nous le savons, une correspondance entre le sens de la vue et la rapidité du vol, il en existe une non moins intime entre les organes de la voix et ceux de l'audition chez tous les animaux et surtout chez les oiseaux.

Le toucher existe chez les oiseaux. Il paraît, dit Buffon, que les oiseaux l'emportent sur les quadrupèdes par le toucher des doigts et que le principal siége de ce sens y réside ; car, en général, ils se servent de leurs doigts beaucoup plus que les quadrupèdes, soit pour saisir, soit pour palper les corps. Néanmoins, ajoute-t-il, l'intérieur des doigts étant, dans les oiseaux, toujours revêtu d'une peau dure et calleuse, le tact ne peut en être délicat, et les sensations qu'il produit doivent être assez peu distinctes.

Les oiseaux ne sont certainement pas gens de goût. Dame Nature l'a voulu ainsi et bien elle a fait. Si ces pauvres animaux, destinés à produire une quantité de calorique supérieure à la nôtre, avaient été gratifiés de papilles linguales et buccales sensibles, ils eussent été délicats pour le manger et n'auraient jamais eu assez d'aliments pour entretenir le foyer de leur chaleur. Les oiseaux ne mastiquent pas, ne savourent pas, ils avalent. Peu leur importe. Les gens d'imagination ne s'occupent guère de ces détails de la vie matérielle, qui conduisent souvent à l'obésité, à la goutte et à la pesanteur de l'esprit, et à l'abrutissement de l'intelligence.

L'odorat ne paraît pas très-développé chez les oiseaux. Un grand nombre d'entre eux n'ont point de narines ; c'est-à-dire point de conduits ouverts au-dessus du bec, en sorte qu'ils ne peuvent recevoir les odeurs que par la fente intérieure qui est dans la bouche, et ceux d'entre eux qui sont munis de ces conduits jouissent d'un odorat plus développé que les autres ; les nerfs olfactifs sont néanmoins bien plus petits proportionnellement et moins étendus que dans les quadrupèdes ; cependant, j'ai toujours été tenté d'expliquer par l'odorat certaines facultés singulières des oiseaux. En effet, comment se rendre compte de ce merveilleux retour du pigeon de volière qui, transporté en vase clos à des distances de trois cents lieues de son pays natal à travers des contrées qui lui sont inconnues, n'en reprend pas moins, sans hésiter, aussitôt qu'il est libre, le chemin de ses foyers ? comment expliquer qu'un pigeon messager transporté de Bruxelles à Toulouse dans un panier couvert et rendu à la liberté, ait parfaitement su revenir à son point de départ ? Est-ce à un sens ou à l'intelligence qu'il faut rapporter cette faculté ? Assurément, ce n'est pas à la vue, ni à l'ouïe, ni au toucher, ni au goût. Est-ce à l'odorat ? Pour le pigeon enfermé dans un panier, il pourrait y avoir des doutes, mais pour celui qui a été emporté dans un vase clos, il est évident que le pauvre volatile, eût-il le flair d'un chien, n'aurait jamais eu le nez

Il sait quelle route il doit suivre.

de revenir directement chez lui ; les phénomènes ne peuvent s'expliquer que par la sensibilité générale de l'oiseau, par son impressionnabilité au chaud ou au froid. Lancé dans l'atmosphère, il se dirige d'après les sensations qu'il éprouve, il sait quelle route il doit suivre pour gagner le nord ou le sud. Sa sensibilité lui sert de boussole et de thermomètre.

Toussenel cite l'exemple d'un chardonneret qui partait toutes les semaines de sa petite ville, située en Picardie, pour s'en venir à Paris faire préparer l'appartement de son maître.

Tant il est vrai que le développement d'un ou de plusieurs sens ou encore de la sensibilité générale peut, en maintes circonstances, aider considérablement l'intelligence.

Avec un cerveau volumineux, l'oiseau n'aurait pu planer dans les airs. Il ne faut donc pas lui demander un développement d'organe cérébral, non plus un organe

Un chardonneret allait annoncer l'arrivée de son maître.

gestateur qui gênerait sa locomotion; ce qu'il faut à l'oiseau, c'est le mouvement. Eh bien, nous remarquons dans le cervelet, organe du mouvement, un développement très-grand de sa partie moyenne, de ce qu'on appelle en science le vermis; mais il y a plus, et c'est ce qui nous prouve combien l'étude la plus minutieuse des plus petits éléments peut avoir d'importance.

Les micrographes ont découvert, dans la composition du cerveau et de la moelle, plusieurs sortes de cellules : les unes affectées aux fonctions de la sensibilité, les autres au mouvement, ces dernières étoilées ou multipolaires, plus grosses que les autres, qui servent spécialement d'incitateur à la contraction musculaire, ce sont les cellules nerveuses du mouvement. Or on a remarqué qu'elles sont proportionnéllement plus nombreuses dans les oiseaux qu'elles ne le sont dans les autres vertébrés, ce qui est évidemment en rapport avec l'activité de leur locomotion. L'oiseau perd en intelligence ce qu'il gagne en mouvement ; sa destinée est de se mouvoir.

Il a des ailes :

> Des ailes ! des ailes pour voler
> Par montagne et par vallée ;
> Des ailes pour planer sur la mer
> Dans la pourpre du matin.

« La nature, dit Buffon, en donnant des ailes aux oiseaux, leur a departi les attributs de l'indépendance et les instruments de la haute liberté. Aussi n'ont-ils de patrie que le ciel qui leur convient ; ils en prévoient les vicissitudes et changent de climat en devançant les saisons ; ils ne s'y établissent qu'après en avoir préssenti la température ; la plupart n'arrivent que quand la douce haleine du printemps a tapissé les forêts de verdure, quand elle fait éclore les germes qui doivent les nourrir, quand ils peuvent s'établir, se gîter, se cacher sous l'ombrage, quand enfin la nature, vivifiant les puissances de l'amour, le ciel et la terre semblent réunir leurs bienfaits pour combler leur bonheur. »

Nous avons vu, en étudiant les insectes, que chez les fourmis le droit de porter des ailes et de s'élever dans les airs n'appartient, parmi les femelles, qu'à la corporation des vestales. Celle qui a aimé se punit elle-même de son innocente faiblesse.

Continuons notre étude sur l'organisation des oiseaux.

D'après Toussenel, l'histoire du papillon confirme plus rigoureusement encore que celle de la fourmi la théorie du glorieux attribut des ailes.

Il est certain que rien n'est imparfait dans l'organisation des êtres, que tout est adapté aux conditions de milieu, et disposé pour le but à atteindre : c'est ainsi que la structure de l'oiseau présente une charpente légère. Destiné à vivre dans l'air, il devait avoir moins de pesanteur que les poissons, qui vivent dans l'eau, ou que les mammifères, qui passent leur vie sur la terre. Tout cela a été prévu, calculé ; aussi, à mesure que les oiseaux avancent en âge, qu'ils prennent de la consistance, de la densité, leurs os longs s'évident et deviennent fistuleux, ce qui leur permet de donner accès à l'air dans leur intérieur ; de telle sorte que l'air, qui est l'élément essentiel de l'oiseau, pénètre toute son organisation et en fait l'être de toute la nature qui respire le plus.

Chez les mammifères, il existe, comme on sait, entre la région pulmonaire et la région abdominale un cloison appelée le diaphragme ; cette cloison limite inférieurement l'expansion des poumons. Chez les oiseaux, au contraire, la membrane est ouverte, fragmentée, déchirée ; elle donne passage à l'air inspiré. Cet air, pénétrant alors dans toutes les cavités, forme des cellules, qui, pressées par les muscles, font l'office de soufflets et activent le foyer de la respiration. Il résulte de cette structure particulière que le sang, ainsi calorifié, rendu plus fluide par l'oxygène, plus excitant, imprime aux mouvements de l'oiseau cette richesse d'action, cette joyeuse impétuosité, cette légèreté qui nous charment. De là aussi l'étendue et les vibrations de sa voix. L'air porte donc la vie, la chaleur, l'activité jusque dans le bout des plumes des oiseaux. Ainsi gonflés, ballonnés, ces hôtes de l'atmosphère diminuent d'autant leur pesanteur relative ; ce sont de véritables aérostats vivants et emplumés, qui se trouvent jusqu'à un certain point en équilibre avec la masse du fluide qu'ils parcourent et qu'ils divisent. Icare et tous ceux qui ont voulu imiter son exemple n'avaient pas réfléchi à cela. L'oiseau ne vole pas seulement parce qu'il a des ailes, il vole parce que tout son corps est, pour ainsi dire, imprégné d'air. Mais cet air, élément de la vie, de la combustion, détermine, chez l'oiseau, une chaleur qui se manifestera dans tous les actes de la vie de ce petit animal.

La température de l'homme ne dépasse pas 30 à 32°. L'oiseau en compte au moins 35. Ajoutez à cette élévation de température un cœur pourvu de quatre cavités, et vous pourrez comprendre comment l'oiseau est dévoré du feu de la vie, comment il peut braver les plus rudes hivers, comment, à l'aide de cet air qui pénètre dans ses organes, qui s'échauffe et se dilate, il peut devenir encore plus léger. Son plumage, si bien disposé pour conserver cette chaleur, lui permet de s'élever jusque dans les hautes régions où la tyrannie de l'homme ne peut l'atteindre. Ce sang plus chaud des oiseaux les rend plus sensibles, plus vifs, plus ardents. Ils sont toujours agités, turbulents : inquiets, dormant peu. Ils ont les défauts de ce tempérament, ils sont mobiles, volages, irascibles, impétueux, irréfléchis.

Leurs impressions, plus vives, sont moins profondes, ils sentent plus qu'ils ne conçoivent. Et, pour les instruire, il faut les forcer à se replier sur eux-mêmes, il faut les immobiliser, les tenir en cage. La perte de leur liberté est seule capable de les faire réfléchir. Et encore faut-il avoir soin de choisir le soir pour les instruire. A cette heure où la lumière ne les excite plus, où l'ombre de la nuit les oblige à se recueillir, ils sont plus attentifs, ils retiennent mieux les airs, les paroles qu'on veut leur faire répéter.

Certains marchands, par amour du lucre, sont capables de tout. Les oiseleurs, les marchands d'oiseaux, brûlent les yeux des rossignols et des oiseaux chanteurs pour exploiter leur voix. Il paraît que ces pauvres petits animaux, privés de la vue, font entendre des sons mélodieux et touchants : on serait tenté de les comparer à Homère et à Milton.

Ah! le chant des oiseaux! n'est-ce pas là encore une des preuves les plus manifestes de leur intelligence? Vous entendez un moineau franc, une alouette, un rossignol, une fauvette. Vous les distinguez facilement, vous les reconnaissez chacun à leurs modulations. Et vous dites qu'ils chantent ainsi naturellement, instinctivement, qu'ils n'ont jamais eu de maître, qu'ils ne savent pas ce qu'ils disent, que le sentiment et l'intelligence n'est pour rien dans ces manifestations vocales! Remarquons d'abord que chaque espèce, à n'en pas douter, sait se faire comprendre par tous les individus qui la constituent. Chaque son de leur voix a une signification particulière, qui leur sert de moyen de communication. S'il en était autrement, comment ceux qui vivent en société s'entendraient-ils? comment construiraient-ils ces nids compliqués et si artistement arrangés? comment, dans ces travaux d'architecture, chacun aurait-il sa tâche? Tout travail en commun nécessite une entente.

Écoutez aussi les oiseaux voyageurs. Sont-ils au moment de changer de climats, ils se rassemblent, se réunissent; à les entendre, on dirait une assemblée législative où chacun peut avoir la parole, émettre son opinion, son avis dans la décision qui va être prise. Pendant le voyage, les émigrants, suivant leur autorité, leur rang dans l'assemblée, continuent de se faire entendre pour régler la vitesse du vol, afin que les plus faibles puissent suivre les plus forts et aussi pour rappeler les égarés.

Comme nous, les oiseaux ne manifestent jamais plus de sentiment, d'intelligence, de poésie dans leur langage qu'au printemps de la vie.

Ah! c'est que la puissance d'aimer, cette sublime exaltation du cœur, cette force impétueuse de tout notre être, rend forts les plus faibles, intelligents les plus simples et porte le feu sacré dans les imaginations les plus obtuses : l'amour est ailé. L'oiseau est toute aile et toute tendresse. Lui seul aime pour aimer. Dans la joyeuseté de ses chants, dans ses doux gazouillis, dans ses frémissements d'ailes, il vient d'en haut nous reprocher nos voix mensongères, nos pauvres sentiments, notre vil égoïsme, nos misérables calculs, notre foi trahie. Il entre hardiment jusque chez nous, s'établit dans nos jardins, s'installe sous nos toits pour nous répéter du matin au soir : — « Mais aimez-vous, aimez-vous, aimez-vous donc. Il faut vous aimer, vous aimer, vous aimer, toujours vous aimer, rien que vous aimer! ». et nous n'avons ni l'intelligence, ni la force de nous aimer.

C'est aussi au printemps que les oiseaux, comme les poissons, revêtent leur plus belle parure, leur plus vives couleurs. La nature renaissante donne aux ani-

7

maux des habits de fêtes, aux mammifères un pelage
plus soyeux, aux reptiles des écailles d'un éclat plus vif;
aux oiseaux des plumes plus belles; elle nourrit l'insecte à l'état de larve et le fait se reproduire et briller à
l'état de papillon; il n'est
pas jusqu'à la corolle des
plantes qui ne brille des
couleurs les plus variées.

La femelle de l'oiseau
l'emporte, en intelligence,
sur toutes ses sœurs des
autres sociétés. Non-seulement elle est plus gracieuse

Autruche femelle ensevelissant ses œufs dans le sable.

et plus svelte que le mâle, mais plus attentive, plus réfléchie, plus prévoyante. C'est elle qui choisit l'emplacement du nid et sait le modifier suivant les nécessités et
les climats. C'est la femelle, chez l'autruche, qui ense-
velit dans le voisinage de l'entonnoir de sable où ses
petits doivent éclore, un certain nombre d'œufs qui ser-
viront à leur première nourriture.

L'hirondelle et la sittelle bâtissent en pisé plus soli-
dement que les hommes. Dans le Levant, une fauvette
charmante coud l'une à l'autre, avec son bec et du fil, les
deux feuilles voisines d'un arbuste, pour établir sa famille
dans cette poche de son invention. Toutes les perfections
dont un nid est susceptible sont dues à l'intelligence des
femelles ; les mâles ne sont admis dans cette construction importante qu'à titre de manœuvres.

De même aussi, chez certains animaux qui vivent en
monogamie, fort peu de mâles sont admis au privilége de
l'incubation ; ce sont les mâles de la tribu des ramiers,
des tourterelles, des cigognes.

Qui n'a pas vu, dit Toussenel, la poule, la dinde, la
perdrix ou la caille défendre leurs petits, ne peut avoir
qu'une médiocre idée de l'héroïsme. Un homme qui
déploierait une seule fois, dans le cours de sa carrière
de citoyen, la dixième partie du dévouement que ces
pauvres bêtes déploient à toute heure de leur existence
pour assurer le salut de leur couvée plantureuse, aurait
des places d'honneur à tous les théâtres. durant sa vie,
et des statues dans tous les forums après sa mort. Une
perdrix qui traîne l'aile et fait la blessée devant le chien,
qui lui saute au visage pour lui crever les yeux ; une pie-
grièche, qui met en fuite par la vigueur de sa résistance
le gamin maraudeur qui a médité l'invasion de son domicile ; le cygne qui ne veut pas laisser une cavalcade
boire aux eaux de ses petits, toutes ces pauvres mères
dont l'existence n'est qu'une longue série d'actes héroï-
ques et de dévouements sublimes, auraient beaucoup de
peine à comprendre notre admiration pour l'Athénien
Codrus ou le Romain Curtius.

Ce moineau franc est insupportable, dites-vous, avec
sa note toujours la même ; ce n'est point un chant,
on dirait plutôt une sorte d'aboiement. Mais voici

le printemps. Écoutez-le, ce joyeux fiancé, il chante comme un maître. L'amour l'a fait poëte, ce n'est plus l'écolier insouciant répétant toujours la même

La pie-grièche.

note : c'est un musicien qui aborde les roulades les plus difficiles. Il donne son *ut* de poitrine. Il sait que, pour persuader, il faut être éloquent. Il le devient. Lorsqu'il faut s'occuper du nid, un sentiment nouveau va se manifester chez l'oiseau, l'amour de la progéniture. Il faut songer à mettre à l'abri ces petits êtres qui naîtront sans plumes, nus comme nos premiers parents. Cette préoccupation rend le moineau un peu réfléchi ; mais à peine a-t-il ramassé les premiers fétus de paille, que la joie s'empare de lui. Il revient cent fois par jour portant à son bec, une brindille, il l'ajoute aux premières, se met à pépier, comme s'il était content de lui ; il reprend son vol, retourne au champ, va, vient ainsi toute la journée, regardant sans en avoir l'air, si personne n'est à la fenêtre, s'il n'y a pas d'ennemi derrière les rideaux. J'avais, sous le toit de mon chalet, une dizaine de nids de moineaux ; ce ne sont pas assurément des chefs-d'œuvre ; ce travail est grossier, les matériaux sont communs, les détails incorrects, les dimensions absurdes. Leurs nids sont comme des enseignes ; on dirait qu'ils veulent vous faire passer pour un marchand de paille. A cela ne tienne ! je ne les aurais pas empêchés de nidifier chez moi ; mais comme je n'ai pas de visière à ma coiffure, j'ai craint le malheur arrivé à Tobie. Car, vous le savez, le moineau franc ne brille pas par la propreté ; il est aussi, dit Toussenel, querelleur, conteur, godailleur, goguenard, pillard, bavard, effronté, familier, mutin, mauvaise tête ; enfin, il est poussé par un besoin incessant de narguer l'autorité et de mystifier le propriétaire. Il fut amené à commettre directement sur ma personne une incongruité impardonnable ; j'envoyai chercher immédiatement le menuisier en lui recommandant de mettre des planches aux moindres fissures, d'employer toute son intelligence, afin que le plus petit moineau ne pût pénétrer en aucun endroit pour y faire son nid. Le menuisier travailla toute la journée contre ces anarchiques volatiles. Trois jours après, à force d'explorer le toit, de frapper les planches avec leur bec, d'examiner, d'observer, les moineaux avaient mis l'intelligence et les précautions de mon menuisier en défaut.

Alors j'envoyai chercher le maçon et le priai de boucher avec du plâtre les plus petits trous. Ensuite, je regardai moi-même attentivement, désireux de ne pas être

Le propriétaire et le moineau.

joué encore une fois par ces diables de *moigneaux*, comme on les appelle ici. Je pus me convaincre qu'il est impossible de lutter contre cette intelligence si tenace de nidification.

Deux moineaux plus clairvoyants, malgré toutes les précautions que j'avais prises, malgré ma présence presque constante à la fenêtre surent trouver un endroit pour faire leurs nids ; il arrivèrent à pénétrer derrière les planches, si bien que c'était moi-même qui, cette fois, leur avais construit un nid à l'abri de toutes les injures du temps, et auquel je ne pouvais plus toucher. Je m'avouai vaincu et les laissai en paix. Je fus cette fois récompensé de ma tolérance. J'assistai à un spectacle bien touchant. Au moment où les petits furent pour sortir, comme ils étaient haut perchés, l'un d'eux tomba sur le balcon, il se blessa la patte et ne put s'envoler. Alors je vis presque tous les moineaux qui étaient dans les arbres ou les haies, les plus âgés comme les plus jeunes, arriver sur mon balcon lui apporter, avec la becquetée, les plus tendres consolations. Les plus jeunes venaient même quand j'étais là, les vieux plus rusés, plus expérimentés, savaient parfaitement à quels instants de la journée j'étais absent, et ils ne manquaient pas d'arriver aussi pour consoler et conseiller sans doute le pauvre estropié. Cela dura trois jours et trois nuits, pendant lesquels mon moineau, retiré sur une chaise dans le coin du balcon, dormait, paisible, ayant à ses côtés deux autres gros gaillards qui semblaient lui servir de factionnaires. Le quatrième jour, le petit blessé partit joyeux comme un gamin en sortant de l'école.

Lacépède a cru pouvoir établir le degré de la sensibilité des oiseaux d'après la constance et l'étendue de leurs soins pour leurs compagnes et leurs petits, et il a proposé les distinctions suivantes, en commençant par le degré le plus bas de l'échelle.

1° Oiseaux dont les mâles abandonnent les femelles avant qu'elles s'occupent de la retraite dans laquelle elles déposeront leurs œufs ;

2° Ceux qui quittent les femelles pendant qu'elles s'occupent de la préparation du nid ;

3° Ceux qui s'occupent avec la femelle de la fabrication du nid ;

4° Ceux qui gardent et protégent les femelles pendant l'incubation, leur apportant une partie de la nourriture dont elles ont besoin et chantant auprès du nid ;

5° Ceux qui partagent avec les femelles les soins de l'incubation ;

6° Ceux qui prennent part à l'assiduité inquiète de la femelle auprès des petits ;

7° Ceux qui préparent dans leur jabot la première nourriture des petits ;

8e Ceux qui demeurent avec leurs petits, les aident et les défendent même alors qu'ils sont en état de se suffire à eux-mêmes.

Il estimait aussi le degré de leur industrie, d'après la perfection plus ou moins grande apportée par eux à la fabrication du nid, et ces dernières considérations ajoutées à celles de la sensibilité, lui servaient à distinguer les oiseaux supérieurs, et il les classait ainsi :

1° Oiseaux qui ne construisent pas de nid ou s'emparent d'un nid étranger ;

2° Ceux qui composent leurs nids avec des matériaux grossiers, réunis sans soin ;

3° Ceux dont le nid est formé de matières choisies après examen, préparées avec attention et apportées de loin ;

4° Ceux qui fabriquent leur nid avec des matériaux qu'ils enlacent et qu'ils tissent souvent avec une merveilleuse habileté ;

5° Ceux qui mettent une recherche particulière, une sorte d'attention, de discernement, à placer le nid dans la position la plus convenable à l'extrémité d'une branche ou sous les feuilles, pour garantir les petits du danger ;

6° Ceux dont le nid a une entrée étroite, un auvent, des conduits tortueux, plusieurs compartiments ;

7° Ceux qui se réunissent à d'autres couples pour construire des nids qui se touchent et qui reçoivent ainsi plusieurs ménages ;

8° Ceux, enfin, qui forment des sociétés nombreuses dont les nids sont couverts d'une enveloppe commune due à un concert de volonté, de ressource et d'adresse.

Il est facile de concevoir, ajoute Lacépède, que, pour établir une comparaison rigoureuse entre les espèces dont on veut indiquer le degré d'industrie et de sensibilité, il faudra rechercher dans le résultat de ces deux facultés ce qui devra être rapporté à l'influence du climat, à l'élévation de température pendant le temps de la ponte, à la solitude de la retraite, au nombre des ennemis à redouter, à la puissance des armes pour attaquer ou pour défendre, à la vitesse du vol, à la forme du bec et des pattes, instrument dont l'oiseau a été pourvu aussi pour ramasser, préparer, réunir et arranger les matériaux du nid.

Il est parfaitement reconnu que la plupart des oiseaux habituent leurs petits à se tourner, à s'élever au-dessus du nid pour accomplir certaine fonction, qui autrement aurait un grand inconvénient de malpropreté.

La faculté de comprendre se rattache essentiellement à la faculté de sentir. Avoir des nerfs pour recevoir les sensations, un cerveau pour les recueillir à son tour et les transformer en idée, telle est la marche que suit l'intelligence, mais, pour que le cerveau agisse vigoureusement, il faut que le sang qui le stimule et le vivifie soit pur, qu'il ait une certaine élévation de température, une certaine activité circulatoire. Les oiseaux ont essentiellement ces qualités, et c'est pourquoi, malgré la petitesse de leur cerveau, en général, ils sont susceptibles d'une grande sensibilité, en même temps que d'une véritable intelligence. L'être à sang chaud possède généralement un cœur généreux; il est actif, intelligent. L'éloquence chez les hommes est souvent affaire de vanité, désir de paraître habile, besoin de persuader, pour mieux dominer, quelquefois tyranniser. Chez les oiseaux, l'éloquence est signe d'affection et de tendresse. J'approche d'un nid, la mère s'envole en poussant des cris de détresse, elle s'arrête sur un arbre voisin pour chanter à tue-tête, pour détourner mon attention, pour m'attirer vers elle, pour que j'abandonne le sentier qui conduit vers sa famille. J'emporte un de ses petits. Le chant change, la voix est monosyllabique, le sentiment de tristesse se traduit par un langage différent. Comme le dit Dupont, de Nemours, les oiseaux possèdent un langage vulgaire, mais ils aiment, ils doivent chanter leur flamme; ils doivent ajouter à la pensée même par le rhythme et par l'intonation. Ils ont des poëtes de tous les ordres!

Les uns abordent le genre trivial, leurs chansons sont courtes, mais bruyantes. Ainsi chante le coq sur un fumier au milieu de ses poules. Le pinson a déjà une poésie plus relevée; l'alouette, en montant dans les airs, chante un hymne sur les beautés de la nature. Le rossignol aborde les plus grandes difficultés comme chant et comme poésie.

On demandait à Dupont, de Nemours, comment on peut apprendre des langues d'animaux et parvenir à se former de leurs discours une idée qui en approche. Il répondit que le premier point pour réussir était d'observer soigneusement les animaux, de remarquer que ceux qui produisent les sons y attachent eux-mêmes et entre eux une signification, et que des cris originairement arrachés par des passions, puis recommencés en pareille circonstance, sont deve- nues, par un mélange de la nature et de l'habitude, l'expression constante des passions qui les ont fait naître.

Lorsqu'on vit familièrement avec des animaux, pour peu qu'on soit susceptible d'attention, il est impossible de ne pas demeurer convaincu de cette vérité.

Il y a de la passion et de l'habitude dans le chant des oiseaux, mais le chant n'en est pas moins en rap- port avec l'intelligence. Toussenel, qui s'est occupé avec tant de persévérance et de succès de l'analogie passionnelle, prouve que les oiseaux les plus intelligents sont ceux qui chantent le mieux, et, en même temps, ceux dont l'apparition sur la terre est la plus voisine de l'homme.

« Le chant, dit-il, parfum de l'âme et langage privi- légié des cœurs tendres, n'annonce pas seulement, en effet, la seconde où la troisième édition, revue et cor- rigée d'un règne volatile quelconque. Le chant est l'at- tribut spécial des venus de la dernière heure. Le chant des oiseaux amoureux, qui reporte pour la première fois vers le ciel les bénédictions de la terre, est un carac- tère signalétique de la plus importante des époques de ce globe, de celle qui vit naître Aphrodite; de celle où la créature eut, pour la première fois, conscience de la libéralité de son créateur et où sa reconnaissance fît explosion par le chant. »

« Tous les animaux de la terre sont semblables à la terre, » a écrit Hippocrate, et cette grande vérité est de toutes les époques.

« Le vulgaire s'abuse étrangement s'il s'imagine que la femelle n'a pas de voix. Le chant est dans ses dons, et si elle n'en use pas, c'est qu'elle a beaucoup mieux à faire, que de chanter; c'est qu'elle a une mission plus haute et plus sainte à remplir. Mais elle a suivi dans son enfance un cours de musique vocale aussi bien que ses frères, et son goût s'est développé avec l'âge. Il fallait bien, d'ailleurs, qu'elle fût connaisseuse en musique, pour pouvoir savourer le charme des élégies qu'on lui soupirerait un jour et pour être en état de décerner le prix du chant, car l'institution du tournois subsiste encore chez beaucoup d'espèces chanteuses.

« Mais les femelles s'expriment parfaitement dans le langage de la passion, quand la fantaisie leur en prend ou quand la solitude les y condamne. Tout le monde a pu voir, du reste, dans la loge de son portier, une pauvre serine qui essayait de tromper ses ennuis par le chant, comme l'époux d'Eurydice, et qui s'est empressée de renoncer à ce triste emploi de ses heures, aussitôt qu'elle est devenue mère de famille. Ainsi, la jeune Parisienne, si ardente au piano avant le mariage, le néglige trop souvent après.

« Puisque le mâle l'emporte sur la femelle par la force, la taille et l'éclat du costume, il est nécessaire et fatal que la femelle soit de beaucoup supérieure au mâle par l'intelligence et la grâce. Elle se distingue, en effet, par une forme générale plus svelte, plus délicate, par des attaches plus fines, des tarses plus transparents, un bec et des doigts plus habiles. C'est elle aussi que la nature a dû charger de la partie la plus artistique et la plus importante de la fonction familiale, qui comprend la bâtisse du nid et l'éducation de la famille. »

Johnson, dans un article de son journal l'*Oisif* (*Idler*), dit, au sujet des vautours : « Plusieurs naturalistes croient que les animaux regardés comme muets par le vulgaire ont la faculté de se communiquer leurs idées

lés uns aux autres. Qu'ils expriment des sensations gé-
nérales, voilà qui est certain. Chaque être qui fait entendre des sons a une voix différente, pour le plaisir ou la
peine. Le chien de chasse avertit ses compagnons, lorsqu'il flaire le gibier ; la poule appelle ses poussins autour
de sa nourriture par son gloussement et les éloigne du
danger pas ses cris. »

Les oiseaux jouissent de la plus grande variété de
notes : cette variété suffit, certes, à composer un discours
en harmonie avec le besoin. La superstition ou la curiosité s'est toujours montrée attentive aux cris des oiseaux,
ainsi qu'à leur vol. Plusieurs hommes ont étudié la langue des tribus emplumées, et quelques-uns d'entre eux
se sont vantés de la comprendre.

Les naturalistes ont beaucoup disputé entre eux pour
savoir si le chant propre à chaque espèce d'oiseaux
est un don inné ou une faculté acquise. Gall, qui était
un observateur distingué, prétendait avoir isolé un rossignol du voisinage de ses pareils : « L'oiseau, dit-il,
n'en chanta pas moins bien pour cela, et trouva tout
seul les échelles des notes qui sont particulières à sa
famille. » Donc cet oiseau avait sa musique en lui-
même.

Quelques faits semblent pourtant contredire cette
expérience. Barrington prit dans un nid un moineau
commun qui était déjà recouvert de plumes. Il le mit en
pension, si l'on ose dire ainsi, près d'un maître de chant,
qui était une linotte. Le moineau profita des leçons de
son maestro. Mais le hasard voulut que notre écolier en-
tendît un chardonneret, et son chant devint bientôt un
mélange des sons de la linotte et des sons du chardonneret.

Le même expérimentateur mit un rouge-gorge sous la
direction d'un rossignol, lequel, cependant, fut bientôt

à bout de voix, et devint parfaitement muet en moins d'une quinzaine de jours ; le jeune rouge-gorge chanta malgré tout trois parties sur quatre, dans l'accord du rossignol, et le reste de son chant était ce que les oiseleurs appellent décousu, c'est-à-dire sans aucune octave.

Ces expériences sont fort intéressantes, car elles prouvent que tous les êtres ont un langage en rapport avec leur organisation, un langage d'instinct et aussi un langage acquis en rapport avec l'éducation et l'intelligence.

Le tort qu'on a, dans l'étude du chant des oiseaux, c'est de vouloir retrouver dans leur expression vocale un écho des idées et des sentiments humains. Le chant des oiseaux est très-certainement un langage, mais c'est un langage à eux, qui répond à leur organisation, à leurs mœurs et à leur genre de vie.

L'OUTIL DES OISEAUX

Un instrument excellent, qui varie suivant les différents ordres des animaux, sert d'outil au cerveau. Chez l'homme, c'est la main. A l'aide de cet organe, d'une construction si merveilleuse, évidemment destiné à servir une pensée plus délicate, une intelligence plus étendue, l'homme peut peser, mesurer, modeler, c'est-à-dire traduire sa pensée, son idéal par une forme, de même qu'il peut exprimer sa pensée par la parole. Cette main, qui caractérise si bien la supériorité intellectuelle, diffère de la patte, organe correspondant chez les bêtes, par l'opposition, qui, chez l'homme, est complète, entre le pouce et les autres doigts. La faculté de saisir, qui est le commencement de l'adresse manuelle, implique l'opposition du pouce aux autres doigts de la main.

Le pied de l'oiseau est le meilleur outil de son intelligence, et cela est si vrai, que plus le pied de l'oiseau est perfectionné, plus il se rapproche de la main de l'homme, plus il indique un cerveau et une intelligence développés chez l'oiseau.

Ainsi le pied de l'oiseau d'eau, qui est le volatile le moins intelligent, est celui qui s'éloigne le plus de la main de l'homme. Le pouce, quand il y a un pouce, suit le même plan rectiligne que les doigts. Il tend à s'éloigner indéfiniment de ceux-ci, bien loin de chercher à les rejoindre. Le pied de l'oiseau d'eau est de tous le moins apte à la préhension. C'est à peine si, dans cet ordre, quelques espèces perchent.

Chez l'oiseau de marécage, la faculté de préhension est un peu moins rare : certaine espèce est douée de la faculté de saisir à la façon du perroquet et de l'oiseau de proie, qui ont de véritables mains. D'autres se servent de leurs pieds comme d'une arme de guerre. Cependant la rectilignité du plan d'assise est toujours la règle générale chez les palmipèdes et les échassiers.

Chez les oiseaux coureurs ou gallinacés, la règle est la même. Seulement plus des trois quarts des espèces sont déjà doués de la faculté de percher, qui implique celle de saisir, qui implique opposition entre l'avant et l'arrière, faculté toutefois dont ces oiseaux n'usent guère que pour chercher un refuge contre leurs nombreux ennemis ou bien un juchoir pour la nuit. Quelques espèces aussi se servent de leurs pieds pour frapper, et toutes pour gratter le sol, témoin la poule et tous ceux de sa famille.

Il y en a même qui font mieux, et qui élèvent des monticules de terre à la force de leurs poignets.

D'autres fauchent l'herbe et la mettent en tas pour en faire des fours d'éclosion, étendant considérablement ainsi le nombre des fonctions de leurs doigts.

Ainsi la gradation de l'adresse (progression du pied) vers la main est aussi la gradation vers l'intelligence. Toussenel a basé sur ces indications toute une classification fort originale et fort simple, qui est aussi le développement des trois axiomes suivants :

La forme du pied de l'oiseau se moule sur la nature du milieu ;

La progression vers l'homme est la loi de mouvement de l'animalité ;

La main, organe perfectionné d'une intelligence supérieure, est le signe qui distingue le plus ostensiblement l'homme de l'animal.

Toussenel montre avec autant de science que d'esprit que l'histoire des changements de la forme du pied traduit celle des changements de milieux.

Les palmipèdes ont dû naitre avant les échassiers, les échassiers avant les gallinacés.

Un fait vraiment remarquable, qui prouve la justesse des observations de Toussenel, et confirme l'idée que nous nous étions faite de l'intelligence du perroquet, c'est que cet oiseau, que nous allons décrire comme le plus intelligent des volatiles, possède dans son pied une main supérieure, comme la main du singe, comme la main de l'homme, une main qui porte à la bouche.

Le spirituel auteur du *Monde des oiseaux* reconnaît parfaitement que l'intelligence du perroquet est en rapport direct avec la perfection de son pied. Les facultés intellectuelles et morales du perroquet sont, dit-il, à l'avenant de son habileté manuelle ; la capacité du cer-

veau est plus vaste chez lui que chez aucune autre espèce ; son bec, qui remplit l'office d'une troisième
main, et dont les deux mandibules sont mobiles, est le
plus perfectionné de tous les organes de ce genre, et
enfin son facies quasi humain, sa propension à se rallier
à l'homme et à parler son langage, sa mémoire prodigieuse, son aptitude à tout apprendre, sa frugivorité et
sa longévité accusent sa supériorité indéniable ; aussi
allons-nous commencer l'étude particulière de l'intelligence des oiseaux par celle du perroquet.

LE PERROQUET

Le perroquet est une intelligence méconnue. A en
croire le vulgaire, cet oiseau ne serait qu'un bavard,
un écervelé, un animal sans idées à lui, dénué de tout
jugement, bon tout au plus chez les commerçants pour
crier : A la boutique ! Et cependant le perroquet occupe
sur l'échelle des oiseaux le rang que tiennent les quadrumanes dans la série des mammifères ; son cerveau
est plus développé que chez les autres êtres à plumage ;
ce qui nous indique déjà que nous trouverons chez lui
des manifestations intellectuelles. Buffon, qui accorde
si difficilement de l'intelligence aux animaux, a, dans
son chapitre consacré aux perroquets, traité longuement
la question des facultés intellectuelles.

« Ces oiseaux, dit-il, auquel rien ne manque pour
la facilité de la parole, manquent de cette expression de
l'intelligence qui seule fait la haute faculté du langage ;
ils en sont privés comme tous les autres animaux et
par les mêmes causes, c'est-à-dire par leur prompt accroissement dans le premier âge, par la courte durée de

8

leur société avec leurs parents, dont les besoins se bornent à l'éducation corporelle, et ne se répètent, ni ne
se continuent assez de temps pour faire des impressions
durables et réciproques, ni même assez pour établir
l'union d'une famille constante, premier degré de toute
société, et source unique de toute intelligence. »

Il est certain que les rapports sociaux développent
beaucoup l'intelligence; mais avant tout, il faut, pour
devenir intelligent, un cerveau bien organisé, et il ne
faut pas demander à des êtres, dont l'organe cérébral,
est différent du nôtre, des manifestations intellectuelles
semblables aux nôtres. Encore un coup, les animaux
n'ont point la même intelligence que nous, mais ils en
ont une, de même qu'ils ont un corps dans lequel certains organes sont moins développés et d'autres plus
perfectionnés; ils n'en sont pas moins comme nous, et
nous comme eux, des animaux.

Je regrette bien de ne pas encore être d'accord avec
Buffon, quand il dit que la faculté de l'imitation de la
parole et de nos gestes ne donne aucune prééminence
aux animaux qui sont doués de cette apparence de talent
naturel. Pour Buffon, le singe qui gesticule, le perroquet
qui répète nos mots, n'en sont pas plus en état de
croître en intelligence et de perfectionner leur espèce;
ce talent se borne dans le perroquet à le rendre plus
intéressant pour nous, mais ne suppose en lui aucune
supériorité sur les autres oiseaux, sinon, qu'ayant plus
éminemment qu'aucun d'eux cette facilité d'imiter la
parole, il doit avoir le sens de l'ouïe et les organes de
la voix plus analogue à ceux de l'homme, et ce rapport
de conformité, qui, dans le perroquet est au plus haut
degré, se trouve, à quelques nuances près, dans plusieurs autres oiseaux, dont la langue est épaisse, arrondie, et de la même forme à peu près que celle du per-

roquet. Les sansonnets, les merles, les geais, les chou-
cas, etc., peuvent imiter la nature. Ceux qui ont la langue
fourchue, et ce sont presque tous nos petits oiseaux,
sifflent plus aisément qu'ils ne jasent. Enfin, ceux dans
lesquels cette organisation propre à siffler se trouve
réunie avec la sensibilité de l'oreille et la réminiscence
des sensations reçues par cet organe, apprennent aisément à répéter des airs, c'est-à-dire à siffler en musique.
Le serin, la linotte, le tarin, le bouvreuil semblent être
naturellement musiciens.

Si un animal, le perroquet par exemple, a des sens
et un cerveau plus développés que les autres animaux,
je soutiens, malgré l'opinion de Buffon, que les manifestations de son intelligence seront en raison directe de
cette organisation supérieure ; que cette intelligence sera
susceptible d'un grand perfectionnement, suivant les nécessités contre lesquelles il aura à lutter, suivant l'éducation qu'il recevra, et aussi suivant que ses passions seront
plus ou moins mises en jeu... Comment ! des êtres qui
ont la faculté de sentir, de se souvenir de leurs sensations, de les comparer, de les exprimer avec un langage
plus ou moins développé, mais toujours en harmonie
avec leur sentiment, joie, tristesse, colère ou passion,
ces êtres-là ne sont pas intelligents ! Pour Dieu, qu'on
me dise donc alors ce que c'est que l'intelligence !

Buffon continue : « Le perroquet, soit par imperfection d'organes ou défaut de mémoire, ne fait entendre
que des cris ou des phrases très-courtes, et ne peut ni
chanter, ni répéter des airs modulés ; néanmoins, il
imite tous les bruits qu'il entend, le miaulement du
chat, l'aboiement du chien et les cris des oiseaux aussi
facilement qu'il contrefait la parole. Il peut donc exprimer
et même articuler les sons, mais non les moduler,
ni les soutenir par des expressions cadencées ; ce qui

prouve qu'il a moins de mémoire, moins de flexibilité
dans les organes, et le gosier aussi sec, aussi agreste
que les oiseaux chanteurs l'ont moelleux et tendre. »

Le perroquet ne manque pas de mémoire, puisqu'il
retient la voix de plusieurs animaux pour la contrefaire.
Vous avez dit le mot : il y a une imperfection organique
relative. Le perroquet, n'ayant pas une cerveau aussi développé que celui de l'homme, ne possède pas toutes nos
facultés intellectuelles, à plus forte raison notre langage, mais il a le sien, qui est parfaitement en rapport
avec son organisation. Buffon ajoute : « Il faut distinguer
deux sortes d'imitation, l'une réfléchie ou sentie et l'autre
machinale et sans intention ; la première acquise et la
seconde pour ainsi dire innée.

« L'une n'est que le résultat de l'instinct commun répandu dans l'espèce entière et ne consiste que dans la
similitude des mouvements et des opérations de chaque
individu, qui tous semblent être induits ou contraints à
faire les mêmes choses ; plus ils sont stupides, plus cette
imitation, tracée dans l'espèce, est parfaite : un mouton
ne fait et ne fera jamais que ce qu'ont fait et font tous
les moutons ; la première cellule d'une abeille ressemble
à la dernière. L'espèce entière n'a pas plus d'intelligence
qu'un seul individu ; et c'est en cela que consiste la
différence de l'esprit à l'instinct. Ainsi l'imitation naturelle n'est dans chaque espèce qu'un résultat de similitude, une nécessité d'autant moins intelligente et plus
aveugle qu'elle est plus également répartie. »

Assurément chaque être, dans chaque espèce, ayant
une organisation analogue, est poussé par cette organisation à des manifestations semblables, mais ce qui
n'est pas moins certain, c'est que, chez les oiseaux
comme chez toutes les autres espèces d'animaux, il
en est qui ont une organisation supérieure et qui sont

plus intelligents ; c'est qu'aussi les abeilles peuvent parfaitement modifier la disposition de leurs cellules suivant la nécessité. La nécessité, selon nous, peut aussi
bien, sinon mieux que l'éducation, rendre les êtres intelligents.

La seconde imitation, l'imitation acquise, ne peut,
d'après Buffon, « ni se répartir ni se communiquer à l'espèce ; elle n'appartient, dit-il, qu'à l'individu qui la reçoit, qui la possède, sans pouvoir la donner : le perro-
quet.le mieux instruit ne transmettra pas le talent de la
parole à ses petits.

Toute imitation communiquée aux animaux par l'art
et par les soins de l'homme reste dans l'individu ; et,
quoique cette imitation soit, comme la première, entièrement dépendante de l'organisation, cependant elle
suppose des facultés particulières qui semblent tenir à
l'intelligence, telles que la sensibilité, l'attention, la
mémoire ; en sorte que les animaux, qui sont capables
de cette imitation et qui peuvent recevoir des impressions durables et quelques traits d'éducation de la part
de l'homme, sont des espèces distinguées dans l'ordre
des êtres organisés ; et si cette éducation est facile et
que l'homme puisse la donner aisément à tous les individus, l'espèce, comme celle du chien, devient réelle-
ment supérieure aux autres espèces d'animaux, tant
qu'elle conserve ses relations avec l'homme ; car le chien
abandonné à sa seule nature retombe au niveau du renard ou du loup, et ne peut de lui-même s'élever au-
dessus. »

Il en est pour les animaux comme pour l'homme,
toute science acquise ne se transmet pas. C'est l'organisation qui se transmet essentiellement, et, avec elle,
les aptitudes qu'elle comporte. Un père mathématicien
enseigne les mathématiques à son fils ; celui-ci ne trans-

mettra pas sa science à son enfant, mais cet enfant pourra avoir des dispositions pour cette étude, parce que, de même que la conformation d'un organe entraîne certaines aptitudes, de même aussi le développement particulier d'une faculté peut réagir sur l'organisation. Je suis convaincu que toute science d'imitation acquise par un animal peut, non pas se transmettre, mais entraîner des dispositions. Pourquoi les actions et réactions organiques et intellectuelles ne se manifesteraient-elles pas aussi bien chez les animaux que chez l'homme? Buffon a entrevu la vérité quand il affirme que l'imitation communiquée à l'animal suppose chez lui des facultés particulières, qui semblent tenir de l'intelligence. Ces facultés sont positivement intellectuelles. Du reste, le savant de Montbard n'a-t-il pas dit que, dans la chaîne du grand ordre des êtres, les oiseaux doivent être, après l'homme, placés au premier rang? La nature a rassemblé et concentré dans le petit volume de leurs corps plus de force qu'elle n'en a réparti aux plus grandes masses des animaux les plus puissants; elle a donné plus de légèreté sans rien ôter à la solidité de leur organisation. Elle leur a cédé un empire plus étendu sur les habitants de l'air, de la terre et des eaux; elle leur a livré les pouvoirs d'une domination exclusive sur le genre entier des insectes, qui ne semble tenir d'elle leur existence que pour maintenir et fortifier celle de leurs destructeurs, auxquels ils servent de pâture.

Ils dominent de même sur les reptiles, dont ils purgent la terre sans redouter leur venin; sur les poissons, qu'ils enlèvent hors de leur élément pour les dévorer; et enfin sur les animaux quadrupèdes, dont ils font également des victimes.

On a vu la buse assaillir le renard, le faucon arrêter la gazelle, l'aigle enlever les brebis, attaquer le chien comme le lièvre, les mettre à mort et les emporter dans son aire; et si nous ajoutons à toutes ces prééminences de force et de vitesse, celles qui rapprochent les oiseaux de la nature de l'homme, la marche à deux pieds, l'imitation de la parole, la mémoire musicale, nous les verrons plus près de nous que leur forme extérieure ne paraît l'indiquer, en même temps que, par la prérogative unique de l'attribut des ailes et par la prééminence du vol sur la course, nous reconnaîtrons leur supériorité sur tous les animaux terrestres.

C'est ce que nous allons montrer par des faits. Buffon lui-même nous en fournira des preuves.

LES KAKATOÈS

Les plus grands perroquets de l'ancien continent sont les kakatoès. Ces perroquets apprennent difficilement à parler, il y en a même qui ne parlent jamais. Mais ne croyez pas que, pour mieux jaser, on soit plus intelligent. Les kakatoès se plient très-facilement à l'éducation, on les apprivoise rapidement. Ils sont, à ce qu'il paraît, devenus domestiques en quelques endroits des Indes, où ils font leurs nids sur le toit des maisons. Cette facilité d'éducation vient, de l'aveu de Buffon, du dègré de leur intelligence, qui paraît supérieure à celle des autres perroquets; ils écoutent, entendent et obéissent mieux; mais c'est en vain qu'ils font les mêmes efforts pour répéter ce qu'on leur dit; ils semblent vouloir y suppléer par d'autres expressions de sentiment et par des caresses affectueuses. Ils ont, dans tous leurs mouvements, une douceur et une grâce qui ajoutent encore à leur beauté.

Buffon raconte qu'on en a vu deux, l'un mâle et l'autre femelle, au mois de mars 1775, à la foire Saint-Germain de Paris, qui obéissaient avec beaucoup de docilité, soit pour étaler leur huppe, soit pour saluer

Kakatoès.

les personnes d'un signe de tête, soit pour toucher les objets de leur bec ou de leur langue, ou pour répondre aux questions du maître, avec le signe d'assentiment qui exprimait parfaitement un oui muet. Ils indiquaient aussi, par des signes réitérés, le nombre des personnes qui étaient dans la chambre, l'heure qu'il était, la couleur des habits, etc. Ces perroquets se distinguent aisément des autres perroquets par leur plumage blanc, et par leur bec plus crochu et plus arrondi, et particulièrement par une huppe de longues plumes, dont leur tête est ornée, et qu'ils élèvent ou abaissent à volonté.

JACO

Jaco, noyé, appelant à son secours. — Jaco servant d'aumônier dans un vaisseau. Jaco ivrogne, musicien et garde-malade.

L'espèce de perroquet qu'on apporte le plus communément en Europe, c'est le perroquet cendré. On le préfère tant par la douceur de ses mœurs, que par son talent et sa docilité; on l'appelle Jaco, parce qu'il prononce ordinairement ce nom. Tout son corps est d'un beau gris perle et d'ardoise, plus foncé sur le manteau, plus clair au-dessus du corps et blanchissant au ventre; une queue d'un rouge de vermillon termine et relève ce plumage lustré, moiré et comme poudré d'une blancheur qui le rend toujours frais; l'œil est placé dans une peau blanche nue et farineuse, qui couvre la joue; le bec est noir, les pieds sont gris : l'iris de l'œil est couleur d'or. La longueur totale de l'oiseau est d'un pied.

La plupart de ces perroquets nous sont apportés de la Guinée; ils viennent de l'intérieur des terres de cette partie de l'Afrique. On les trouve aussi au Congo. On leur apprend fort aisément à parler, et ils semblent imiter de préférence la voix des enfants et recevoir d'eux plus facilement leur éducation à cet égard. Au reste, dit Buffon, les anciens ont remarqué que tous les oiseaux susceptibles de l'imitation des sons de la voix humaine écoutent plus volontiers et rendent plus aisément la parole des enfants, comme moins fortement articulée et plus analogue, par ses sons clairs, à la portée de leur organe vocal. Néanmoins, ce perroquet imite aussi le ton grave d'une voix adulte ; mais cette imitation semble pénible et les paroles qu'il prononce de cette voix sont moins distinctes.

Un de ces perroquets de Guinée, endoctriné en route par un vieux matelot, avait pris sa voix rauque et sa toux, mais si parfaitement qu'on pouvait s'y méprendre. Quoiqu'il eût été donné ensuite à une jeune personne et qu'il n'eût plus entendu que sa voix, il n'oublia pas les leçons de son premier maître, et rien n'était si plaisant que de l'entendre passer d'une voix douce et gracieuse à son enrouement, à son ton de marin.

Non-seulement cet oiseau a la facilité d'imiter la voix de l'homme, il semble encore en avoir le désir. Il le manifeste par son attention à écouter, par l'effort qu'il fait pour répéter, et cet effort se réitère à chaque instant ; car il gazouille sans cesse quelques-unes des syllabes qu'il vient d'entendre, et il cherche à prendre le dessus de toutes les voix qui frappent son oreille, en faisant éclater la sienne. Souvent on est étonné de lui entendre répéter des mots ou des sons, que l'on n'avait pas pris la peine de lui apprendre et qu'on ne le soupçonnait pas même d'avoir écoutés. Témoin ce perroquet de Henri VIII dont Aldrovande fait l'histoire, qui, tombé dans la Tamise, appela les bateliers à son secours, comme il avait entendu les passagers les appeler du rivage.

Le Jaco semble se faire des tâches et chercher à retenir sa leçon chaque jour ; il en est occupé jusque dans le sommeil, et Marcgrave dit qu'il jase encore en rêvant. C'est surtout dans ses premières années qu'il montre cette facilité, qu'il a plus de mémoire et qu'on le trouve plus intelligent et plus docile.

Quelquefois cette faculté de mémoire, cultivée de bonne heure, devient étonnante : Ainsi ce perroquet,

Il récitait la prière aux matelots, p. 125.

dont parle Rhodiginus, qu'un cardinal acheta cent écus d'or, parce qu'il récitait correctement le *Symbole des apôtres*.

De la Borde en a vu un qui servait d'aumônier dans un vaisseau ; il récitait la prière aux matelots, ensuite le rosaire.

Au dire de Buffon, Jaco en vieillissant devient rebelle et n'apprend que difficilement, et Olina conseille de choisir l'heure du soir après le repas des perroquets, pour leur donner leçon, parce qu'étant alors plus satisfaits, ils deviennent plus dociles et plus attentifs.

On a comparé l'éducation du perroquet à celle de l'enfant ; il y aurait souvent plus de raison, ajoute Buffon, de comparer l'éducation de l'enfant à celle du perroquet. Une autre question fort intéressante, qu'on s'est posée à l'endroit du perroquet, est celle de savoir s'il s'entend parler.

La sœur de Buffon, madame Nadault, dans une note communiquée à son frère, affirme que son perroquet ne s'entend pas parler, mais il croit cependant qu'on lui parle : on l'a souvent entendu se demander à lui-même la patte, et il ne manquait jamais de répondre à sa propre question en tendant effectivement la patte. Quoiqu'il aimât fort le son de la voix des enfants, il montrait pour eux beaucoup de haine : il les poursuivait, et s'il pouvait les attraper, les pinçait jusqu'au sang. Comme il avait des objets d'aversion, il en avait aussi de grand attachement ; son goût, à la vérité, n'était pas fort délicat, mais il a toujours été soutenu. Il aimait, mais il aimait avec fureur la fille de cuisine, il la suivait partout, la cherchait dans les endroits où elle pouvait être, et presque jamais en vain ; s'il y avait quelque temps qu'il ne l'eût vue, il grimpait avec le bec et les pattes

jusque sur ses épaules, lui faisait mille caresses et ne
la quittait plus, quelque effort qu'elle fît pour s'en débarrasser ; l'instant d'après, elle le retrouvait sur ses
pas. Son attachement avait toutes les marques de l'a-
mitié la plus sentie. Cette fille eut un mal au doigt
considérable et très-long, douloureux à lui arracher
des cris : tout le temps qu'elle se plaignit, le perroquet
ne sortit point de sa chambre, il avait l'air de la plaindre en se plaignant lui-même, mais aussi douloureu-
sement que s'il avait souffert en effet. Chaque jour sa
première démarche était d'aller lui rendre visite. Son
tendre intérêt se soutint pour elle tant que dura son
mal, et dès qu'elle en fut quitte, il devint tranquille,
avec la même affection, qui n'a jamais changé. Cependant, son goût excessif pour cette fille paraissait
être inspiré par quelques circonstances relatives à son
service à la cuisine, plutôt que par sa personne ; car
cette fille ayant été remplacée par une autre, l'affection
du perroquet ne fit que changer d'objet et parut être
au même degré dès le premier jour pour cette nouvelle fille de cuisine et, par conséquent, avant que
ses soins eussent pu inspirer et fonder cet attachement.

Je regrette ce dernier trait, mais s'il prouve de la
banalité dans le sentiment de Jaco, cela ne touche pas
à son intelligence. Jaco était un habile flatteur, il avait
appris tout ce qu'on pouvait obtenir des bonnes en les
caressant. Le procédé lui ayant réussi avec la première,
il a jugé bon de l'employer avec la seconde. Qui osera
dire que Jaco est un imbécile ?

Les talents des perroquets de cette espèce ne se
bornent pas, dit Buffon, à l'imitation de la parole ;
ils apprennent aussi à contrefaire certains gestes et
certains mouvements ; Scaliger en a vu un qui imitait

la danse des Savoyards, en répétant leur chanson ; il aimait entendre chanter, et lorsqu'il voyait danser il sautait aussi ; mais de la plus mauvaise grâce du monde, portant les pattes en dedans et retombant lourdement : c'était là sa plus grande gaieté. On lui voyait aussi une joie folle et un babil intarissable dans l'ivresse ; car tous les perroquets aiment le vin, particulièrement le vin d'Espagne et le muscat ; on avait déjà remarqué, du temps de Pline, les accès de gaieté que leur donnent les fumées de cette liqueur.

Buffon semble vraiment se plaire en des contradictions. Après avoir reconnu l'intelligence du perroquet, il dit : « Ce jeu d'un langage sans idée a je ne sais quoi de bizarre et de grotesque, et sans être plus vide que tant d'autres propos, il est toujours plus amusant. » Il raconte à ce sujet l'anecdote empruntée par Willoughby à Clusius. Il s'agit d'un perroquet qui, lorsqu'on lui disait : « Riez, perroquet, riez, » riait effectivement, et l'instant d'après, s'écriait avec un grand éclat : « O le grand sot qui me fait rire. » Un autre, qui avait vieilli avec son maître et partageait avec lui les infirmités du grand âge, accoutumé à ne plus guère entendre que ces mots : « Je suis malade ! » lorsqu'on lui demandait : « Qu'as-tu, perroquet, qu'as-tu ? — Je suis malade ! » répondait-il d'un ton douloureux et en s'étendant sur le foyer, « je suis malade. »

On trouve aussi dans les Annales de Constantin Manassès l'histoire du jeune prince Léon, fils de l'empereur Basile, condamné à la mort par ce père impitoyable, que les gémissements de tous ceux qui l'environnaient ne pouvaient toucher, et dont les accents de l'oiseau, qui avait appris à déplorer la mort du jeune homme émurent enfin le cœur barbare.

Je n'admets pas que le jeu de langage du perroquet

soit sans idée. Que cet oiseau ne puisse établir comme nous une série de rapport dans les idées et tenir un raisonnement, cela est vrai ; mais dire que ce langage est sans idée, c'est impossible. Quand vous demandez à un perroquet s'il a déjeuné, il sait parfaitement vous répondre s'il a satisfait ce besoin. Il ne vous dira jamais qu'il a déjeuné si cela n'est pas vrai, à moins que vous ne le forciez à dire non quand il doit dire oui. Mais, dans ce cas, il n'y aura que changement de terme et, dans son intellect, non voudra dire oui. Tout n'est que convention.

Voici une autre preuve que le langage du perroquet représente des idées. Des jeunes filles d'une même rue passaient, pour aller à leur pension, devant une maison où se trouvait un perroquet ; l'une d'elles avait de belles nattes de cheveux tombant sur ses épaules. Le perroquet avait sans doute entendu appeler cette jeune fille : « la belle aux nattes. » Depuis ce jour, toutes les fois que cette jeune enfant passait devant le perroquet, sans que personne ne lui dît rien, il la reconnaissait et l'appelait : « la belle aux nattes. » Évidemment la vue de la jeune fille, la vue de sa chevelure rappelaient chez l'oiseau l'idée de la belle aux nattes. Il n'a jamais adressé ce compliment à aucune des autres personnes qui passaient devant lui.

Un des plus célèbres parleurs était un perroquet gris qui appartenait au colonel O'Kelly. Non-seulement cet oiseau extraordinaire récitait un grand nombre de phrases, mais encore il répondait à beaucoup de questions. Il sifflait aussi plusieurs airs. Il battait la mesure avec une grande science. Son oreille était si parfaite, que, si, par hasard, il se trompait sur une note, il se corrigeait et reprenait ensuite la mesure à partir de l'endroit où il s'était interrompu. Est-ce là simplement de la mémoire ? n'y a-t-il pas de l'intelligence, de l'association

d'idées? Ce même perroquet exprimait ses besoins à
l'aide de la parole articulée, et donnait des ordres sur
un ton qui annonçait un être doué de jugement. Le ré-
vérend Herbert a rendu justice à la prodigieuse faculté
mimique de cet oiseau. « Je l'ai entendu, dit-il, chanter
environ cinquante airs de toute nature, psaumes solen-
nels, ballades facétieuses et vulgaires, dont il articulait
chaque mot aussi distinctement que l'eût pu faire le gosier humain le mieux exercé. Lorsqu'il était dans la mue
et qu'il n'était point d'humeur à chanter, il répondait à
toutes les sollicitations en tournant le dos et en répétant
plusieurs fois : « Poley est malade. »

Quand nous connaîtrons mieux les animaux, nous les
jugerons autrement qu'on ne le fait généralement. Nous
leur accorderons une intelligence en rapport avec leur
organisation, avec leurs besoins, et aussi avec leurs
sentiments. Où peut-on trouver chez des êtres un attachement plus grand que celui des deux perroquets du
docteur Franklin ?

« J'ai connu, dit-il, deux perroquets qui avaient vécu
ensemble quatre années. La femelle tomba en langueur,
ses jambes enflèrent. C'étaient les symptômes de la
goutte, maladie à laquelle tous les oiseaux de cette famille sont très-sujets en Angleterre. Il ne lui était plus
possible de descendre, ni de prendre sa nourriture
comme autrefois, mais le mâle la lui portait assidû-
ment dans son bec. Il continua de la nourrir ainsi pendant quatre mois. Les infirmités de sa compagne aug-
mentaient, hélas ! de jour en jour, au point qu'elle
ne fut plus capable de se tenir sur la perche. Elle
restait accroupie au fond de sa cage, faisant de temps
en temps d'infructueux efforts pour regagner la perche. Mais le mâle était là qui se tenait près d'elle, et
qui secondait de toutes ses forces les faibles tentatives

de sa chère moitié. Saisissant la malade par le bec ou par la partie supérieure de l'aile, il cherchait à la soulever, et renouvelait plusieurs fois ses efforts. Sa constance, ses gestes, sa continuelle sollicitude, tout indiquait dans cet oiseau affectionné le plus ardent désir de soulager la faiblesse et les souffrances de sa compagne. »

Mais la scène devint encore plus intéressante lorsque la femelle fut sur le point d'expirer. Son époux infortuné allait et venait autour d'elle sans relâche. Ses assiduités et ses tendres soins redoublèrent. Il cherchait à lui ouvrir le bec pour y glisser quelque nourriture. Il courait à elle et s'en retournait d'un air agité, avec une extrême inquiétude. Par intervalles, il poussait les cris les plus plaintifs ; tandis que, d'autres fois, les yeux fixés sur elle, il gardait un morne silence. Enfin, sa compagne rendit le dernier soupir. Dès ce moment il languit et mourut au bout de quelques semaines.

Qu'on vienne maintenant proclamer, comme preuve de supériorité, le sentiment, l'intelligence des hommes et l'affection des maris !

L'AIGLE

Si le nom de certains animaux est employé comme terme de mépris, celui de l'aigle, au contraire, est synonyme d'intelligence : il représente, pour tout le monde, les plus grandes facultés intellectuelles. Et cependant, peu de naturalistes ont observé l'intelligence de ce roi des oiseaux. Il nous faut pénétrer, avec Anderson, dans les forêts vierges de l'Amérique pour avoir quelques observations à cet égard.

« En automne, dit-il, au moment où des milliers d'oiseaux fuient le nord et se rapprochent du soleil, laissez

L'aigle cherchant sa proie.

votre barque effleurer l'eau du Mississipi. Quand vous
verrez deux arbres, dont la cime dépasse toutes les
autres cimes, s'élever en face l'un de l'autre, sur les
bords du fleuve, levez les yeux; l'aigle est là, perché sur
l'un de ces arbres; son œil étincelle dans son orbite :
il parait brûler comme la flamme; il contemple attentivement toute l'étendue des eaux; souvent son regard
s'arrête sur le sol; il observe, il attend; tous les bruits
qui se font entendre, il les écoute, il les recueille, il les
distingue; celui du daim qui effleure à peine les feuil-
lages ne lui échappe pas. Sur l'arbre opposé, l'aigle
femelle reste en sentinelle; de moment en moment son
cri semble exhorter le mâle à la patience; il y répond
par un battement d'ailes, par une inclinaison de tout son
corps et par un glapissement dont la discordance et l'é-
clat ressemblent à l'éclat de rire d'un maniaque; puis il
se redresse : à son immobilité, à son silence, vous le
croiriez de marbre, Les canards de toute espèce, les
poules d'eau, les outardes fuient par bataillons serrés
que le cours d'eau emporte; proie que l'aigle dédaigne
et que ce mépris sauve de la mort. Un son, que le vent
fait voler sur le courant, arrive enfin jusqu'à l'ouïe des
deux brigands; ce son a le retentissement et la raucité
d'un instrument de cuivre. La femelle avertit le mâle par
un appel composé de deux notes; tout le corps de l'aigle
frémit, deux ou trois coups de bec, dont il frappe rudement son plumage, le préparent à son expédition :
il va partir.

« Le cygne vient comme un vaisseau flottant dans l'air,
son cou d'une blancheur de neige, étendu en avant, l'œil
étincelant d'inquiétude. Le mouvement précipité de ses
ailes suffit à peine à soutenir la masse de son corps et
ses pattes, qui se déploient sous sa queue, disparaissent
à l'œil.

« Il approche lentement, victime dévouée. Un cri de guerre se fait entendre; l'aigle part avec la rapidité de l'étoile qui file ou de l'éclair qui resplendit. Le cygne voit son bourreau, abaisse son cou, décrit un demi-cercle, et manœuvre dans l'agonie de la crainte pour échapper à la mort. Une seule chose lui reste, c'est de se plonger dans le courant; mais l'aigle prévoit la ruse; il force sa proie à rester dans l'air en se tenant sans relâche au-dessous d'elle et en menaçant de la frapper au ventre et sous les ailes. Cette profondeur de combinaison, que l'homme envierait à l'oiseau, ne manque jamais d'atteindre son but; le cygne s'affaiblit, se lasse et perd tout espoir de salut; mais alors son ennemi craint encore qu'il n'aille tomber dans l'eau du fleuve : un coup de serre de l'aigle frappe la victime sous l'aile et le précipite obliquement sur le rivage.

« Tant de puissance, d'adresse, d'activité, de prudence ont achevé la conquête. Vous ne verriez pas sans effroi le triomphe de l'aigle : il enfonce profondément ses armes d'airain dans le cœur du cygne mourant, il bat des ailes, il hurle de joie; les dernières convulsions de l'oiseau l'enivrent; il lève sa tête chauve vers le ciel, et ses yeux enflammés d'orgueil se colorent comme le sang, sa femelle vient le rejoindre, tous deux retournent le cygne, percent sa poitrine de leur bec et se gorgent du sang encore chaud qui en jaillit. »

« Dans ce drame terrible, dit Adrien Léonard, l'intelligence s'unit à l'instinct; il est impossible de n'y pas reconnaître l'attention, l'observation, la réflexion; une prévoyance qui naît de l'expérience, des combinaisons qui supposent la mémoire une intelligence, qui satisfait une passion, un langage qui éveille des idées, une volonté qui la dirige. »

Quand les aigles apprennent à voler à leurs petits,

s'ils remarquent que là force leur manque, ils se mettent
sous eux et les portent sur leurs ailes.

Reimar rapporte qu'une espèce d'aigle montre une intelligence vraiment surprenante. Cet aigle aime le poisson, mais il craint l'eau et n'ose s'exposer à pêcher. Voici
comment il s'y prend pour satisfaire son goût. S'il aperçoit un oiseau de proie qui ait pêché un poisson, il le
poursuit; l'oiseau épouvanté lâche sa proie, l'aigle aussitôt fond sur le poisson, le jette en l'air pour le retourner
et l'avaler la tête la première, afin que les nageoires tranchantes ne lui déchirent pas le gosier.

LES HIRONDELLES

Tendresse. — Fidélité et fraternité.

Un jour, saint François d'Assise étant occupé à ser-
monner des populations idolâtres, le babillage des hirondelles empêchait ses paroles de parvenir aux oreilles de
son auditoire, il s'adressa directement à ses interrup-
trices en ces termes : « Voilà bien des heures que vous
babillez, ô hirondelles mes sœurs ; taisez donc un peu vos
becs (*teneatis silentium*) que je m'explique à mon tour
et que je fasse entendre à ces braves gens la parole de
Dieu. » Ce que les hirondelles oyant, se turent soudain,
dit l'histoire, et écoutèrent avec un recueillement profond le verbe du saint homme.

Croyez-vous que saint François d'Assise, qui n'était
pas un imbécile, aurait appelé les hirondelles ses
sœurs, s'il n'avait pas remarqué l'intelligence de ces
charmants petits oiseaux? Il savait sans aucun doute
aussi que le Psalmiste compare l'homme pieux à l'hirondelle, qui aime à suspendre son nid aux voûtes du tem-

ple saint, pour faire entendre de bonne heure à ses petits les louanges de l'Éternel. La confiance avec laquelle
les hirondelles nichent aux églises, et jusque sous nos
toits, ne prouve-t-elle pas déjà en faveur de leur intelligence?

On a remarqué que plus les animaux vivaient près de
l'homme, plus leurs aptitudes intellectuelles étaient développées; Toussenel, qui n'est ni docteur, ni même académicien, avec lequel je prenais si grand plaisir à causer
lorsque je demeurais à Paris, Toussenel est, sans contredit, l'auteur qui a le mieux parlé des hirondelles. « Le
peuple a eu raison, disait-il, d'appeler les hirondelles les
oiseaux du bon Dieu, car il n'est pas une espèce animale
sur laquelle Dieu ait versé, avec une partialité plus vi-
sible, ses grâces et ses dons ; et même parmi les hommes,
beaucoup seraient en droit d'envier à l'hirondelle quelques-unes des facultés de son esprit et des vertus de son
cœur. C'est mieux que la tourterelle et le moineau franc
pour la tendresse, mieux que Philémon et Baucis pour
la fidélité, mieux que la perdrix pour le dévouement maternel, mieux que la bergeronnette pour la charité sociale, mieux que le faucon pour la puissance du vol, la
finesse de la vue et la légèreté. »

L'hirondelle est essentiellement l'amie de l'homme.
Dans les campagnes, où les enfants n'ont aucune pitié
pour les oiseaux, les hirondelles sont respectées. Il n'est
pas rare de voir aux toits des fermes dix, quinze, et
même jusqu'à vingt nids d'hirondelles. Le plus mauvais
garnement n'oserait pas y toucher. Il faut bien le dire,
ce n'est point par un sentiment de pitié pour ces innocentes créatures, qui nous débarrassent d'une quantité
d'insectes nuisibles, c'est parce qu'on dit que toucher
aux nids d'hirondelles, cela porte malheur. Enfin, s'il
n'y avait pas de superstitions plus mauvaises, on pour-

rait, sans inconvénient, laisser le peuple dans ses croyances, d'autant que l'hirondelle pourrait elle-même lui donner des leçons de fidélité conjugale et de tendresse maternelle. L'union des hirondelles dure, selon Toussenel, autant qu'elles-mêmes, autant que leur affection pour les lieux qui les ont vues naître ou qui furent le berceau de leur premier amour.

L'espèce est féconde en Artémises qui portent jusqu'au tombeau le deuil de leur époux. La science indifférente ne s'est pas assez occupée d'analyser toutes les circonstances qui accompagnent la mort de tant d'hirondelles qui se noient. Dans ces cas de mort violente ou de fin prématurée, on voit de charitables voisines se charger de la tutelle des enfants du couple défunt et pourvoir généreusement à l'éducation et à la nourriture des pauvres orphelins. Quelle leçon pour les mauvaises mères qui n'ont pas même soin des leurs et qui les déposent quelquefois sur la voie publique comme un paquet de linge sale, quand elles ne les étouffent pas!

Bonne mère et mauvaise mère.

Avec d'aussi bons instincts, avec un sentiment aussi vif, comment voulez-vous qu'un être ne soit pas intelligent?

L'hirondelle de fenêtre, dit Dupont (de Nemours), est très-distinguée, parmi les oiseaux, par son intelligence et sa moralité. Les idées arrivent à son cerveau avec une extrême promptitude et ses organes obéissent de même aux volontés qu'elles y font naître. Sa tendresse pour ses petits, la reconnaissance de ceux-ci, l'amour conjugal, filial, paternel, s'épanchent sans cesse dans le nid par une multitude d'expressions affectueuses et douces qui se confondent. Tous les membres de la famille éprouvent un sentiment qu'ils ne peuvent contenir et qu'ils manifestent à la fois par un délicieux gazouillement. Tous semblent encore plus pressés de dire : « Je t'aime, tu es beau, tu es bon. Ah! combien je t'aime! » que d'écouter ce que disent les autres.

Cependant lorsqu'il s'agit de rendre service à la voisine, la voix qui demande le secours est entendue; celle qui l'accorde et qui le commande est écoutée. Tout le monde connaît l'histoire de cette hirondelle, qui, ayant, je ne sais comment, un fil à la patte, s'était accrochée accidentellement à une corniche du collège des Quatre-Nations (Institut). Sa force épuisée, elle pendait au bout du fil, qu'elle relevait quelquefois en voulant voler, et jetait de plaintifs gémissements. Toutes les hirondelles du vaste bassin compris entre le pont des Tuileries et le pont Neuf, et peut-être plus loin, s'étaient réunies au nombre de plusieurs centaines. Elles formaient un nuage et toutes poussaient des cris d'alarme et de pitié. Après une assez longue hésitation et un conseil tumultueux, l'une d'entre elles inventa le moyen de délivrer leur malheureuse compagne; elle communiqua sans doute le procédé aux autres, et le mit en exécution. On fit place : toutes celles qui étaient à portée vinrent à leur tour, comme à une course de bague, donner en passant un coup de bec au fil. Ces coups,

dirigés sur le même point, se succédaient de seconde en
seconde et incommodaient très-fort la pauvre captive,
mais en peu de temps le fil fut coupé et la pendue déli-

Elle pendait au bout du fil.

vrée. La troupe, seulement un peu éclaircie, resta jusqu'à la nuit, parlant toujours, mais d'une voix qui n'a-
vait plus d'anxiété et exprimant comme des félicitations
mutuelles.

Une autre hirondelle s'étant également échappée avec une ficelle à la patte, alla s'accrocher à une saillie du toit de l'institution des dames Quentin, à Orléans. Aux cris de la pauvrette, toutes les hirondelles des environs arrivèrent et se mirent à becqueter la cordelette, cherchant à résoudre le nœud gordien à la façon d'Alexandre. Malheureusement, la ficelle était forte, et leurs becs étaient faibles. Voyant l'impuissance de leurs efforts, les petites sauveteuses se mirent à tirer leur pauvre compagne, qui par l'aile, qui par le pied, qui par la queue. Hélas ! rien n'y fit. Les plumes venaient, mais la prisonnière ne venait pas. A bout de ressources, mais non de dévouement, les intelligents oisillons se mirent en devoir de nourrir leur sœur en attendant qu'une main secourable vînt la délivrer. Or cette délivrance, n'eut lieu que le samedi, et c'est le mardi que l'hirondelle s'était trouvée prise. Mais elle n'a manqué pendant ces quatre jours ni de moucherons, ni de consolantes caresses, ni de murmures encourageants. Tout lui est venu à point jusqu'au moment où un couvreur que l'on avait envoyé chercher, à la grande joie des jeunes élèves de la pension, a rendu la pauvre hirondelle à ses compagnes et à sa liberté.

Batgowki a communiqué un autre exemple de cette intelligente fraternité des hirondelles. Un moineau s'était emparé d'un nid d'hirondelles et le défendait vigoureusement. Les anciens maîtres, n'ayant pu rentrer dans leur héritage, invoquèrent leurs confédérés, dont la foule et les menaces ne purent pas davantage faire déloger l'usurpateur. Toutes les tentatives restaient sans résultat. Tout à coup la manœuvre change, l'assaut est suspendu ; le siége est converti en blocus : quelques braves hirondelles surveillent l'ouverture, et chacune des autres apportant sa becquée de mortier, le nid se trouve en peu d'instants muré, comme la fatale prison d'Ugolin ; les cris des vainqueurs continuant d'intimider le moineau et l'empêchant de tenter une sortie, la consolidation du mur fut bientôt complète et l'usurpateur puni. On comprend ce que ce fait suppose d'énergie, d'union, de subordination, d'esprit social employé à la défense commune, à l'intérêt général.

Quand il faut émigrer, les hirondelles se rassemblent sur des points arrêtés d'avance ou déterminés par l'influence de celle dont ils reconnaissent la supériorité. Après de longs discours qui occupent des journées entières, on part, et l'on part en troupe comme le plus grand nombre des oiseaux voyageurs, avec la même discipline : ce qui prouve des conventions, des grades, des magistratures, au moins du genre de celles auxquelles les peuplades sauvages obéissent dans leurs expéditions. On a dit que le signe principal auquel elles reconnaissent la nécessité de quitter un pays est le peu d'élévation du soleil d'automne. Les oiseaux sont, en effet, très-sensibles à la lumière.

CORBEAUX, PICS, ÉTOURNEAUX ET RAMIERS

Le corbeau n'inspire certainement pas beaucoup d'intérêt. Sa robe noire, son air lugubre, ses instincts destructeurs, son penchant au vol lui ont valu bien des injures. D'autre part, son hypocrisie ne lui a jamais attiré beaucoup d'amis. Tantôt il imite le chant du coq, miaule comme un chat, aboie comme un chien, ou reproduit le son de la crécelle pour effrayer les oiseaux qui pillent les champs de blé.

Il est susceptible d'entendre un peu de latin. Tel était

celui du docteur J. Franklin, Jaco (c'était son nom); il prononçait distinctement le mot *aqua*; mais il préférait le vin à l'eau. Un jour, dit le docteur, ma ménagère posa un verre de vin rouge sur la table; en un instant, l'oi-

Le corbeau gourmet.

seau se le versa tranquillement dans l'estomac; je veux dire qu'il plongea son bec dans la précieuse liqueur et qu'il le huma goutte par goutte. Lorsque ma ménagère, craignant qu'il ne brisât le verre, le retira, l'oiseau lui vola à la figure dans un véritable accès de fureur. Si vous placez trois verres sur la table, l'un plein d'eau, l'autre de bière et le troisième de vin, il laisse les deux premiers et ne s'adresse qu'au verre de vin. On peut en conclure, dit le savant docteur, que les oiseaux ne sont pas tellement liés au régime diététique conseillé par la nature, qu'ils se montrent insensibles aux perfectionnements de la cuisine et aux trésors de la cave.

Batgowki a cité un fait qui prouve leur intelligence et leur discipline, et avec quelle sagacité ils jugent la nature du danger auquel nos armes les exposent. Un chêne touffu et très-élevé, éloigné des habitations, servait la nuit d'asile à un grand nombre de corbeaux. On les voyait s'y retirer tous les soirs. On y va deux heures après le coucher du soleil, par une nuit assez claire, et on lâche sur l'arbre un coup de fusil chargé de gros plomb. Les corbeaux s'envolent, mais aucun d'eux ne fuit horizontalement ; tous, au contraire, s'élèvent en ligne presque perpendiculaire, comme un gerbe d'artifice. Leur calcul unanime avait été que le coup de fusil partant du pied de l'arbre et pouvant être suivi d'un second sur ceux qui auraient filé, l'intérêt commun était de se mettre en hauteur, hors de portée, dans une direction où les branches pouvaient les garantir et intercepter la vue ; et ils ne commencèrent à se disperser qu'à une très-grande élévation et choisirent un autre domicile.

Dans le jour, lorsque la troupe s'abattait et se répandait dans les champs pour chercher sa subsistance, quatre ou six éclaireurs restaient toujours en l'air, volant doucement de côté et d'autre, observant ce qui se passait et chargés d'en donner avis. Les éclaireurs étaient relevés d'heure en heure.

La peur rend prudent, et le danger excite singulièrement les facultés intellectuelles. Les pics, les étourneaux, les ramiers, comme les corbeaux, savent parfaitement reconnaître si l'homme qui vient à eux n'est porteur que d'un bâton, ou s'il est armé d'un fusil. Dans le premier cas, ils se laissent approcher ; dans le second, ils semblent très-bien calculer la distance, et s'éloignent presque au moment où le chasseur va se servir de son arme.

Du reste, si les oiseaux de proie savent si bien éviter les coups de l'homme, c'est un fait également remarquable que la précision avec laquelle ils tuent leur victime d'un seul coup de bec. La mort violente entre dans l'économie du règne animal ; mais tout en condamnant certains oiseaux à servir de victimes aux autres, la nature a voulu leur épargner, au moins en partie, les horreurs d'une souffrance prolongée.

Faire vite, c'est l'humanité du bourreau.

LA PERDRIX

La perdrix n'est pas une forte tête assurément, mais le dévouement maternel est si exalté chez cette pauvre bête, qu'elle trouve dans son cœur les plus grandes ressources de l'intelligence. Je ne connais pas d'union mieux assortie que celle des perdrix. Le mâle, une fois apparié, est aussi tendre, aussi fidèle que sa compagne. Tous deux s'aiment à cœur-joie. La mère pond de quinze à vingt œufs, qu'elle couve avec un acharnement sans égal pendant vingt-quatre jours, et qu'elle a soin d'étager dans un ordre parfait, de manière à répartir également sur tous la chaleur de son corps.

Pendant tout le temps d'incubation, le mâle, mari modèle, se tient près de sa compagne avec une sollicitude, un bonheur, une sorte de ravissement admirable, toujours prêt à l'accompagner lorsqu'elle se lève pour aller chercher de la nourriture.

Une fois les petits éclos, il partage avec la mère les soins de leur éducation; ils les mènent en commun, nous dit Buffon, les appellent sans cesse, leur montrent la nourriture qui leur convient, et leur apprennent à se la procurer en grattant la terre avec leurs ongles.

Il n'est pas rare de les trouver accroupis l'un à côté de l'autre, et couvrant de leurs ailes leurs petits poussins, dont les têtes sortent de toutes parts. Et alors, si le

chien du chasseur a flairé la pauvre nichée, s'il approche trop près, c'est toujours le mâle qui se lève le premier en poussant des cris de détresse, qui trahissent

Trop tard peut-être.

bien sa douleur et qu'il ne fait entendre que dans ce cas
de péril extrême.

Il ne s'en va pas loin, il s'arrête, à trente ou quarante
pas, il espère que tout n'est pas perdu, que peut-être le
chien aura pitié de sa chère famille. Mais non, le chien
rivalise de cruauté avec son maître. Alors l'amour pa-

ternel ne se contient plus : le pauvre oiseau, ne songeant pas à sa faiblesse, revient sur le chien en battant des ailes. Quelquefois après s'être présenté, il prend la fuite, mais il fuit pesamment et en traînant l'aile comme pour attirer l'ennemi par l'espérance d'une proie facile ; et fuyant toujours assez pour n'être point pris, mais pas assez pour décourager le chasseur, il écarte de plus en plus la couvée.

La Fontaine attribue cette manœuvre intelligente à la mère.

Quand la perdrix
Voit ses petits
En danger, et n'ayant qu'une plume nouvelle
Qui ne peut fuir encor par les airs le trépas,
Elle fait la blessée, et va tirant de l'aile,
Attirant le chasseur et le chien sur ses pas,
Détourne le danger, sauve ainsi sa famille ;
Et puis, quand le chasseur croit que son chien la pille,
Elle lui dit adieu, prend la volée, et rit
De l'homme qui, confus, des yeux en vain la suit.

Si Buffon accorde au mâle l'intelligence que la Fontaine reconnait à la mère, le grand naturaliste dit que la femelle part un instant après le mâle, s'éloigne beaucoup plus et toujours dans une autre direction ; à peine s'est-elle abattue qu'elle revient sur le champ en courant le long des sillons, et s'approche de ses petits qui se sont blottis, chacun de son côté, dans les herbes ; elle les rassemble promptement et avant que le chien, qui s'est emporté après le mâle, ait eu le temps de revenir, elle les a déjà emmenés fort loin, sans que le chasseur ait entendu le moindre bruit.

Plus nous étudierons les animaux, plus nous découvrirons en eux de dévouement et de manifestations intellectuelles.

COUCOU

On a accusé la tendresse maternelle et méconnu l'intelligence du coucou. Vilain volatile, a-t-on dit, qui n'a pas même le courage d'élever sa famille ; qui s'en va, insouciant, déposer ses œufs dans le nid des autres oiseaux. La femelle du coucou abandonne, il est vrai, sa progéniture ; mais, avant de l'abandonner, elle s'assure d'une nourrice ; elle fait plus, elle revient maintes fois au nid où elle a déposé son petit, et quand elle n'y revient plus, c'est que sa tendresse maternelle n'a plus rien à craindre, c'est que la vie du petit coucou est bien assurée. La mère coucou n'a donc pas si mauvais cœur qu'on a bien voulu le dire, et si elle porte ses petits dans des nids étrangers, c'est qu'elle ne peut pas faire autrement. Pondant ses œufs à des intervalles très-éloignés, elle se trouvait dans la nécessité de couver plusieurs œufs et d'élever un petit dans le même temps : ces deux occupations sont incompatibles, car la dernière entraîne des sorties fréquentes dont s'accommodent fort mal les œufs, auxquels il faut, pendant l'incubation, une température égale et constante. Ce n'est donc pas par indifférence, mais par une action réfléchie, comme le fait observer M. Figuier, qu'elle confie à d'autres les soins maternels. Le même auteur rapporte que quand un œuf de coucou a été déposé dans un nid de passereau, il arrive souvent que la mère du coucou a l'intention de tirer du nid un des œufs du passereau, de le briser avec son bec et d'en disperser les coquilles, afin que la mère, en rentrant, retrouve le même nombre d'œufs qu'elle avait laissé au départ. C'est pour cela que, près des nids où les coucous ont déposé leur progéniture, on voit fréquemment des débris de coquilles d'œufs. Cette action ne dénote-t-elle pas de la part du coucou un raisonnement et une véritable intelligence? Tant il est vrai que souvent ce n'est pas l'intelligence des animaux qu'il faut accuser, mais bien la nôtre.

LE CHARDONNERET

On sait avec quelle habileté les chardonnerets font leur nid, mais voici une preuve de leur intelligence. Un jour, un couple de chardonnerets avaient niché sur une branche qui était trop faible pour leur servir de soutien. Lorsque la couvée fut éclose, les parents s'aperçurent que le poids de la famille croissante était trop considérable pour la branche. Cette dernière allait céder. Dans ces conjonctures et pour sauver le nid d'une chute imminente, ils eurent l'idée d'entrelacer dans la branche pliante une autre branche plus forte qui était à côté. Enfin, ils consolidèrent le tout au moyen d'une petite baguette qu'ils avaient ramassée. N'est-ce pas là de l'intelligence?

Toussenel raconte qu'il y eut, sous le règne de Louis-Philippe, dans une petite ville de l'Oise, distante de 12 lieues de Paris, un chardonneret dont l'intelligence dépassa la commune mesure et qui jouit très-longtemps, dans son pays natal, d'une popularité méritée. Il appartenait à un entrepreneur de messageries qui faisait deux fois par semaine le voyage de la capitale, et il s'était habitué peu à peu à accompagner son maître en ces expéditions.

Dans le principe, il se bornait à voltiger au-devant de la voiture et à se reposer de temps en temps sur la bâche de l'impériale, où siégeait le patron, et d'où il s'échappait à l'occasion pour causer et batifoler avec les oiseaux de son espèce qu'il rencontrait sur la route. Mais il se fatigua bientôt de la lenteur du véhicule à quatre roues et peu à peu il s'accoutuma à prendre les grands devants ; à la fin il allait tout d'une traite annoncer la prochaine arrivée de son maître à l'hôtel de la grande ville, où il l'attendait tranquillement au coin du feu, quand le temps était à l'orage, et d'où il partait pour voler à sa rencontre, quand l'air était serein. C'était à chaque fois qu'on se séparait et qu'on se retrouvait une effusion intarissable de caresses et de félicitations mutuelles, comme s'il y avait des siècles qu'on ne s'était parlé.

Ce charmant commerce d'amitié dura plusieurs années, pendant lesquelles tout citoyen de la ville en question eut chaque jour sous les yeux la démonstration convaincante de cette vérité philosophique, que toutes les bonnes bêtes ont été créées pour aimer et servir l'homme, et que l'ambition secrète des plus intelligents est de se rallier à lui.

Un autre exemple de l'attachement du chardonneret est rapporté par M. Oscar Honoré, dans son ouvrage : *le Cœur des bêtes.*

Un serein et un chardonneret partageaient la même cage, et, malgé leur différence d'origine, les jolis captifs vivaient dans la meilleure intelligence, se faisant force caresses, gazouillant et chantant à qui mieux mieux : c'était une musique perpétuelle. Or, un jour, pendant que la demoiselle de la maison accrochait un échaudé dans la cage, le canari lui glisse le long de la main, s'échappe et prend la clef des champs. Aussitôt, le chardonneret d'en vouloir faire autant : mais halte-là ! on l'arrête au passage, et c'est du fond de sa prison remise en place, qu'il répond aux joyeux appels que, d'un arbre voisin, lui adresse son camarade évadé.

A partir de ce moment-là, le chardonneret cessa de chanter. Relégué dans un coin, pelotonné en boule et la tête cachée sous l'herbe, il ne voulut plus ni boire ni manger; ce que voyant, la jeune personne se mit en quête d'un autre canari. Dès le lendemain, elle lui donna un autre compagnon, et l'on crut un instant à l'efficacité du remède, car en voyant voleter le nouveau venu près de lui, le pauvre prisonnier lève la tête, change d'allure aussitôt, il fait entendre un joyeux sifflement; mais l'illusion est de courte durée; il s'aperçoit bien vite que ce n'est pas celui qu'il regrette, et comme la turbulence du remplaçant l'importune au contraire, il se fourre dans sa mangeoire, reprend sa position première et le lendemain il était mort.

L'histoire du chardonneret est pleine de traits d'attachement de ce genre, et son intelligence va de pair avec la noblesse de son cœur. Tout le monde sait l'innocence et l'honnêteté de ses mœurs à l'état libre; le dévouement absolu du mâle à la femelle, l'amour de la

La demoiselle et le chardonneret.

famille qui caractérise l'espèce, la grâce et la gaieté de son langage, son talent prodigieux d'architecte, et cependant, l'étude du chardonneret captif est plus intéressante encore que celle du chardonneret libre.

Un chardonneret captif s'étant aperçu qu'un méchant fragment d'échaudé, inattaquable pour cause de dureté et de vieillesse, s'était amélioré par suite de son exposition à une longue pluie, prit, à dater de cette expérience, l'habitude de faire tremper dans l'eau les aliments qu'on lui offrait.

Voici une dernière preuve de l'intelligence du chardonneret. On sait que cet oiseau construit son charmant
nid en trois jours. Ce nid est généralement fait de duvet
végétal, de crin, de laine et de mousse. Mais ce qui
prouve bien que l'oiseau n'est pas seulement guidé par
l'instinct, c'est qu'il ne fait pas toujours aveuglément la
même chose. On a vu une paire de chardonnerets changer leur nid trois fois en trois jours, au gré du propriétaire d'un jardin où ils avaient établi leur domicile.
Le premier jour, on leur offrit de la laine; ils s'empres-
sèrent de composer leur matelas de cette étoffe. Le second jour on mit à leur portée de la ouate de coton; ils
jetèrent dehors la laine et la remplacèrent par la substance végétale. Le troisième jour, on leur proposa du
fin duvet qu'ils acceptèrent encore; mais ils s'en tinrent
là finalement.

LE SERIN

Gentillesse. — Tendre amour. — Imagination vive. — Souplesse d'intelligence.

Quel est le sot qui appelle serins les gens sans esprit?
Je ne sais pas de physionomie plus animée, d'œil plus
vif, de tête plus charmante, plus fine que celle de ce
joyeux petit oiseau, dont les formes sont si délicates, les
couleurs si douces, les manières si mignonnes, et les
pieds si délicats. Tout est gentillesse et vivacité dans le
serin. La femelle a je ne sais quoi de féminin. Elle me
rappelle la jeune ouvrière à la mise modeste, mais
propre et fraîche, et dont les chants égayent du matin
au soir la pauvre mansarde. Comme ils se ressemblent;
même douceur dans le regard, même attachement,
même esprit de charité, même consolation dans la mi-
sère. L'ouvrière et l'oiseau jettent un rayon d'or et un

peu de musique sur les plus pauvres ménages. Tous deux aussi sont doués d'une grande sensibilité, et d'un cœur plein de tendresse et d'affection. Tous deux peuvent mourir de douleur, quand ils sont séparés de ce qu'ils aiment.

Voyez ce que dit Buffon de nos serins favoris, toujours chantant, si familiers, si aimables, si bons maris, si bons pères et en tout d'un caractère si doux, d'un naturel si heureux, qu'ils sont susceptibles de toutes les bonnes impressions et doués des meilleures inclinations ! Ils récréent sans cesse leur femelle par leur chant ; ils la soulagent dans la pénible assiduité de couver ; ils l'invitent à changer de situation, à leur céder la place et couvent eux-mêmes tous les jours pendant quelques heures ; ils nourrissent aussi leurs petits, et enfin ils apprennent tout ce qu'on veut leur montrer.

Leur cerveau, relativement au poids de leur corps, a paru plus développé que celui de l'homme.

L'intelligence de ces oiseaux est vraiment très-souple. Ils quittent, dit-on, la mélodie de leur chant pour se prêter à l'harmonie de nos instruments et de nos voix. Ils peuvent siffler et même parler. Ce qui prouve la souplesse de leur intelligence, c'est la facilité avec laquelle ils peuvent être dressés à différentes sortes d'exercice. J'en ai vu aux foires qui faisaient l'exercice avec l'assurance de vieux grenadiers. Fée rapporte qu'ils peuvent fournir à eux seuls les éléments d'un spectacle intéressant. Ils feignent de recevoir un coup de fusil et tombent comme foudroyés. Leurs camarades viennent les enlever pour leur rendre les derniers devoirs. Ils devinent les cartes tirées, trainent de petites pièces de canon, font semblant de les charger, puis y mettent le feu ; ils montent la garde, manœuvrent au commandement, posent des sentinelles, etc..

Des perdrix, ajoute Fée, ont été dressées, mais plus rarement, à faire les mêmes tours.

Un peintre de mes amis possédait un serin et une serine, qui n'ayant rien pour faire leur nid, imaginèrent d'arracher les plumes de leur première couvée pour préparer la couche de la seconde nichée qui allait venir.

Au dire de Toussenel, le serin des Canaries est le plus habile, le plus intelligent et le plus infatigable de tous les chanteurs. On sait que la femelle chante beaucoup moins; c'est ce qui a fait dire à un malin poëte :

> Par quel dessein caché la nature bizarre,
> Prodigue de ses dons, et de ses dons avare,
> Voulut-elle priver les mères des serins
> Du caquet si commun aux femmes des humains?

LES OISEAUX CALOMNIÉS

LES OIES

Vigilance. — Fidélité conjugale.

A voir leur marche dandinante, leur long cou, leur bec bâillant, les oies semblent gauches, lourdes et maladroites ; cependant elles ne sont pas si bêtes qu'elles le paraissent. Leur œil, moins vif que celui de l'aigle, reflète un certain air de dignité et d'intelligence. Il est vrai que ce ne sont pas de fortes têtes, mais elles ont la vue bonne, l'oreille fine, et leur vigilance est telle qu'on les prend rarement en défaut.

Pendant leur sommeil ou leur repas, une sentinelle, le cou étendu et la tête en l'air, est toujours là, prête en cas de danger à donner le signal à la troupe. Avoir sauvé Rome, ce n'est point pour une bête un signe de sottise. Assurément l'oie est très-fine et se distingue surtout par des qualités morales.

En Écosse, une jeune oie avait conçu un tel attachement pour son maître, qu'elle le suivait à n'importe quelle distance, même à travers la foule et le tumulte d'une ville. Un jour que ce gentleman descendait une des rues les plus fréquentées, il entra dans la boutique d'un barbier pour se faire raser. L'oiseau attendit patiemment que l'opération fût terminée, et l'accompagna

à la maison d'un ami; après quoi elle rentra au logis.
On a dit que les oies ne reconnaissaient pas leur maître,
quand celui-ci se montre à elles sous un nouveau vêtement. Le changement d'ha-
bit, dans ce cas actuel, ne
semblait causer aucune incertitude dans l'inteligence
de l'oiseau. Il reconnaissait
son maître sous toutes les
toilettes, il le reconnaissait
même rien qu'à la voix, ce
qu'il exprimait aussitôt par
des cris de satisfaction.

En Allemagne, une vieille
femme aveugle était con-
duite tous les dimanches à
l'église, par un jars qui la tirait par la robe avec son
bec. Lorsque la vieille était
assise à son banc, l'oiseau
se retirait dans le cimetière
pour paître l'herbe et, lorsque le service était terminé,

-Elle le suivait partout.

il reconduisait sa maîtresse à la maison. Un jour, le
pasteur allait rendre visite à cette dame, qui était sortie;
mais il trouva la fille, et lui exprima quelque surprise
qu'elle laissât ainsi sa mère s'aventurer toute seule.
« Ah! monsieur, répondit elle, nous ne craignons rien,
ma mère n'est pas seule, le jars est avec elle. »

Les oies sauvages sont également douées d'une sagacité remarquable. Leur vol a lieu sans bruit, et l'ordre
dans lequel leur voyage s'accomplit suppose un haut
degré de combinaison et d'intelligence. Il y a un arran-
gement, une méthode, un système en vertu desquels

chaque individu garde son rang et suit le corps d'armée
avec le moins de fatigue possible. Elles se placent sur
deux lignes obliques qui forment un triangle ou sur une

Le jars la tirait par sa robe.

simple ligne lorsque le bataillon n'est pas nombreux.
L'oiseau qui se trouve à la tête du triangle fend l'air le
premier, puis il se retire au dernier rang pour se reposer, quand il est fatigué, et les autres prennent sa place
par ordre de tour. C'est ce que nous avons pu observer,
en Brie, pour les outardes, qui sont nombreuses dans ce
pays.

L'oie paraît être constante dans ses affections. Elle
sait aussi s'indigner ; je me rappelle qu'étant enfant,

lorsque nous rencontrions des oies, nous n'avions qu'à les traiter de laides pour les faire mettre en colère ; elles couraient avec rage après nous, nous prenaient par nos vêtements et nous pinçaient vigoureusement, comme pour nous punir de nos insultes. Notons en terminant que les canes sauvages prennent leurs petits dans leur bec ou sur leur dos et les transportent dans l'eau pour leur apprendre à nager. Les canards sauvages sont d'une méfiance extrême. Quand ils vont s'abattre sur un point ou passer d'un étang à un autre, ils décrivent dans l'air des courbes concentriques, descendant et remontant jusqu'à ce qu'ils aient fait une reconnaissance complète de leur nouvelle station.

DINDONS

Courage et dévouement.

Les dindons n'ont pas l'air plus spirituel que les oies ; leur tête plus petite, leur corps plus lourd, leur chant plus insipide, ne plaident pas en leur faveur. Certaines vieilles femmes, généralement grandes, au nez rouge bourgeonné, gourmandes par nature, ivrognes par habitude, grommelant sans cesse quelques mots de colère inintelligibles, m'ont toujours paru avoir des airs de parenté avec les dindes. Toussenel, qui n'est point de la famille des imbéciles, a donné une excellente description du dindon. « C'est, dit-il, un goinfre de la pire espèce, faisant son dieu de son ventre, et qui se sait si bien destiné à la broche, qu'il prend la graisse de lui-même et sans qu'il soit besoin d'aider à cette disposition naturelle par aucune opération chirurgicale. Sa voracité extrême est cause qu'il s'étouffe souvent en mangeant; elle lui a fait donner le nom de goulu dans les pays riverains de la Loire. Il porte d'ailleurs tous ses vices écrits sur sa physionomie stupide et n'a pas l'enseigne menteuse. On dit d'un homme bête et méchant qu'il ressemble au dindon; c'est un portrait flatté; le dindon est mieux que bête et méchant, mieux que goulu et amoureux transi. Il est chauve comme tous les viveurs; il a la face, le front, les joues déshonorées par des grappes de verrues et des chapelets d'excroissances charnues vermillonnées par les excès de table. Ces caractères rappellent la physionomie du vautour, dont le dindon se rapproche par la taille, la couleur, la lâcheté et la voracité. Le vautour est un usurier de haut titre, le dindon un épais Mondor, un parvenu de finance; il devait y avoir parenté physique et morale entre les deux types. Le dindon porte encore au bas du cou un bouquet de crins noirs, en témoignage de sa fraternité avec le bouc. Ce modèle des gourmands, des ivrognes et des oisifs a l'humeur irascible comme tous les riches de fraîche date. Vous l'entendez toujours tempêter, glouglouter; vous le voyez toujours bleu ou rouge de colère. »

Après un portrait si saisissant des vices du dindon, qui osera prendre parti pour un être si vil? y aurait-il donc sur la terre un être dépourvu de toute qualité? Non, il n'y a que l'homme qui voie le mal partout. Il n'est pas sur terre un animal qui n'ait un bon côté. Les gastronomes vous diront que la chair du dindon est d'une délicatesse extrême; les philosophes qui plaident en faveur du sexe féminin vous affirmeront que la dinde est la plus courageuse et la plus dévouée des mères, qu'elle se laisse mourir d'inanition sur ses œufs plutôt que de les quitter. Les dindons, malgré leur bêtise devenue proverbiale, sont cependant très-rusés. Audubon rapporte qu'ayant l'habitude de percher en troupe sur les branches nues, les dindons sauvages sont facilement découvert par les chouettes, dont le vol est silencieux et qui les surprennent assez fréquemment ; mais souvent aussi leur présence est annoncée à toute la bande par le cri de l'un d'eux, et à l'instant même ils surveillent les mouvements de l'ennemi, qui néanmoins a choisi une victime, sur laquelle il se précipite comme un trait. Elle serait indubitablement perdue si, pour s'apposer à l'action des serres puissantes de l'assaillant, elle ne baissait rapidement la tête en renversant sa queue étalée sur son dos. La chouette ne rencontre plus qu'un bouclier incliné sur lequel elle glisse sans rien saisir que des plumes. Le dindon saute alors à terre et n'a perdu que quelques pennes. Le même auteur (Audubon) avait élevé un tout jeune dindon sauvage qui était devenu d'une familiarité extrême ; mais, chez cet oiseau, l'amour de l'indépendance était resté assez vif pour qu'il ne pût s'accoutumer à la vie cloîtrée des dindons domestiques. Aussi jouissait-il de la plus grande liberté ; il allait, venait, passait tout son temps dans les bois, et ne rentrait au logis que le soir. Un jour, il ne revint pas, et depuis ce moment il ne parut plus. A quelque temps de là, Audubon étant en chasse aperçut un superbe dindon sauvage, sur lequel il lança son chien. Mais, à sa grande surprise, l'oiseau ne prit pas la fuite, et le chien, au lieu de le saisir lorsqu'il l'eut rejoint, s'arrêta et tourna la tête vers son maître. Plus grande encore fut la stupéfaction du chasseur lorsque, s'étant rapproché, il reconnut son ancien pensionnaire. Ainsi ce dindon avait reconnu le chien de son maître, et il avait compris qu'on ne lui ferait aucun mal ; sans cela il aurait détalé tout de suite.

On a cru jusqu'ici que l'amour des enfants était, chez tous les gallinacés, le privilége exclusif des femelles ; on attribuait ce fait à la polygamie. Et voici que le dindon, qui s'en douterait? va nous fournir une exception à cette règle. Une dinde était en train de couver. Le mâle, qu'on avait séparé d'elle, parut si désolé de sa solitude, si abattu, qu'on lui permit de vivre dans le même endroit que sa compagne. Aussitôt entré, il se coucha près de la dinde. On crut d'abord que c'était une simple marque d'affection; mais on découvrit bientôt qu'il avait pris sous lui une partie des œufs, qu'il couvait soigneusement. La servante qui était chargée de soigner les volailles crut que cette méthode de couver n'aurait point grand succès et replaça les œufs sous la dinde; mais le mâle ne fut pas plutôt remis en liberté, qu'il en reprit quelques-uns à sa charge, comme il avait fait précédemment. Le maître, ayant observé le fait, résolut de courir les chances de l'expérience, et laissa le dindon suivre son penchant. Il fit même préparer un nid avec autant d'œufs que le large corps de l'oiseau en pouvait couvrir. Le dindon parut enchanté de cette marque de confiance; il se plaça avec une patience toute maternelle sur les œufs, et se montra si attentif aux devoirs de l'incubation qu'il prenait à peine le temps d'aller à la recherche de la nourriture. A l'expiration du temps habituel, vingt-huit jeunes percèrent leur coque. Le dindon, qui était, à quelques égards, la mère de cette nombreuse couvée, sembla quelque peu perplexe, quand il vit une famille de si petits animaux becqueter autour de lui et réclamer sa constante vigilance. On les lui enleva dans la crainte qu'il ne les foulât sous ses grosses pattes ou qu'il ne les négligeât. Il est regrettable qu'on n'ait pas continué l'expérience; il eût été curieux de voir comment le dindon aurait rempli cette seconde moitié de sa tâche.

LES GRUES
A quoi sert l'illusion.

Voilà encore un animal calomnié, un être dont le nom est synonyme de niaiserie, et cependant ces oiseaux passent pour avoir dévoilé à Palamède plusieurs caractères de l'alphabet. Ce serait, paraît-il, en examinant les invariables dispositions du vol des grues, que ce judicieux observateur aurait imaginé les lettres V et Y, d'où le nom d'oiseaux de Palamède, que lui donnèrent les Grecs. Oiseaux vengeurs d'Ibycus, les grues prouvent qu'elles ne sont pas sans intelligence, puisqu'elles savent se choisir des chefs. Elles en choisissent non pas seulement un pour aller devant et les conduire; elles en commettent encore un autre pour être à la queue de toute la bande et pour avertir les autres par ses cris de garder leur rang. Pour ces hautes fonctions, ne croyez pas qu'elles prennent au hasard sans réflexion telle ou telle, où qu'elles se laissent entraîner par leurs sympathies : elles choisissent les plus âgées, parce qu'elles savent que celles-ci ont plus d'expérience de la marche qu'il faut faire et des routes qu'il faut tenir. Aussi, quand l'un ou l'autre de ces guides est lassé de crier et de voler, elles en substituent d'autres à leur place. Après qu'elles sont descendues à terre pour se repaître, celle qui les a conduites reste toujours la tête levée pendant que ses compagnes prennent leur repas ; elle a l'œil au guet, elle examine si aucun danger ne les menace, prête à les avertir par son cri s'il faut prendre la fuite. Et quand les grues veulent dormir, elles choisissent trois ou quatre d'entre elles suivant

11

leur nombre, pour veiller pendant leur sommeil, pour faire la ronde et la sentinelle et les réveiller, si elles aperçoivent un ennemi. En dehors de leur intelligence, les grues possèdent un talent chorégraphique très-remarquable. Maints observateurs ont vu ces oiseaux se grouper en diverses façons, s'avancer les uns vers les autres, se faire des sortes de salutations, prendre les poses les plus étranges et se livrer aux pantomimes les plus bizarres et les plus amusantes. Les Chinois exploitent cette disposition chorégraphique pour apprendre aux grues à danser selon les règles de l'art.

Un gentleman possédait, depuis quelques années, un ménage de grues ardoisées. L'une des deux mourut et le survivant se montra inconsolé. Il allait, selon toute vraisemblance, joindre sa compagne, lorsque le maître fit apporter, dans l'oisellerie, une grande glace. L'oiseau n'eut pas plutôt vu son image réfléchie, qu'il se plaça devant la glace, fit sa toilette en lissant ses plumes et donna des signes de contentement. Le plan eut un succès complet. Le mâle recouvra la santé, reprit ses esprits et vécut encore plusieurs années. L'oiseau se figura-t-il que l'image qu'il voyait dans la glace était l'ombre revenue de celle qu'il pleurait? ou bien était-ce seulement une diversion à la solitude?

Il existe dans les Indes une grue gigantesque (*ardea argila*), qui partage avec les chacals l'office d'inspecteur de la voirie publique.

LES FLAMANS

De la Chambre raconte que les flamans ou flambants ainsi nommés à cause de la couleur rouge qu'ils ont, se

choisissent également un chef qui les conduit et qui fait
le guet pendant qu'ils cherchent leur nourriture. S'ils
barbotent dans l'eau et qu'ils y enfoncent la tète, le
gardien se tient debout, le col étendu et l'œil inquiet,
et lorsqu'il aperçoit quelqu'un, il pousse un cri, s'envole,
et les autres avertis par son cri le suivent, gardant
comme les grues un ordre dans leur vol, de sorte qu'il
est vraisemblable qu'ils ne choisissent pas sans discernement leur gardien et leur guide.

LES PLUVIERS

Les pluviers ont aussi leur chef, connu sous le nom
d'appeleur, parce que si la nuit ses compagnons se
sont écartés, le matin il les appelle pour voler de compagnie, et, chose curieuse, lorsque toutes les bandes se
forment, il n'est pas un de ces oiseaux qui suivra l'appeleur d'une bande qui n'est pas la sienne. Le pluvier
sait donc entendre, comparer la voix d'un appeleur avec
celle d'un autre et reconnaître celle de son chef. N'est-
ce pas là faire acte d'intelligence? Ce choix d'un chef
parmi les oiseaux est certainement le fait d'un esprit
supérieur.

Ovide, Pline et Solin parlent de certains oiseaux qu'ils
nomment *aves Diomedæ*, oiseaux de Diomède, qui ont
aussi deux chefs pour les conduire; l'un qui est à la
tète, l'autre à la queue de leur escadron. On ne sait au
juste quels sont ces oiseaux. Belon les confond avec
l'onocrotale ou pélican; Servius pense que c'est une
espèce de héron. Aldrovande incline à croire que ce sont
les oiseaux qu'on voyait autrefois dans les iles nommées
alors Diomédéennes. Quoi qu'il en soit de cette dis-

cussion, toujours est-il que les oiseaux regardés comme les moins spirituels ont le bon sens de savoir se choisir un chef, de le prendre intelligent, expérimenté et de se laisser diriger par lui. J'espère donc aussi que désormais le nom de grue ne sera plus un terme de mépris.

PINGOUINS

A certaines époques de l'année, les pingouins se réunissent sur le rivage et se mettent à délibérer. Ces assemblées, qui durent un jour ou deux, ne manquent pas d'une certaine solennité ; car ces volatiles ont l'air tout à fait graves. Quand ils se sont entendus sur l'objet de la réunion, ils se mettent à l'œuvre avec activité. Sur un terrain assez uni, d'environ deux hectares, ils tracent un carré dont un des côtés, parallèle au bord de l'eau, reste toujours ouvert, pour servir d'entrée et de sortie. Puis, avec leur bec, ils ramassent les pierres de l'enceinte qu'ils entassent en dehors des lignes, et s'en servent pour bâtir de petits murs, percés seulement de quelques portes. Pendant la nuit ces portes sont gardées par des sentinelles. Ils divisent ensuite le terrain en carrés assez larges pour recevoir un certain nombre de nids et laissent un chemin entre chaque carré. Un architecte ne ferait pas mieux.

LE CANARD

Il n'est pas jusqu'au canard, dont la voix nasillarde et discordante dénote peu d'esprit, et qui cependant ne montre à l'occasion une rare intelligence. Voici ce qu'un

La cane était en danger.

dé nos plus éminents naturalistes, a entendu raconter par
une personne digne de la plus entière confiance :

« Une jeune dame était assise dans une chambre, près
d'une cour où s'ébattaient les poules, les canards et les
oies. Un canard entra, s'approcha d'elle, saisit du bec le
bas de sa robe et la tira vivement. Distraite, elle le re-
poussa de sa main. Il insista. Un peu étonnée, elle prêta
quelque attention à cette pantomime inaccoutumée, et
il lui parut que le canard voulait l'entraîner dehors. Elle
se leva, il s'empressa de marcher devant elle. De plus en
plus surprise, elle le suivit et il la conduisit jusqu'au
bord d'un bassin, où elle aperçut une cane qui avait la
tête prise dans la porte d'une écluse. Elle se hâta de dé-
gager la pauvre bête, et la rendit au canard, qui, des
ailes et de la voix, témoigna tout le contentement que
lui causait la délivrance de sa compagne. »

ÉCHASSIERS

Le kamichi fidèle est susceptible d'éducation. Il s'apprivoise facilement, devient très-familier ; il est, de plus,
pour l'homme, un serviteur intelligent et dévoué. Il est
aussi le camarade et le protecteur des oiseaux de basse-
cour ; si bien que, dans certaines contrées, les habitants ne
craignent pas de lui confier la garde de leurs troupeaux
de volailles. Le kamichi les accompagne aux champs le
matin et les ramène au logis à l'entrée de la nuit. Si
quelque oiseau de proie s'approche du troupeau de volatiles avec des intentions suspectes, il déploie ses larges
ailes, s'élance sur l'intrus et lui fait durement sentir ce
que peut le bon droit servi par quatre solides éperons.

LES MAMMIFÈRES

Nous voici arrivés à la classe des animaux qui, par
leur organisation comme par leur intelligence, se rapprochent le plus de l'homme. Les mammifères possèdent
un squelette osseux, intérieur, articulé ; c'est la colonne
vertébrale, point d'attache et centre de rayonnement de
tout l'organisme. Ils possèdent aussi un cerveau dont
les hémisphères sont très-développés, un cœur à deux
ventricules et deux oreillettes, des poumons pour respirer l'air, pour oxygéner le sang, et stimuler tous les
organes et en particulier le cerveau. Leur cavité thora-
cique contient les poumons et le cœur, qui sont toujours
séparés de la cavité abdominale par un diaphragme
complet ; leurs globules sanguins sont de forme circulaire.

Leurs organes des sens acquièrent une grande perfection, même dans leurs parties accessoires ; ainsi, il y a
des paupières distinctes dans la plupart des espèces,
une conque auditive et d'autres dispositions qui ne se
trouvent pas chez les ovipares. La bouche est pourvue
de lèvres charnues, excepté chez les monotrèmes, et le
corps est habituellement couvert de téguments particuliers.

Les mammifères ont tous cinq sens, mais d'étendue

différente. Ainsi, les espèces qui, comme le chamois,
le bouquetin, habitent les montagnes et dont la course
est rapide, vagabonde, ont une vue presbyte, et voient
mieux de loin que de près ; au contraire, les races
pesantes qui peuplent les vallées, telles que les cochons,
les rhinocéros, voient mieux de très-près ; ceux dont les
yeux, trop sensibles à la vive lumière, sont offusqués de
l'éclat du jour, ne sortent que de nuit, comme les chauves-souris, ou même se cachent sous terre comme les tâ-
tous ou les hérissons. Les peuplades les plus faibles,
étant par cela même plus timides, font plus usage de
l'ouïe pour éviter le danger : le lièvre, le lapin, la ger-
boise, les souris et les autres rongeurs tendent l'oreille
au moindre bruit pour fuir, tandis que les races puissantes ou courageuses, le lion, les tigres, les chats,
les lynx, dont la vue est perçante, même pendant la
nuit, ont des oreilles courtes et l'ouïe faible, la force
d'un sens compensant d'ordinaire la faiblesse de l'autre.

Chez les carnivores, le sens du goût devient un appétit ardent, sanguinaire ; il faut aux herbivores une
délicatesse de sens assez grande pour distinguer la plante
qui doit nourrir de celle qui empoisonne.

Ainsi, dit Virey, la nature approprie la constitution
de chaque individu à la destinée qu'elle lui donne sur
la terre ; si elle prive de dents les tatous, les pangolins,
elle les couvre de cuirasses ou d'écailles ; si elle a rendu
faibles et presque sans défense le hérisson, le porc-épic,
elle change leurs poils en une forêt de dards acérés, et
ces animaux n'ont qu'à se rouler en boule épineuse et
ils sont inattaquables ; si la nature dénie aux espèces
herbivores des dents fortes ou des griffes crochues, elle
arme la tête chez les ruminants de cornes menaçantes :
enfin, elle donne à de timides rongeurs, soit l'industrie

de se cacher sous terre, comme la marmotte, le lapin, le
rat, soit l'agilité de sauter d'arbre en arbre, comme l'é-
cureuil, soit la vitesse de la course et d'immenses gambades pour fuir, comme les gerboises et les kanguroos
qui bondissent à la façon des sauterelles. Les vigognes
n'ont aucune défense, mais si l'on veut les frapper, elles
lancent sur leurs ennemis une salive acrimonieuse et dé-
goûtante. Les putois, les mouffettes, les coasses exha-
lent, lorsqu'on les poursuit, des vapeurs si empestées et
si exécrables, qu'elles font quitter prise à leurs ennemis
les plus acharnés ; enfin, parmi tous les animaux, les
uns épouvantent leurs persécuteurs par des hurlements
affreux, comme les singes alonates, d'autres déroutent
leurs ennemis par une foule de ruses, de soins prévoyants,
et savent se ménager ou des asiles sûrs ou d'obscures
retraites.

Les plus petites espèces, outre qu'elles sont plus fé-
condes en nombre et se propagent plus souvent, sont
aussi plus robustes et plus vives à proportion que les
grandes espèces. Avant qu'un éléphant ou une baleine
se soit seulement retourné, un lérot, une souris auront
fait cent mouvements ; la petitesse des membres donne
plus d'unité, de solidité au corps ; des muscles plus
courts se contractent plus aisément, tout mouvement
est plus rapide et plus fort que chez les animaux très-
volumineux.

Les mammifères forment la classe intermédiaire, par
laquelle les autres animaux se rapprochent de nous.
En effet, la famille des singes paraît vouloir s'élever jusqu'auprès de l'espèce humaine, et se tenir ainsi sur les
marches du trône. D'autre part, les chauves-souris, les
polatouches et d'autres espèces qui voltigent, semblent
appeler les oiseaux vers la classe des mammifères ou
du moins les représenter ; de même, les tatous, les pan-

golins, quadrupèdes couverts soit de cuirasses, soit d'é-
cailles superposées, semblent se rapporter aux reptiles,
tels que les tortues et les lézards; tandis que les mammifères amphibies, comme les veaux marins ou phoques,
les vaches marines, les cétacés, tenant de la nature des
poissons, paraissent se lier à cette grande et nombreuse
classe d'animaux aquatiques.

Les mammifères sont donc le nœud auquel se rat-
tachent les diverses classes supérieures du règne animal, comme au type le plus parfait, et comme au
premier anneau de la chaîne de gradation de tous
les êtres animés placés immédiatement après l'homme.
Comparons, en effet, aux mammifères les diverses
classes. L'oiseau citoyen des airs a reçu un tempérament vif et chaud, délicat et sensible; toujours gai,
pétulant, volage, il est plein de fougue et d'inconstance comme le milieu mobile qu'il parcourt, mais les
poissons, peuples froids des ondes, sont d'un caractère insouciant, apathique, à cause du ramollissement
de tous leurs organes; ils ne s'occupent que des besoins
les plus matériels. Toute leur vivacité s'épuise en efforts
physiques pour nager; leur vêtement écailleux, les
soustrayant aux impressions, les empêche de sentir, de
perfectionner leur intelligence. Leurs communications
de sentiments ou d'idées sont toujours arrêtées, refroi-
dies par le liquide qui les sépare. Le quadrupède, au
contraire, se tenant dans un milieu également éloigné
des hauteurs de l'atmosphère et des profonds abîmes
des eaux, marchant en possesseur et en maître avec
l'homme souverain sur la terre, semble tenir aussi le
milieu entre les extrêmes. Il n'a ni l'ardeur, ni la pétulance de l'oiseau, ni la stupidité brute du poisson, ni la
lourde apathie du reptile qui se traîne dans la fange;
mais fixé sur un sol ferme et sec, son naturel a reçu

plus de consistance et sa charpente plus de solidité. La
démarche du quadrupède n'a point la rapidité du vol ni
la prestesse de la nage du poisson ; mais elle n'a pas la
lenteur pénible de la tortue et des reptiles ; sa vitesse
modérée permet plus facilement aux sens d'agir, aux
facultés de se développer.

D'ailleurs, toute la série de ces mammifères ne représente qu'une longue suite de dégradations de la
structure propre de l'homme. Le singe considéré, soit
dans sa forme extérieure, soit dans ses organes inter-
nes, paraît un homme dégradé : membres, squelette,
muscles, veines, nerfs, cerveau, estomac et principaux
viscères sont presque absolument semblables aux
nôtres soit dans la structure générale, soit jusque dans
les ramifications des moindres vaisseaux. Il semble donc,
par rapport à nous, un être ébauché, quoique parfait
dans son espèce. La même nuance de dégradation s'observe en descendant du singe à la chauve-souris ; de
celles-ci au paresseux, au quadrupède carnivore et à
toute la série.

Le moindre volume du cerveau et surtout des hémisphères, le moins grand nombre de circonvolutions
rendent aussi l'animal plus brute ou plus bête. En effet,
le singe lui-même et les quadrupèdes se courbent vers
la terre, leur museau s'allonge, tout chez eux tend à accroître les appétits, les penchants des sens ; ils ne son-
gent qu'à satisfaire à leurs désirs.

Les quadrupèdes sont de tous les animaux les plus
capables de nous comprendre, non pas seulement à
cause de leur organisation, mais parce qu'ils sont plus
susceptibles d'être domestiqués. L'oiseau garde déjà
moins de rapports avec nous ; car quelque familiarité,
quelque intelligence qu'on suppose au perroquet, au
serin apprivoisé, la qualité du chien, du castor l'empor-

teront toujours. Plus un animal bien organisé approche de nous, plus il peut nous comprendre, plus nous pouvons développer son intelligence ; cela est surtout vrai pour les mammifères.

Néanmoins, l'action de l'homme sur la domesticité des animaux est limitée à leur sociabilité. Il n'est pas une seule espèce devenue domestique qui naturellement ne vive en société ; de tant d'espèces solitaires que l'homme n'aurait pas eu moins d'intérêt, sans doute, à s'associer, il n'en est pas une seule qui soit devenue domestiqué, et, chose singulière, la sociabilité, chez les animaux, ne dépend ni de l'intelligence, car la brebis stupide vit en société, et le lion, l'ours, le renard vivent solitaires; ni de l'habitude; car le long séjour des petits auprès des parents ne l'amène pas. L'ours soigne ses petits aussi longtemps et avec autant de tendresse que le chien, et cependant l'ours est au nombre des animaux les plus solitaires. Frédéric Cuvier établit trois états distincts parmi les animaux : celui des espèces solitaires, les chats, les martres, les ours, les hyènes, etc., celui des espèces qui vivent en famille, les loups, les chevreuils, etc. ; et celui des espèces qui forment de véritables sociétés, les castors, les éléphants, les singes, les chiens, les phoques, etc.

C'est à l'étude de ces sociétés que s'est attaché Frédéric Cuvier. Il suit les progrès de l'animal qui naît au milieu de sa troupe, qui s'y développe, qui, à chaque époque de sa vie, apprend de tous ceux qui l'entourent à tirer parti de leur expérience et à se perfectionner. Il montre dans la faiblesse des jeunes animaux le principe de leur obéissance pour les anciens qui ont déjà la force, et dans l'habitude d'obéir une fois prise par les jeunes, la raison pour laquelle le pouvoir reste au plus âgé, quoiqu'il devienne à son tour le

plus faible. Toutes les fois que la société est sous la
conduite d'un chef, ce chef est presque toujours, en
effet, le plus âgé de la troupe. M. Flourens pense que
cet ordre peut être troublé par des passions violentes.
Alors l'autorité passe à un autre ; et après avoir de
nouveau commencé par la force, elle se conserve ensuite de même par l'habitude. Il y a donc, dans la
classe des mammifères, des espèces qui forment de
véritables sociétés : et c'est de ces espèces seules que
l'homme tire tous ses animaux domestiques. Le cheval
devenu, par la domesticité, l'associé de l'homme,
l'est naturellement de tous les animaux de son espèce.

Le mouton que nous avons élevé nous suit ; mais
il suit également le troupeau au milieu duquel il est
né. Il voit dans l'homme, selon l'expression de Frédéric Cuvier, le chef de la troupe. L'homme, d'après
M. Flourens, n'est pour les animaux qu'un membre
de la société ; tout son art se réduit à se faire accepter par eux comme associé ; car, une fois devenu leur
associé, il devient bientôt leur chef, leur étant aussi
supérieur qu'il l'est par l'intelligence. Il ne change donc
pas l'état naturel de ces animaux, comme le dit Buffon,
il profite, au contraire, de cet état naturel. En d'autres
termes, il avait trouvé les animaux sociables, il les
rend domestiques ; et la domesticité n'est ainsi qu'un
cas particulier, qu'une simple modification, qu'une conséquence de la sociabilité.

Tous nos animaux domestiques sont de leur nature
des animaux sociables. Le bœuf, la chèvre, le cochon,
le chien, le lapin, etc., vivent naturellement en société et par troupes.

Le chat n'est point domestique, il n'est point as-
servi, il n'est qu'apprivoisé ; de même l'ours, le lion,
le tigre, peuvent être apprivoisés, mais non domesti-

L'ours et ses petits.

qués. L'influence de l'homme fait d'un animal sociable un animal domestique, mais d'un animal solitaire
il ne peut faire qu'un animal apprivoisé.

M. Flourens rattache la domesticité à l'instinct sociable des animaux. Mais d'où vient cet instinct sociable? par quoi est-il déterminé? Évidemment par l'organisation. Les animaux qui jusqu'ici ont résisté à
la sociabilité sont évidemment ceux chez lesquels l'animalité est le plus développée, qui sont le mieux armés pour assurer leur existence et défendre leur vie.
Et si le développement de l'intelligence semble n'entrer pour rien dans la faculté sociable, il n'en est pas
moins certain que l'homme ne peut tirer parti de la
domesticité qu'autant que l'animal est intelligent.

Il y aurait intérêt à dresser le phoque à la pêche,
mais la plupart des didelphes, des édentés, des rongeurs, ont l'intelligence trop bornée pour que l'homme
puisse en tirer de grands avantages. Nous rappelerons
ici que le degré de l'intelligence des mammifères est
relatif au développement des hémisphères cérébraux.

Les hémisphères des rongeurs n'ont pas de circonvolutions; ceux des ruminants en ont; ceux des pachydermes en ont davantage, et ainsi, de plus en plus, dans
les carnassiers, dans les singes, dans les orangs.

Les hémisphères des rongeurs n'ont qu'un lobe,
ceux des ruminants en ont deux; ceux des pachydermes en ont trois; et, à plus forte raison, ceux des carnassiers, des singes, des orangs et de l'homme.

Quant à l'étendue totale des hémisphères d'avant en
arrière: chez les rongeurs, ces hémisphères ne recouvrent pas les petites éminences appelées tubercules
quadrijumeaux; ils les recouvrent chez les ruminants,
atteignent le cervelet chez les pachydermes, le recouvrent chez les orangs, et le dépassent chez l'homme.

Tout en faisant ces remarques sur le siége essentiel de l'intelligence, n'oublions pas que toutes les
autres fonctions réagissent sur la fonction cérébrale.

Nous allons commencer l'étude de l'intelligence des
mammifères par ceux qui possèdent un cervau moins
développé. Puis, nous remonterons successivement jusqu'à ceux dont les facultés intellectuelles se rapprochent le plus de celles de l'homme.

RONGEURS

Les rongeurs ont, comme les lièvres, les lapins et les rats, deux longues dents de devant tranchantes à chaque mâchoire, et des molaires, en général, au nombre de trois ou quatre. Un espace vide, comparable à la barre des chevaux, sépare leurs incisives de leurs molaires.

Le nombre des genres de cet ordre est très-considérable et l'on n'y connait pas moins de quatre cents espèces. Tels sont les écureuils, les marmottes, les castors, les campagnols, dont les ondatras font partie, les rats, les gerboises ou rats sauteurs, les spalax, qui sont aveugles, les bathyergues ou rats taupes, les porcs-épics, les échimys, les agoutis, les cobayes ou cochons d'Inde et les cabiais.

Les lièvres et les lapins sont aussi des rongeurs; mais ils diffèrent des précédents en ce qu'ils ont, en arrière de leurs incisives supérieures, une paire de dents plus petites et d'une autre forme. Ce caractère se retrouve chez les lagomys, petits rongeurs des régions alpines, aujourd'hui étrangers à l'Europe occidentale, mais qui y ont vécu pendant les premiers temps de la période quaternaire.

On trouve, aux environs de Paris, des débris fossiles

de ces rongeurs associés à ceux des marmottes, de sper-
mophiles, de castors, de hamsters, animaux aujourd'hui
détruits dans la même contrée, mais qui y pullulaient
alors avec certaines espèces qui s'y sont seules conservées
comme les lérots, les campagnols et les mulots.

Les rongeurs sont la plupart timides et destinés à
ronger communément des substances végétales. Leur taille
est généralement petite, à l'exception du cabiai, qui est
grand comme le cochon; le porc-épic, le castor, la marmotte, le lièvre et le lapin sont au nombre des plus
grandes. Ils ont les pattes postérieures et presque toujours le train de derrière plus fort que celui de devant; ils
courent et sautillent rapidement; ils ont le museau plus
ou moins arqué, la gueule médiocrement ouverte, et la
lèvre supérieure ordinairement fendue en long, disposition très-visible dans le lièvre.

L'ouïe est habituellement fine. La longueur des oreilles
est proportionnée aussi à l'usage qu'ils doivent en faire
pour leur conservation. Les fouisseurs en ont de très-
petites; ceux qui vivent au bord des eaux et qui nagent
fréquemment, comme le castor et le rat d'eau, ont
l'oreille courte, arrondie et peu mobile; les rats et les
souris, les lapins et les lièvres, animaux qui échappent
au danger par la fuite, les ont, au contraire, très-déve-
loppées.

Leur tête est toujours plate et arquée en dessus,
d'avant en arrière; leur cou est court et toujours soutenu par sept vertèbres.

Leurs yeux sont placés sur les côtés de la tête et
plus ou moins développés selon les habitudes de l'animal. Ainsi, chez les lapins, les lièvres, les polatouches et les loirs, ils sont gros et saillants; chez les
écureuils, les rats et les autres espèces diverses, ils
sont d'une dimension médiocre; chez les campagnols

et les taupes, qui passent une partie de leur vie sous terre, ils sont très-petits ; chez la spalax , qui ne sort jamais de son habitation souterraine, ils ne sont que rudimentaires.

Quant à leur cerveau, il est moins bien conformé que chez tous les autres mammifères.

Il est facile, de l'ensemble de l'organisation de ces animaux, de déduire le degré de leur intelligence, qui est également moindre que celle des ruminants, des pachydermes, des carnivores et des quadrumanes. Une cause qui ralentit le mouvement intellectuel d'un certain nombre de rongeurs, c'est la variabilité de leur température.

L'activité vitale et aussi l'activité intellectuelle dépendent en grande partie de la régularité avec laquelle s'opère la fonction de la nutrition. Une alimentation appropriée aux besoins de l'accroissement des organes et à leur entretien, des phénomènes de combustion s'exerçant dans toutes les parties du corps, l'élaboration des principes de nature plastique et leur transformation : telles sont les principales sources de la chaleur et de la vie chez les mammifères. Cette chaleur, la vie la développe et, à son tour, elle est indispensable à l'exercice des fonctions, et, par conséquent, à celles de la fonction cérébrale.

Certains rongeurs se rapprochent des reptiles par l'abaissement qu'ils éprouvent dans leur température quand arrivent les froids. Aussitôt que la température commence à baisser d'une manière sensible, et plus particulièrement lorsque la nourriture va leur manquer, les loirs et les marmottes restent alors engourdis. Leurs fonctions s'exercent à peine, mais elles ne sont pas complétement suspendues ; cependant, la circulation s'est beaucoup ralentie et la combustion res-

piratoire a perdu une grande partie de son intensité.
Une marmotte qui, dans son état d'activité, brûle
1gr,198 de carbone par heure et pour chaque kilo-
gramme de son poids, n'en brûle plus que 0gr,040, à
0gr,048, c'est-à-dire la trentième partie, lorsqu'elle
est tombée dans le sommeil hibernal. Aussi, la température du corps de ces animaux s'abaisse-t-elle
d'un nombre considérable de degrés. Spallanzani sou-
tient même qu'une marmotte n'a plus du tout besoin
de respirer et que l'on pourrait la plonger dans un gaz
délétère sans la faire périr. Ce ralentissement dans la
circulation, dans la respiration, dans la calorification
amène nécessairement un ralentissement dans l'activité cérébrale, mais ce phénomène est l'exception
parmi les rongeurs, et nous allons voir que l'intelligence se rencontre encore assez développée chez ces
animaux.

Quant aux sentiments affectifs, ils ne sont pas très-
remarquables.

Les espèces purement herbivores, timides et crain-
tives, n'ont point d'armes ; elles trouvent leur salut
dans la fuite. Les animaux dont l'alimentation est
mixte, animale et végétale, les rats, par exemple, sont
d'une férocité très-redoutable.

RATS

Attachement des rats les uns pour les autres. — Leur prévoyance. — Leur habileté.
Leurs ruses. — La légende polonaise.

Je ne sais vraiment pas pourquoi Toussenel a rangé
le rat parmi les bêtes à détruire. Le rat est essentiellement un animal domestique, il aime la vie de famille,
il affectionne la demeure du pauvre, et il préfère de

beaucoup aux palais de nos rois la chétive masure
aux murs de boue et d'argile. Ses mœurs sont pa-
triarcales ; sa longue moustache blanche, ses sour-
cils proéminents, son regard vif et pénétrant, ses
habitudes sournoises lui donnent une physionomie à
la fois fine et respectable.

L'histoire du rat se trouve associée à toutes les épo-
pées historiques du genre humain ; cet animal a suivi
les armées, les grandes expéditions maritimes. Toutes
les hordes envahissantes ont amené à leur suite un rat
particulier. On peut ainsi retrouver, dans les différentes variétés de cette créature, la succession des races
humaines qui se sont établies à la surface de chaque
territoire.

Quelques années après la fatale période de 1686,
alors que l'aristocratie anglaise prit sur elle de disposer de la monarchie héréditaire pour défendre ses intérêts, arriva sur les côtes de la Grande-Bretagne un
vaisseau venant d'Allemagne ; ce vaisseau apportait
deux objets d'importance : une dynastie et un rat, le
rat brun, qui est devenu un véritable fléau pour la
Grande-Bretagne, où il a dévoré toutes les races de
rats. Le rat, comme le barbare, est un fléau que Dieu
envoie aux nations civilisées pour les avertir et les
punir de leurs égarements. Si cela est, je demande
à Toussenel pourquoi il veut qu'on détruise cet
animal si utile ; d'autant mieux que, de l'aveu même
de l'auteur de *l'Esprit des bêtes*, le rat a été chargé
plus d'une fois de l'exécution des sentences divines,
et qu'il occupe à ce titre une place importante dans
les fastes de l'humanité. C'est le mulot d'Égypte, dit-il,
qui détruisit l'armée de Sennachérib ou d'un autre
en dévorant pendant la nuit toutes les cordes des
arcs et toutes les courroies des boucliers assyriens.

Pline, ajoute-t-il, a consacré un chapitre entier de son huitième livre à raconter les cités détruites par les ravages des bêtes. Le rat a joué, avant et depuis Pline, un rôle immense, dans l'histoire de ces bouleversements. On sait le sort de cet archevêque de Mayence qui fut arraché de sa tour, traîné jusqu'au milieu du Rhin et noyé par une bande de rats suscités par Dieu même, et qui ne se retirèrent satisfaits, dit l'histoire calviniste, qu'après avoir fait disparaître, à coups de dents, des tapisseries saintes, le nom et l'image de l'impie.

Malgré ces témoignages, peu rassurants, de l'avidité du rat et de son goût pour la chair humaine, on cite des exemples d'un véritable attachement de ces animaux, non-seulement les uns pour les autres, quoique souvent ils se dévorent entre eux, mais encore pour l'homme. Le rat n'est point insensible aux bons traitements et il s'attache aux personnes qui le nourrissent et le caressent. Demandez plutôt aux prisonniers. Du reste, les rats sont d'habiles et intelligents ouvriers; ils se construisent des cabanes, dont les unes, plus petites, ne sont habitées que par une seule famille; les autres plus grandes en contiennent plusieurs. Leur intelligence se montre surtout dans le choix du lieu même où ils s'établissent. Ils bâtissent leurs loges dans des marais ou sur le bord des lacs et des rivières qui ont beaucoup d'étendue et dont le lit est plat, où par conséquent l'eau est dormante, et où, enfin, le terrain produit abondamment des plantes dont les racines sont convenables à leur nourriture. Ils choisissent les endroits les plus élevés de ces terrains pour construire leurs loges, afin que les eaux puissent s'élever sans les incommoder; si leur loge est trop basse, ils l'élèvent, et l'abaissent si elle est trop élevée; ils la

Rats suivant les armées.

disposent par gradins, pour se retirer d'étage en étage, à mesure que l'eau monte : lorsque cette loge est destinée à sept ou huit rats, elle a environ deux pieds de diamètre en tous sens, et elle est plus grande proportionnellement, lorsqu'elle en doit contenir davantage : il y a autant d'appartements qu'il y a de familles. Tous ces actes sont empreints d'intelligence.

En voici d'autres encore. On sait avec quelle habileté les rats savent nager. Ils traversent des rivières pour aller chercher dans les maisons et les jardins des provisions, et ils ne manquent jamais de repasser l'eau au point du jour, de peur d'être surpris.

Un autre trait prouve encore la finesse de cet animal. Une tribu de rats avait fixé sa résidence près du chenil où demeurait une meute de chiens de chasse. La nourriture de ceux-ci leur était servie dans d'étroites auges et les rats avaient l'habitude de venir partager le dîner des chiens qui, dressés à la chasse du renard, dédaignaient les vils rongeurs ; mais ceux-ci, ne voyant aucun danger, arrivèrent en si grand nombre et dévorèrent si bien la pitance des chiens, que le maître du chenil résolut de détruire ces maraudeurs. En conséquence, il perça un trou dans le mur, à l'extrémité de chaque auge, et plaça dans cette ouverture un canon de fusil bien chargé, de manière à balayer tous les rats du même coup. A l'heure habituelle du dîner, il distribua les domestiques devant toutes les armes à feu ; puis après avoir soigneusement verrouillé les chiens dans leur dortoir, il donna le signal habituel, fit mettre la nourriture dans les auges et se retira du chenil, bien déterminé à attendre que les rats fussent assez engagés dans la citadelle pour les exterminer tous avec une seule décharge.

Il attendit avec patience, il attendit longtemps ; mais

pas un seul rat ne parut. Après avoir laissé la nourriture environ une heure sans rien voir venir, il lâcha les
chiens, qui se précipitèrent aussitôt sur leur dîner. A
peine avaient-ils commencé leur repas que les rats se
montrèrent, et, comme s'ils avaient la conscience d'être
gardés par les chiens, ils reprirent leur place habituelle
dans les mangeoires. Ils n'avaient jamais dîné d'un si bon
appétit.

L'intelligence du rat est telle, que celui qui a échappé
à un piège s'y laisse rarement reprendre. D'autres exemples prouvent encore cette intelligence.

Le docteur Franklin raconte que, quand les rats se
sont introduits dans un vaisseau, tout va bien pour eux
aussi longtemps que la cargaison est à bord et qu'ils
peuvent se procurer cet objet de première nécessité,
l'eau. Mais si l'eau est trop bien gardée contre leurs
entreprises, ils ont recours, pour se la procurer, à
un expédient extraordinaire. Par une nuit pluvieuse,
ils viennent boire sur le pont : on les voit même alors
monter dans les agrès pour recueillir l'eau qui se
trouve entre les plis des voiles. Sont-ils réduits à l'extrémité, ils attaquent les tonneaux de liqueur spiri-
tueuse et ils s'enivrent alors tellement, qu'ils sont
incapables de regagner leur domicile. Les rats qui
logent à terre rongent de même les tuyaux de métal
qui, dans les cabarets, conduisent les boissons alcoo-
liques du tonneau au comptoir. Toute la race a
l'oreille très-fine pour saisir le bruit que font les
liquides en coulant. C'est, sans aucun doute, la difficulté de se procurer de l'eau qui les engage, dans
plusieurs cas, à abandonner un vaisseau, du moment
que ce vaisseau touche la terre. Dans de pareilles
occasions, ils gagnent le rivage à pied sec, si la chose
est possible, entreprise qu'ils exécutent alors en

passant un à un le long des cordes qui amarrent le
bâtiment. Si pourtant toute facilité d'exécuter le passage
à pied sec leur manque, ils n'hésitent point à nager.

Rats perçant les tonneaux.

C'est pár de semblables moyens que, se trouvant à terre,
ils s'introduisent dans un vaisseau.

Leurs habitudes envahissantes sont si bien connues
des marins, que c'est chez ces derniers une habitude
commune, quand ils entrent dans un port, d'emman-
cher un balai dans les câbles : les pointes des branches
de bouleau arrêtent alors la marche de ces quadrupèdes

nautiques. On ne tarirait pas si l'on voulait citer tous les
exemples connus de l'intelligence des rats.

Le Constitutionnel a raconté le fait suivant :

M. Alexandre Grun, marchand de bestiaux de Bralhour,
se trouvait dans le Mill of Dale lorsque son attention fut
attirée par un énorme rat qui sortait de son trou et qui,
après avoir regardé à droite et à gauche, battit en
retraite avec précaution. Il ressortit bientôt, traînant par
l'oreille un vieux rat qui paraissait être aveugle. Ce
dernier fut laissé à l'ouverture du trou. Un troisième
rongeur sortit à son tour et vint rejoindre le premier
rat. Ils se mirent tous les deux à glaner des graines et
à les déposer aux pieds de l'aveugle, qui les grignotait
avec délices.

Lorsqu'il fut bien repu, ses compagnons lui passèrent
dans la bouche un petit morceau de bois, au moyen
duquel ils le traînaient près d'une mare d'eau, où tous les
trois se désaltérèrent.

Puis notre trio regagna son trou de la même façon.

On sait, du reste, que le rat a donné lieu à une légende polonaise, dans laquelle on raconte que le roi Popiel, qui empoisonna ses oncles, fit jeter leurs cadavres
dans un lac. Ces cadavres produisirent une énorme quantité de rats, lesquels se jetèrent ensuite sur Popiel, sa
femme et ses enfants. Aucun moyen ne put arrêter la fureur de ces rats ; en vain les serviteurs eurent-ils recours
aux armes et au feu ; en vain toute la famille de Popiel
chercha-t-elle un refuge sous l'eau ; les rats la poursui-
virent partout et finirent par tuer Popiel et les siens dans
le château de Kruszvvic.

LIÈVRES ET LAPINS

Comment le lapin a-t-il été amené à creuser une retraite ? — Amour
de la propriété. — Respect à la vieillesse.

Le lièvre, auquel la nature a donné des sens moins
fins qu'à beaucoup d'autres animaux, a recours, lorsqu'il
est chassé, à des ruses capables d'exciter la jalousie d'un
renard. Le lapin, plus faible que le lièvre, annonce une
intelligence bien plus étendue. Un chien courant prend
un lièvre à la course ; mais les bons lapins mettent les
meilleurs chiens sur les dents. Ils font courir les lièvres
devant les chiens en leur lieu et place, et ils vont par un
crochet, décrit à propos, s'abriter et grignoter quelques
plantes en attendant leur retour.

Le lapin se creuse une demeure, se choisit une compagne, vit en société. Ses intérêts ne sont pas seulement
concentrés dans sa famille, ils s'étendent à toute la
république souterraine, à tous les êtres de son espèce
qui ont avec lui des rapports de voisinage. Lorsque les
lapins sont sortis du terrier pour se repaître, ceux d'entre eux que l'expérience a accoutumés à l'inquiétude partagent toujours leur attention entre le repas qu'ils font
et les dangers qui peuvent survenir. S'ils se croient me-
nacés de quelque surprise, ils sonnent l'alarme aux environs en frappant la terre avec les pattes de derrière, et
les terriers retentissent au loin de ces coups redoublés.
Toute la peuplade se presse ordinairement de rentrer ;
mais si quelques lapins plus jeunes et plus imprudents
ne cèdent pas aux premiers avertissements, les vieux restent, en frappant toujours et s'exposant eux-mêmes pour
la sûreté publique.

Georges Leroy fait remarquer que la disposition qui
porte les lapins à se creuser un terrier n'est pas pure-

ment machinale, puisque ceux qui ont été longtemps
domestiqués manquent absolument de cette industrie.
Ils ne s'en avisent que quand la nécessité de garantir

Ils font courir les lièvres devant les chiens.

leur faiblesse du froid et du danger les a forcés de
réfléchir sur les moyens d'y pourvoir. « Ce n'est donc
pas toujours en vertu d'un instinct supérieur en soi,
ajoute ce savant observateur, que nous voyons quelques
espèces faire des choses qui annoncent plus de sagacité
que n'en montrent quelques autres. Il paraît certain
que si le froid ou d'autres inconvénients ne faisaient pas
plus souffrir le lapin que le lièvre n'en est incommodé,

cet animal, qui se creuse un terrier, n'en prendrait pas la peine. On fait peut-être honneur à son industrie de ce qui n'est dû qu'à sa faiblesse. Mais lorsque le besoin a conduit une espèce d'animaux à une découverte de cette nature, ce premier pas fait, il doit en résulter une foule d'idées successives qui élèvent cette espèce fort au-dessus des autres. »

Travailler de concert à se loger et habiter ensemble, c'est un nouvel ordre de choses qui devient bien fécond pour des êtres sensibles, errant autrefois sans demeure. « Il est impossible, dit Georges Leroy, que l'idée de propriété ne naisse pas du sentiment de la peine qu'a causée le travail joint à celui de son utilité, et que la cohabitation n'établisse pas des rapports de voisinage. L'idée de propriété est certaine chez les lapins. Les mêmes familles occupent les mêmes terriers sans en changer, et la demeure s'étend lorsque la famille augmente. Ils prennent un intérêt vif et courageux à tous ceux de leur espèce. La vieillesse et la paternité sont fort respectées parmi eux. »

Par ce qu'on voit, il est vraisemblable que, si l'on pouvait juger de l'économie domestique, on y trouverait autant d'ordre qu'on croit en remarquer parmi les abeilles.

Georges Leroy attribue aux besoins des animaux, à leur sensibilité, aux développements de leurs sens, leur industrie, leurs actes intelligents. Sans doute, le besoin, la sensibilité, les sens sont de véritables excitants de l'intelligence; mais encore une fois, sans le cerveau, il n'y a pas de mémoire, pas d'idées de rapport, pas de raisonnement, pas d'intelligence possible chez les vertébrés.

LE CASTOR

Le castor est l'animal sur l'instinct et l'intelligence duquel on a le plus discuté. « C'est, dit M. Flourens, un mammifère de l'ordre des rongeurs, de l'ordre même qui a le moins d'intelligence, ainsi que nous l'avons vu ; mais il a un instinct merveilleux, celui de se construire une cabane, de la bâtir dans l'eau, de faire des chaussées, d'établir des digues, et tout cela avec une industrie qui supposerait en effet une intelligence très-élevée dans cet animal, si cette industrie dépendait de l'intelligence. Le point essentiel, ajoute M. Flourens, était donc de prouver qu'elle n'en dépend pas ; et c'est, suivant l'illustre académicien, ce qu'a fait F. Cuvier. Il a pris des castors très-jeunes ; et ces castors, élevés loin de leurs parents, qui par conséquent n'en ont rien appris, ces castors isolés, solitaires, qu'on avait placés dans une cage, tout exprès pour qu'ils n'eussent pas besoin de bâtir ; ces castors ont bâti, poussés par une force machinale et aveugle, en un mot par un pur instinct. Cette industrie si admirable que le castor met à bâtir sa cabane, il ne peut l'employer qu'à bâtir sa cabane. »

Dans un autre endroit, M. Flourens revient encore sur l'instinct, qui rentre, dit-il, dans le naturel, et il ajoute que le castor que F. Cuvier a étudié avec le plus de suite avait été pris sur le bord du Rhône ; il avait été allaité artificiellement ; il n'avait donc pu rien apprendre, même de ses parents. On le nourrissait habituellement avec des branches de saule, dont il mangeait l'écorce ; et l'on s'aperçut bientôt qu'après avoir dépouillé ces branches de leur écorce, il les coupait par morceaux et les entassait dans un coin de la cage. Il rassemblait des matériaux pour bâtir.

On l'y aida, on lui fournit de la terre, de la paille, des branches d'arbres ; et dès lors on le vit former de petites masses de cette terre avec ses pieds de devant, puis les pousser en avant avec son menton, ou les transporter avec sa bouche, les placer les unes sur les autres, les presser fortement avec sa queue jusqu'à ce qu'il en résultât une masse commune et solide ; on le vit alors enfoncer un bâton avec sa gueule dans cette masse, en un mot bâtir et construire.

« Or, dit M. Flourens, deux choses sont ici de toute évidence : l'une, que cet animal ne devait rien à la société des siens, source première, selon Buffon, de l'industrie des castors ; et l'autre que cet animal travaillait sans utilité, sans but, machinalement, poussé par un besoin aveugle ; il ne pouvait résulter aucun bien-être pour lui de toutes les peines qu'il se donnait. »

Buffon veut que les castors solitaires ne sachent rien entreprendre ni rien construire. Le castor de F. Cuvier entreprenait, construisait, bâtissait, et cependant il était solitaire.

« A en croire Buffon, ajoute le savant académicien, les castors sont peut-être le seul exemple qui subsiste comme un ancien monument de cette espèce d'intelligence des brutes qui, quoique infiniment inférieure par ses principes à celle de l'homme, suppose néanmoins des projets communs et des vues relatives.

« La société des castors n'étant point, dit-il, une réunion forcée, se faisant par une espèce de choix, et supposant au moins un concours général et des vues communes dans ceux qui la composent, suppose au moins aussi une lueur d'intelligence dans le castor, lequel lui paraît d'ailleurs très-inférieur au chien par les qualités relatives qui pourraient l'approcher de l'homme. »

A cela M. Flourens répond que Buffon prend le résultat d'un instinct pour un résultat de l'intelligence.

Buffon et M. Flourens ont tous deux raison, car un animal peut être poussé, par le fait même de sa nature, à faire un acte spontané, et cet acte qui, dans le principe, n'est qu'instinctif, peut être ensuite exécuté avec intelligence. N'est-ce pas ce que nous voyons fréquemment parmi les hommes? Un enfant se sent porté vers un art quelconque, il l'exerce d'abord instinctivement, machinalement, plus tard il l'exerce avec intelligence. Cette transformation de l'instinct en intelligence nous est démontrée par l'exemple suivant.

Un castor vivait, il y a un certain nombre d'années, dans le Muséum d'histoire naturelle, à Paris. On lui jetait dans sa loge des légumes, des fruits et aussi des branches pour l'amuser pendant la nuit. C'était durant le cours d'un rigoureux hiver. Il n'avait qu'un peu de litière pour se défendre contre le froid, et la porte de sa cage fermait mal. Une nuit, il neigea à gros flocons, et la neige, chassée par le vent, s'amassa dans un coin de la loge. Il fallut inventer un plan afin de se mettre à couvert contre ce nouvel inconvénient. Les seuls matériaux qui se trouvassent à portée du pauvre castor, pour se défendre contre les intempéries de l'air, étaient les branches d'arbres qu'on lui avait données afin d'exercer sa faculté de rongeur. Il entrelaça ces branches dans les barreaux de sa cage, absolument comme eût fait un vannier. Dans les intervalles restés à jour, il plaça la litière, les carottes, les pommes, tout ce qu'il avait à sa portée, façonnant ces divers matériaux avec ses dents et les

appropriant aux vides qu'il s'agissait de combler. Cette
défense contre l'air froid ne lui paraissant pas encore
suffisante, il maçonna le tout avec de la neige, qui gela

Castor s'abritant contre le froid.

pendant la nuit et, le lendemain matin, on trouva qu'il
avait bâti un mur occupant les deux tiers de la porte.
Cette barricade élevée contre un ennemi — le froid —
annonce d'abord un instinct de construction; elle dénote
aussi de la réflexion et de l'intelligence. Quel autre nom,
comme le dit très-bien le docteur Franklin, donner en
effet à une série d'actes ayant pour objet d'appliquer un

instinct déterminé à des circonstances que la nature n'avait point prévues, au moins sous cette forme-là ?

On pourrait citer beaucoup d'autres exemples pour prouver que l'instinct est l'impulsion première d'un acte qui pourra plus tard être réfléchi et devenir un acte intelligent.

M. Flourens n'a peut-être tant insisté contre l'intelligence du castor, que parce que cet animal manque de circonvolutions cérébrales.

Un dernier fait prouvera l'intelligence des castors. Nous l'empruntons à notre collègue à la Société d'anthropologie, M. Broca. Partout où les castors trouvent des conditions favorables, ils vivent en famille et en société, ils bâtissent des villages où chaque famille a sa hutte, chef-d'œuvre de construction où l'art du charpentier s'allie à celui du maçon. Le choix de l'emplacement, la préparation des matériaux, la disposition de la digue, l'édification des huttes, témoignent d'une intelligence vraiment remarquable. On nous dit pourtant que le castor n'est pas l'inventeur de toutes ces choses, que la nature l'ayant créé sociable, ingénieur et maçon, il obéit aveuglément au vœu de la nature, qu'il a toujours vécu ainsi et qu'il ne peut pas vivre autrement. Cette opinion aurait pu se soutenir il y a trois ou quatre siècles. Elle n'est plus soutenable aujourd'hui que les castors de notre pays ont adopté un genre de vie entièrement différent.

Les sociétés de castors se sont maintenues sur notre sol jusqu'à la fin du moyen âge, malgré les attaques de l'homme. A mesure que celui-ci perfectionnait ses armes et ses procédés de chasse, les castors redoublaient de prudence, de ruse, de sagacité, mais ils durent céder devant les armes à feu. La vie en commun entraînait de trop grands dangers, il fallut renoncer aux douceurs de l'association. Les familles se dispersèrent, et ne trouvant plus de sécurité dans leurs huttes, qui attiraient les regards de l'homme, les castors cherchèrent un refuge dans les crevasses des rochers escarpés qui bordaient les cours d'eau. En adoptant ainsi un genre de vie entièrement nouveau, cet animal intelligent a pu, sinon conjurer, du moins retarder la destruction de sa race. Il s'est maintenu dans les Vosges jusque vers la fin du dix-septième siècle, et il existe encore de nos jours dans les parties montagneuses du Dauphiné ; il vit aussi sur les bords du Rhône. Il creuse ses habitations dans les digues du fleuve et il y trouve un asile où l'homme ne pourrait le poursuivre sans détruire son propre ouvrage.

Ainsi le castor n'a pas seulement renoncé à la vie sociale, mais encore il a adopté des mœurs, des habitudes toutes nouvelles, et il a créé une industrie qui lui était inconnue lorsqu'il pouvait donner un libre essor à sa nature. Le maçon est devenu mineur. Comme il avait appris à construire, il a appris à creuser, à l'inverse de l'homme, qui d'abord se cachait dans des cavernes et qui, plus tard, n'ayant plus à craindre les bêtes féroces, se construisit des cabanes au grand jour.

Il faut donc avouer que si les castors primitifs, en adoptant la vie sociale et en bâtissant des villages, ne faisaient qu'obéir à des instincts aveugles ou irréfléchis, les castors des bords du Rhône n'ont pu puiser que dans leur intelligence les moyens de vivre aujourd'hui contrairement à ce qu'on appelle le vœu de la nature.

Quatre castors ayant été amenés au Jardin des Plantes, nous avons été leur rendre visite, et nous avons pu constater que depuis leur arrivée ces charmants quadrupèdes ont donné des preuves éclatantes de leur intelligence. Ils étaient tous logés dans une

grande caisse de bois dont l'ouverture est placée sur
le bord de l'eau. Aussitôt que les castors ont reconnu
qu'ils étaient là dans des conditions d'existence assez
favorables, ils se sont mis à l'œuvre pour consolider
leur habitation, pour la défendre contre les injures du
temps et sans doute pour être mieux en sûreté. Et,
fait remarquable qu'on n'attribuera pas à l'habitude, au
pur instinct, ces castors se sont mis à enlever le gazon
de la petite pelouse de leur domaine, ils l'ont porté sur
leur cabane de façon à la couvrir complétement, à lui
former comme une sorte de toit sur lequel l'eau peut
couler et qui tient les castors à l'abri du froid et du
bruit. Ils ont en un mot exécuté un travail spécial qui
n'était pas dans leurs habitudes.

Autre trait de leur intelligence. On avait pratiqué à
l'extrémité opposée de l'entrée de leur cabane une ouverture par laquelle on leur donnait leur nourriture,
pain et carottes. Cela leur parut inutile, peut-être aussi
craignaient-ils pour leur sécurité. Ils se mirent en devoir
de murer cette ouverture, ils la couvrirent de terre.
Chaque jour le gardien défaisait leur travail, chaque
jour les castors le recommençaient. Ils avaient un motif
si puissant dans leurs actes, qu'on dut céder devant leur
opiniâtreté et reconnaître leur intelligence.

LES RUMINANTS

On appelle ruminants des animaux comme le bœuf et la vache, etc., qui ont l'habitude de broyer et d'avaler à deux fois les aliments qu'ils ont pris.

D'après leur organisation cérébrale, ces mammifères sont supérieurs aux rongeurs. Ils sont les premiers animaux dont les hémisphères cérébraux aient des circonvolutions, deux lobes, et qui recouvrent ce qu'on appelle les tubercules quadrijumeaux.

Nous savons que le rongeur ne distingue pas individuellement l'homme qui le soigne de tout autre homme. Le ruminant distingue son maître, mais un simple changement d'habits suffit, d'après M. Flourens, pour qu'il le méconnaisse.

La tête des ruminants est, en général allongée et amincie antérieurement ; tous ont les yeux grands et bien fendus, mais, il faut le dire, peu intelligents. Ces animaux sont trop bien organisés pour manger, leur estomac a trop à ruminer pour que leur cerveau puisse beaucoup réfléchir. On leur suppose un caractère plus affectueux, plus traitable qu'aux carnivores. Cependant l'observation montre que tous les ruminants adultes, surtout les mâles, sont des animaux grossiers, farouches, qu'aucun bienfait ne captive, reconnaissant à peine celui qui les nourrit, ne s'attachant point à lui, et toujours prêts à le frapper dès qu'il cesse de les intimider.

Les ruminants, quand ils ont la force, sont donc au fond d'une nature plus intraitable que les carnivores ; c'est que leur intelligence est beaucoup plus grossière, beaucoup plus bornée, et que, pour agir sur les qualités intérieures, nous n'avons qu'un moyen, l'intelligence.

Nous ne communiquons pas notre intelligence aux animaux, nous ne faisons que développer la leur, c'est-à-dire l'appliquer à un plus grand nombre d'objets. Beaucoup d'entre eux ont accepté la domesticité et nous rendent d'immenses services ; mais, en devenant esclaves, sont-ils devenus plus intelligents ? Certains auteurs pensent qu'ils ont perdu quelque chose de leurs facultés naturelles. Les sentiments affectifs pour la race sont très-faibles et ils durent peu ; les femelles seules montrent quelque sollicitude pour leurs petits. Les bêtes féroces dont ils sont la principale nourriture et les chasseurs qui les poursuivent sans relâche ni trêve les auraient, dit M. Fée, fait disparaitre de la plus grande partie de la terre, s'ils n'étaient protégés par la perfection de l'ouïe et par l'agilité des mouvements.

On remarque que presque tous les animaux qui vivent d'herbe passent une partie de leur existence dans un état voisin d'une torpeur habituelle. La vie des carnassiers est beaucoup plus occupée et plus active, mais les uns et les autres trouvent leur bonheur dans l'exercice de leurs facultés naturelles, et il n'y a que très-peu d'espèces qui paraissent éprouver quelque besoin d'agitation et de mouvement, indépendamment de leur simple appétit. Cette disposition au repos est peut-être ce qui empêche, dit G. Leroy, les espèces de se perfectionner autant que leur organisation pourrait le permettre. Quoi qu'il en soit, certains ruminants démontrent une véritable intelligence. Nous citerons d'abord les suivants.

CHAMEAU — LAMA

Le premier qui vit un chameau
S'enfuit à cet objet nouveau.
LA FONTAINE.

Le chameau est, dit-on, le premier de tous les ruminants par l'intelligence. Cet animal est fort docile; on le dresse dès son enfance à se baisser, à s'accroupir lorsqu'on veut le charger. Pour l'y former dès qu'il est né, on lui plie les quatre jambes sous le ventre et on le couvre d'un tapis sur le bord duquel on met des pierres afin qu'il ne puisse pas se relever. Comme cet animal est très-haut, on l'habitue à s'affaisser dès qu'on lui touche les genoux avec une baguette afin de pouvoir le charger plus aisément. On le laisse ainsi pendant quelque temps sans lui permettre de teter afin qu'il contracte de bonne heure l'habitude de boire rarement. On ne fait point porter de fardeaux aux chameaux avant l'âge de trois ou quatre ans. Et, chose curieuse, quand ils sentent qu'ils sont assez chargés, il ne faut pas, dit Valmont de Bomare, penser à leur en donner davantage; autrement ils se rebutent, donnent de la tête et se relèvent à l'instant. Enfin, si on les surcharge avec excès, ils jettent des cris lamentables.

Le chameau a un vilain défaut : il est rancunier, il devient dangereux pour ceux qui le mènent trop rudement; il garde un long souvenir du mal qu'on lui a fait, et lorsqu'il peut attraper son ennemi, il l'enlève avec ses dents, le laisse retomber à terre et le foule aux pieds jusqu'à ce qu'il soit écrasé. Cette mauvaise humeur toutefois, n'est, dit-on, que passagère, et le chameau,

.après tout, est un excellent animal, qui n'a pas, comme
on a bien voulu le dire, d'antipathie pour l'âne, le cheval et le mulet. Toutes les fois qu'il se trouve en leur

Le chameau se baisse lorsqu'on veut le charger.

compagnie, le chameau, au contraire, est de fort bonne
société.

Le lama, qui se rapproche beaucoup du chameau par
son organisation, est comme lui docile et intelligent ; sa
physionomie est plus spirituelle. Le port de ces animaux, leurs oreilles, longues, étroites, pointues et très-
mobiles, annoncent de la vivacité dans les sentiments ;
leurs allures, sans être légères, sont franches et assu-
rées ; ils ont de la timidité sans être peureux ; ils
prennent facilement confiance en ceux qui les soignent,
et paraissent même susceptibles d'une profonde affection. Le lama s'apprivoise, dit-on, aux régions australes.

BŒUFS ET VACHES

Le bœuf au pas tardif a la force en partage.

On dit d'un esprit lent, pesant et borné, qu'il est lourd comme un bœuf. Assurément ce mammifère n'a pas autant d'intelligence que la fourmi ni que l'araignée ; ce qui prouve bien qu'il ne suffit pas de jouir d'une grosse tête, d'un cerveau et d'hémisphères pourvus de circonvolutions pour avoir de l'esprit. Nous l'avons déjà dit et nous ne saurions trop le répéter : l'estomac abrutit souvent l'intelligence. Les grands mangeurs finissent toujours par l'appesantissement de l'esprit. Qui rumine des aliments ne peut ruminer la pensée. Il ne faudrait pas croire, cependant, que le bœuf est un lourdaud dont on fait ce que l'on veut. Pour l'apprivoiser et le subjuguer, il faut s'y prendre dès l'âge de deux ans et demi ou trois ans ; si l'on attend plus tard, il devient indocile et souvent indomptable. La patience, la douceur, les caresses ont la plus grande action sur lui, tandis que les mauvais traitements le rebutent et paralysent son intelligence.

Le bœuf bien élevé est doux, patient, travailleur, et, sans avoir une grande imagination, il creuse avec calme et courage son sillon. Le bœuf m'a toujours paru doué d'une profonde philosophie et je n'ai jamais vu d'animal regarder le ciel avec un air plus grave, ni plus soumis.

Des incrédules croient connaître la cause de la soumission, de la patience et de toutes les prétendues qualités du cœur et de l'esprit qu'on rencontre chez le bœuf. Leur énergie, leur courage, voire même leurs emportements paternels se seraient changés en vertus passives. Voyez, au contraire, le taureau ! il combat généreuse-

ment pour le troupeau et marche volontiers le premier
à la tête, en s'annonçant par un mugissement grave,
ainsi qu'on l'observe dans les premiers jours de prin-

Le combat.

temps, où ces animaux viennent prendre possession du
pâturage. S'il y a deux troupeaux de vaches dans un
champ, les deux taureaux s'en détachent et s'avancent
l'un vers l'autre, animés par le sentiment de la jalousie ;
les mugissements sont le signal de l'action : alors les
deux rivaux fondent l'un sur l'autre avec impétuosité et
se heurtent avec violence, le premier choc est suivi d'un
second, d'un troisième ; ils se battent avec acharnement
et ne cessent le combat que lorsqu'on les a séparés, ou
que le plus faible est contraint de céder au plus fort.

Alors le vaincu se retire tout triste et tout honteux : au lieu que le vainqueur retourne avec noblesse et avec orgueil vers son sérail, dont il devient le seul maître.

Ne voit-on pas dans la différence du caractère du bœuf et du taureau l'influence du physique sur l'esprit? N'est-ce pas là une nouvelle preuve que les merveilles de l'intelligence reflètent les merveilles de l'organisation? Du reste, on remarque chez les ruminants que la différence de caractère entre mâles et femelles est plus marquée que dans aucune autre classe d'animaux. Peut-on voir des caractères plus différents que le taureau et la vache, le bouc et la chèvre, le bélier et la brebis, le cerf et la biche?

LA VACHE

Quelques mots sur cette excellente bête. Ce n'est pas qu'elle soit bien intelligente, mais elle a si bon cœur! Néanmoins la vache témoigne qu'elle entend son nom et comprend très-bien les mots qui expriment un ordre ou une défense; elle en saisit le son et le timbre. Elle s'habitue aux personnes qui la soignent, et, si une main étrangère veut la traire, elle retient son lait.

Les vaches paraissent très-sensibles à l'enlèvement de leurs veaux, elles se plaignent à leur manière et mugissent dès qu'elles entendent les vagissements d'un jeune enfant. « On les a vues, dit Fée, se précipiter vers la maison d'habitation et chercher à y pénétrer, trompées par les cris qu'elles avaient entendus. Si les personnes chargées de leur distribuer le fourrage passent à côté d'elles sans leur en donner, elles poussent un mugissement plaintif. Elles ont leur voix pour la joie comme pour la douleur. »

Signalons enfin, chez les vaches, un esprit de subor-

dination très-remarquable. Quand des troupeaux de
vaches se rendent sur les Alpes pour y passer la belle
saison, on voit une vache conductrice marcher fièrement
à la tête de ses compagnes. Cette vache, qu'on nomme
herlkuch, conserve son autorité sur les pacages et rentre
en triomphe dans la vallée toujours à la tête de ses compagnes.

LE CERF

Ses réflexions et ses ruses.

. . . . Quand au bois,
Le bruit des cors, celui des voix
N'a donné nul relâche à la fuyante proie,
Qu'en vain elle a mis ses efforts
A confondre et brouiller sa voie,
L'animal, chargé d'ans, vieux cerfs, et de dix cors,
En suppose un plus jeune, et l'oblige, par force,
A présenter aux chiens une nouvelle amorce.
Que de raisonnements pour conserver ses jours!
Le retour sur ses pas, les malices, les tours,
Et le change, et cent stratagèmes
Dignes des plus grands chefs, dignes d'un meilleur sort.

LA FONTAINE, liv. X, f. I.

L'étude de cet animal timide qu'on nomme le cerf
nous fournit une nouvelle preuve de la transformation
de l'instinct en intelligence. Jeune, il est effrayé par
l'aboiement des chiens, il fuit instinctivement, sans réflexion aucune. Devenu vieux, il raisonne sa fuite.

Cependant le cerf est un de ces animaux que leur constitution, les inclinations qui en résultent, la manière de
se nourrir, et les rapports qu'ils peuvent avoir avec les
autres, ne mettent pas, dit Georges Leroy, dans le cas
d'avoir beaucoup d'idées. Il n'a nulle difficulté à vaincre
quant à la recherche de sa nourriture. S'il souffre de la
disette, il n'a d'autre ressource que de changer de lieu,

et il ne peut être servi par aucun genre d'industrie;
ainsi sa mémoire ne se charge, à cet égard, que d'un
petit nombre de faits qui lui suffisent. Il apprend et sait
bientôt où il trouvera des chatons et des bourgeons tendres au commencement du printemps, de l'herbe nouvelle
et succulente pendant l'été, des grains à la fin de cette
saison et des ronces ou des pointes de bruyères, lorsque
l'hiver a durci les bois et flétri les herbes. La répétition
de ces actes si simples ne suppose ni ne dénote beaucoup d'instruction. Sortir le soir de sa retraite pour aller viander, y rentrer à la pointe du jour, et s'y mettre à
la reposée; relever quelquefois vers midi, ou pour manger, ou, s'il fait fort chaud, pour aller boire à quelque
mare : voilà l'histoire de la journée d'un cerf, et ce serait
celle de toute sa vie, si l'agitation du printemps et les embûches de l'homme n'y jetaient quelque variété. Cependant, ces actes, tout simples qu'ils sont, supposent encore
dans le cerf expérience, réflexion et choix, puisqu'il est
nécessaire qu'il change de gagnage et de retraite, selon
les saisons. Au printemps et au commencement de l'été,
la nécessité de refaire sa tête et de ménager un bois
encore tendre et sensible l'oblige à chercher les buissons
écartés dans lesquels il peut espérer une tranquillité
profonde. En hiver, la rigueur du froid le porte à habiter les futaies et les fonds de forêts voisines des gagnages
convenables à la saison. Mais ce choix de retraite ne
suppose encore qu'une seule conséquence tirée directement d'une seule observation. Lorsqu'il a été plusieurs
fois inquiété dans son asile, il met à se cacher un art
qui ne peut être que le fruit de vues plus fines et de
réflexions plus compliquées. Souvent il change de buissons en raison du vent, pour être à portée de sentir et
d'entendre ce qui peut venir le menacer de dehors.
Souvent, au lieu de rentrer d'assurance et d'aller droit

se mettre à sa reposée, il fait de faux rembûchements,
il entre dans le bois, il en sort, il va et revient sur ses
voies à plusieurs reprises. Sans avoir d'objet présent
d'inquiétude, il emploie les mêmes ruses que pour se
dérober à la poursuite des chiens, s'il se sentait chassé
par eux. Cette prévoyance annonce des faits déjà connus
et une suite d'idées et de présomptions qui sont la conséquence de ces faits ; car il faut nécessairement qu'une
elle démarche soit le produit des raisonnements qui
suivent :

Un chien, conduit par un homme, m'a plusieurs fois
forcé de fuir et m'a suivi longtemps à la trace ; donc ma
trace lui a été connue : ce qui est arrivé plusieurs fois
peut encore arriver aujourd'hui, donc il faut qu'aujour-
d'hui je me précautionne contre ce qui est déjà arrivé.
Sans savoir comment on fait pour connaître ma trace et
la suivre, je présume qu'au moyen d'une fausse marche,
je pourrai dévoyer mes poursuivants : donc il faut que
j'aille et revienne sur mes voies pour leur en dérober la
connaissance et assurer ma tranquillité.

« Quiconque, dit Georges Leroy, réfléchira sur la nécessité d'un motif pour produire une détermination aussi
compliquée, et l'action qui en est la suite, verra que
celle-ci ne peut pas être le produit de ce qu'on appelle
instinct : c'est, en effet, du raisonnement et de la belle et
bonne intelligence. »

Être effrayé du bruit des chiens et tâcher d'échapper à
leur poursuite, c'est dans un animal timide un pur effort
de l'instinct. Mais diriger sa fuite d'après des faits connus, la raisonner, la compliquer, c'est l'effet d'un principe intelligent qu'on ne peut méconnaître dans le cerf.
Lorsqu'il est encore sans expérience, sa fuite est simple
et sans méthode. Comme il ne connaît que les lieux
voisins de celui où il est né, il revient souvent, ne les

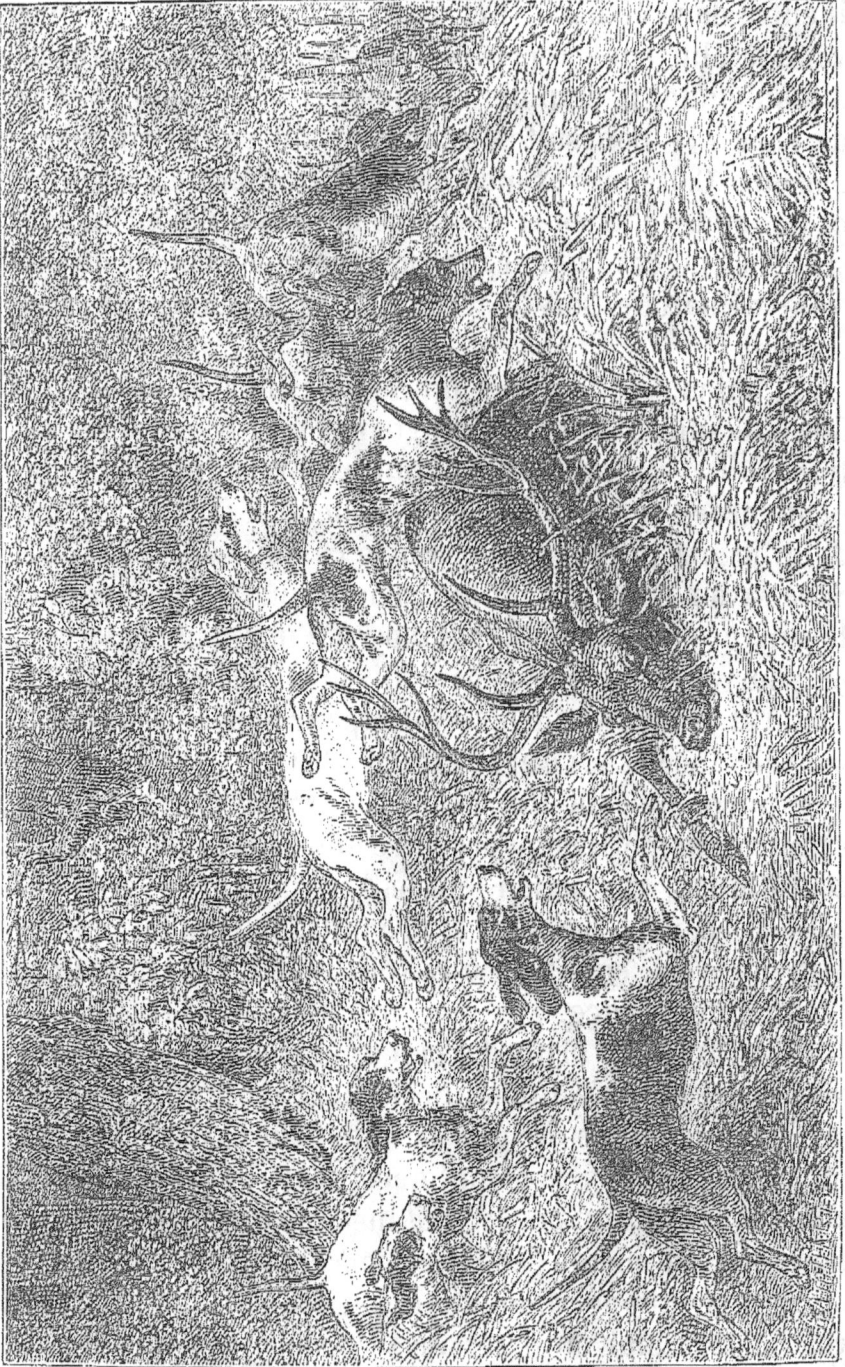

Une ruse de cerf.

quitte qu'à regret et à la dernière extrémité, mais lorsque la nécessité répétée de se dérober à la poursuite l'a forcé de réfléchir sur la manière dont il a été poursuivi, il se compose un système de défense et il épuise tout ce que l'action de fuir peut composer de variétés et de desseins.

Il s'est aperçu que, dans les bois fourrés où le contact de tout son corps laisse un sentiment vif de son passage, les chiens le suivent avec ardeur et sans interruption ; il quitte donc les bois fourrés, passe dans les futaies ou longe les routes. Souvent il prolonge sa fuite, c'est-à-dire qu'il change de pays et profite pour s'éloigner de l'avantage de sa vitesse. Mais, quoiqu'il n'entende plus les chiens, il sait que bientôt il sera rapproché par eux ; aussi, loin de se livrer à une sécurité dangereuse, il profite de ce temps de répit pour imaginer de tromper ses ennemis. Il a remarqué qu'il était trahi par les traces de ses pas, et que la poursuite s'y attachait constamment ; pour dérober sa marche, il court souvent en ligne droite, revient sur les voies, et, se séparant ensuite de la terre par plusieurs sauts consécutifs, il met en défaut la sagacité des chiens, trompe l'œil du chasseur et gagne au moins du temps. Quelquefois il prend le parti de forlonger aussitôt qu'il est attaqué. Quelquefois il commence par des ruses, il se jette à terre, se fait relancer comme s'il était malmené, et puis tout à coup il s'éloigne avec toute la vitesse dont il est capable.

S'il paraît vouloir prendre du repos, ce n'est jamais lorsque les chiens sont éloignés de lui. Mais s'il est pressé, il lui arrive souvent de se jeter sur le ventre dans l'espérance que l'ardeur les emportera et qu'ils outre-passeront la voie ; et quand cela est arrivé, il retourne sur ses derrières.

Souvent il va chercher d'autres bêtes de son espèce pour s'accompagner.

On pourrait croire que c'est l'effet de ce sentiment naturel qui porte à chercher la compagnie pour se rassurer ; mais une preuve qu'il a un autre motif, c'est que son association ne dure pas aussi longtemps que le danger. Lorsque la horde à laquelle il s'est rallié est assez échauffée pour partager le péril avec lui et que l'ardeur des chiens peut s'y méprendre, il la laisse exposée et se dérobe par une fuite plus rapide. Le change en résulte souvent, et cette ruse est une de celles dont le succès est le plus assuré.

On trouve dans le *Traité de vénerie* de Budé, publié par M. H. Chevreul, toutes les ruses qu'imagine le cerf pour se sauver, comment il évite d'aller contre le vent, comment « l'on veoit le cerf se jeter en un troupeau de bœufs, et saillir sur l'un d'eulx, appuyé dessus par les jambes et espaules de devant, courant assez longuement comme s'il était à cheval, touchant la terre avec les pieds de derrière seulement, afin de laisser au chien le moindre sentiment de soy. »

Lorsque la biche reconnaît que ses petits sont assez forts, elle les exerce à la course, et les instruit de la manière qu'il leur faut faire retraite, et qu'ils doivent sortir des broussailles et des halliers sans embarrasser leur bois.

LES PACHYDERMES

Le nom de pachydermes est tiré de deux mots grecs qui signifient : « peau épaisse. » Ce nom fut d'abord donné à un ordre comprenant tous les animaux ongulés ou ruminants ; leurs dents varient dans leur force et leur structure ; le nombre de leurs doigts varie également ; il est d'un jusqu'à cinq. Ainsi le cheval n'en a qu'un, le cochon deux à l'état parfait, et deux rudimentaires, le rhinocéros trois, le daman trois aux pieds de derrière et quatre aux pieds de devant, l'hippopotame quatre et l'éléphant cinq. La diversité de ces caractères a fait diviser les pachydermes en plusieurs groupes ou familles : celui des proboscidiens, celui des pachydermes ordinaires, comprenant le rhinocéros, l'hippopotame, le cochon, le tapir, etc. ; le groupe des solipèdes, le cheval. Aujourd'hui on range ces mammifères dans les ordres suivants.

Proboscidiens. Les éléphants sont les seuls représentants de ce groupe ; animaux énormes dont le nez est développé de manière à constituer une longue trompe à l'aide de laquelle ils saisissent les corps dont ils veulent s'emparer, arrachent les arbres, soulèvent les fardeaux considérables, et frappent les ennemis dont ils cherchent à se défaire.

Ces animaux ont deux sortes de dents : des incivives constituant de longues défenses et des molaires appropriées à un régime essentiellement végétal.

Leur cerveau a de nombreuses circonvolutions, les hémisphères possèdent trois lobes et atteignent le cervelet.

Ils ont les yeux petits, spirituels, et l'odorat très-fin.

L'éléphant est, comme nous allons le voir, un des animaux les plus intelligents.

L'ordre des jumentés, qui fait aussi partie de l'ancien groupe des pachydermes de G. Cuvier, sont des animaux dont les doigts sont enveloppés dans des onglons ou sabots, mais sans que leurs pieds soient bisulces, même lorsqu'ils ont quatre doigts. Le nombre est le plus souvent impair et réduit à trois. C'est à cet ordre qu'appartiennent les chevaux, les tapirs et les rhinocéros.

L'ÉLÉPHANT

L'éléphant musicien, — courtisan, — fabricant de bouquets. — Sa haine, Sa générosité ; son affection pour les enfants.

L'animal, dit Buffon, est un être purement matériel, qui ne pense ni ne réfléchit, et qui cependant agit et semble se déterminer. Nous ne pouvons pas douter, ajoute-t-il, que le principe de la détermination du mouvement ne soit dans l'animal un effet purement mécanique. Et cependant ce même Buffon s'exprime ainsi au sujet de l'éléphant : « Il a les yeux petits, relativement au volume du corps, mais ils sont brillants et spirituels ; et ce qui les distingue de ceux de tous les autres animaux, c'est l'expression pathétique du sentiment et la conduite presque réfléchie de tous leurs mouvements ; il les tourne lentement et avec douceur vers son maître ; il

a pour lui le regad de l'amitié, celui de l'attention lorsqu'il parle, le coup d'œil de l'intelligence quand il l'a
écouté, celui de la pénétration lorsqu'il veut le prévenir;
il semble réfléchir, délibérer, penser et ne se déterminer
qu'après avoir examiné et regardé à plusieurs fois et sans
précipitation, sans passion, les signes auxquels il doit
obéir.

« L'éléphant une fois dompté devient le plus doux, le
plus obéissant de tous les animaux ; il s'attache à celui
qui le soigne, il le caresse, le prévient et semble deviner
tous ce qui peut lui plaire ; en peu de temps il vient à
comprendre les signes et même à entendre l'expression
des sons ; il distingue le ton impératif, celui de la colère
ou de la satisfaction, *et il agit en conséquence*. Il ne se
trompe point à la parole de son maitre ; il reçoit ses
ordres avec attention, les exécute avec prudence, avec
empressement, sans précipitation, car ses mouvements
sont toujours mesurés. »

Un animal qui arrive à entendre l'expression des sons,
à les distinguer et qui agit en conséquence, est sans
aucun doute un être intelligent. L'éléphant est le seul
animal avec la baleine qui ait le cerveau plus grand que
celui de l'homme absolument parlant.

Buffon ajoute : « Quoique l'éléphant ait plus de mémoire et *plus d'intelligence* qu'aucun des animaux, il a
cependant le cerveau plus petit que la plupart d'entre
eux relativement au volume de son corps, ce que je ne
rapporte que comme une preuve particulière que le cerveau n'est point le siége de sensation, le sensorium commun, lequel réside, au contraire, dans les nerfs des sens
et dans les membranes de la tête. Aussi les nerfs qui s'é-
tendent dans la trompe de l'éléphant sont en si grande
quantité, qu'ils équivalent pour le nombre à tous ceux
qui se distribuent dans le reste du corps. C'est donc en

vertu de cette combinaison singulière des sens et des facultés uniques de la trompe, que cet animal est supérieur aux autres par l'intelligence, malgré l'énormité de sa masse, malgré la disproportion de sa forme, car l'éléphant est en même temps *un miracle d'intelligence* et un monstre de matière. »

Toutes ces contradictions, toutes ces hésitations chez Buffon, ne prouvent-elles pas que l'illustre naturaliste, parti d'une idée fausse, l'automatisme des bêtes, est forcé, malgré lui, de reconnaître leur intelligence, mais il n'en méconnaît pas moins le véritable siége de cette intelligence, qui réside non pas dans les nerfs, mais plus spécialement dans les hémisphères cérébraux, lesquels, chez les pachydermes, ont trois lobes tandis que les rongeurs n'en ont qu'un et les ruminants deux. Ils viennent immédiatement après les carnassiers, qui ne sont séparés de l'homme que par les singes. Ici se trouve confirmée cette loi qui veut que l'intelligence marche parallèlement au développement des hémisphères cérébraux. Le cerveau de l'éléphant a de nombreuses circonvolutions ; et, contrairement à l'idée de Buffon, cet organe n'est pas plus petit que celui de la plupart des animaux. Il est démontré, au contraire, que le rhinocéros, l'hippopotame, le gorille, toutes choses égales d'ailleurs, l'ont plus petit que lui. Ajoutons que ce centre de réflexion est admirablement servi par les sens.

L'éléphant a l'oreille parfaitement organisée, l'ouïe excessivement fine. Il aime la musique, il apprend aisément à marquer la mesure, à se remuer en cadence et à joindre à propos quelques accents au bruit des tambours. Son odorat est exquis et il aime avec passion les parfums de toute espèce et surtout les fleurs odorantes ; il les choisit, il les cueille une à une, en fait des bou-

quets, et, après en avoir savouré l'odeur, il les porte à sa
bouche et semble les goûter.

Le toucher, dont le siége principal est dans sa trompe,
est très-délicat. Il peut apprendre à tracer à l'aide de
cette sorte de main des caractères réguliers, il peut
palper en gros et toucher en détail. Le toucher est si près
de l'odorat, que ces deux sens se prêtent un mutuel concours. L'éléphant a le nez dans la main.

Avec une organisation aussi complète, il ne faut pas
nous étonner de la merveilleuse intelligence de l'éléphant. L'Académie des sciences a consigné des faits intéressants, transmis par ceux qui gouvernaient l'éléphant
de la ménagerie de Versailles.

Cet éléphant semblait connaître quand on se moquait
de lui, et s'en souvenir pour s'en venger quand il en
trouvait l'occasion. A un homme qui l'avait trompé, faisant semblant de lui jeter quelque chose dans la gueule,
il donna un coup de trompe qui le renversa et lui rompit deux côtes.

Il se servait moins bien de sa force que de son adresse,
laquelle était telle, qu'il s'ôtait avec beaucoup de facilité une grosse double courroie, dont il avait la jambe
attachée, la défaisant de la boucle et de l'ardillon ; et
quand on eut entortillé cette boucle d'une petite corde
renversée à beaucoup de nœuds, il dénouait tout sans
rien rompre. Une nuit, après s'être ainsi dépêtré de sa
courroie, il rompit la porte de sa loge si adroitement,
que son gouverneur n'en fut point éveillé ; de là il passa
dans plusieurs cours de la ménagerie, brisant les portes
fermées, et abattant la maçonnerie quand elles étaient
trop petites pour le laisser passer, et il alla ainsi dans
les loges des autres animaux, ce qui les épouvanta tellement, qu'ils s'enfuirent tous se cacher dans les lieux les
plus reculés du parc.

A Madagascar, le cornac d'un éléphant, ayant une noix de coco dans la main, trouva bon par fanfaronnade de briser cette noix contre la tête de l'animal. Le jour suivant, l'éléphant vit des noix de coco exposées dans la rue devant une boutique ; il en prit une avec sa trompe et tua le cornac sur place.

L'éléphant est vindicatif, mais il est reconnaissant. Un soldat de Pondichéry, qui avait coutume de porter à un de ces animaux une certaine mesure d'arack chaque fois qu'il touchait son prêt, ayant un jour bu plus que de raison, et se voyant poursuivi par la garde qui voulait le conduire en prison, se réfugia sous l'éléphant et s'y endormit. Ce fut en vain que la garde tenta de l'arracher de cet asile ; l'éléphant le défendit avec sa trompe. Le lendemain, le soldat, revenu de son ivresse, frémit à son réveil de se trouver couché sous un animal d'une grosseur énorme. L'éléphant, qui, sans doute, s'aperçut de son effroi, le caressa avec sa trompe pour le rassurer et lui fit entendre qu'il pouvait s'en aller.

On a voulu mettre en doute la générosité de l'éléphant en disant qu'il avait une aversion pour les petites créatures. Le major Smith raconte un fait qui dément complétement cette assertion. Un éléphant donné en spectacle, il y a quelques années, dans les États-Unis d'Amérique, avait une grande affection pour un chien. Les spectateurs, en vue de taquiner l'éléphant, s'amusaient de temps en temps à tirer les oreilles du chien et à le faire aboyer. Un jour, ce divertissement avait lieu près d'une grange dans l'intérieur de laquelle se trouvait renfermé le solennel pachyderme. Aussitôt que l'éléphant eut entendu la voix de son ami en détresse, il donna un grand coup dans les planches qui le séparaient du chien et parut étonné que l'obstacle ne s'écroulât point sous son poids. Alors il frappa avec encore plus de

force, fit voler les planches en éclats, et regarda au travers de la brèche qu'il avait ouverte, avec des gestes si

Amitié d'un éléphant pour un chien.

menaçants, que les tourmenteurs du chien trouvèrent à
propos de décamper.

Le docteur Franklin rapporte qu'il a vu dans l'Inde
la femme d'un mahmoud confier la garde d'un très-jeune
enfant à une de ces gigantesques créatures. Je me suis
même fort diverti, dit-il, à considérer la sagacité et les
soins délicats que prodiguait à son marmot cette pesante
bonne d'enfant en l'absence de la mère, occupée ailleurs.

L'éléphant avait pris sa charge au sérieux. L'enfant
qui, comme beaucoup d'autres enfants, n'aimait point à

rester longtemps dans la même position et qui voulait
qu'on s'occupât de lui, se mettait à crier dès qu'il se
sentait abandonné à lui-même. Il arrivait même qu'il

L'éléphant bonne d'enfant.

s'embarrassait dans les jambes de l'animal ou dans les
branches d'arbres dont ce dernier se nourrissait.

L'éléphant alors le dégageait avec une tendresse
admirable, soit en le soulevant avec sa trompe, soit en
écartant les obstacles qui pouvaient gêner les mouvements du bambin. Si, par hasard, l'enfant avait atteint
en se traînant une distance qui dépassât le cercle d'action de l'animal (car la pauvre bête était enchaînée par le
pied), l'éléphant allongeait sa trompe et ramenait l'enfant avec autant d'adresse que de douceur au point d'où
notre petit turbulent s'était écarté. La docilité de l'animal aux ordres du maître n'était égalée que par sa
bienveillance envers l'enfant.

L'éléphant est avec le chien peut-être une des seules

créatures auxquelles on puisse confier une charge et qui la remplisse sans être sous l'œil du maître.

La bienveillance de l'éléphant se montre quelquefois accompagnée de tous les signes de la réflexion.

Un officier d'artillerie rapporte le fait suivant :

Le train de siège qui se dirigeait vers Seringapatam devait traverser le lit sablonneux d'une rivière.

Il arriva qu'un des hommes du train, qui était assis

Éléphant soulevant un caisson pour sauver un soldat.

sur un des caissons, tomba. La situation était des plus critiques, et dans une seconde ou deux, les roues de derrière devaient passer sur lui.

L'éléphant, qui marchait derrière le caisson, apercevant le danger que courait ce malheureux, à l'instant même et sans aucun ordre de son gardien, souleva la roue avec sa trompe et la tint suspendue en l'air jus-

qu'à ce que le caisson eut passé sur l'homme sans lui
faire de mal.

Tavernier, cité par Buffon, rapporte que de cinq
éléphants pris par des chasseurs, cinq se sauvèrent
quoiqu'ils eussent des chaînes et des cordes autour de
leur corps et même de leurs jambes. Il ajoute que les
éléphants, ayant été une fois pris dans un trou creusé
sur leur passage et dissimulé avec des branchages, sont,
après s'être échappés de ce piège, dans une défiance remarquable ; ils arrachent avec leur trompe une grosse
branche « dont ils vont, sondant partout, avant que
d'asseoir leur pied, s'il n'y a point de trous à leur passage pour n'être pas attrapés une seconde fois... »

M. Thomas Anquetil a publié un article intéressant
sur l'éléphant de l'Inde ; nous en extrayons les passages
suivants.

Dans ce pays, dit-il, ce sont les éléphants qui charrient
le bois de *teck*, de l'endroit où il a été abattu dans la
forêt et sur les collines, jusqu'à celui où on l'assemble
en trains flottés, au bord des rivières, deux points souvent éloignés de plusieurs lieues l'un de l'autre. Bien
mieux, l'éléphant dressé à cette besogne la continue
seul, même en l'absence de son cornac. Celui-ci le mène
à la forêt, le met à l'ouvrage, et ne s'ocupe plus de
lui. Le pachyderme, parvenu au bord de la rivière avec
son fardeau, détache à l'aide de sa trompe le crochet
d'attelle, s'en retourne à la forêt, fixe de nouveau le
crochet aux lianes où harts dont les troncs destinés à
être transportés ont été garnis préalablement, puis il re-
part pour la plage, et ainsi de suite, sans qu'il lui arrive
de se tromper, de ralentir le pas ou d'interrompre le
travail jusqu'à ce que son gardien aille le chercher, ne
s'inquiétant pas le moins du monde, durant ce long
parcours, des accidents de terrains ou autres obstacles

de même nature, parce qu'il est en état de les franchir aisément, grâce à sa vigueur extraordinaire.

Les éléphants qui servent de monture franchissent avec facilité les sentiers les plus escarpés ainsi que les chemins obstrués de branchages ou de broussailles ; ils écartent de même les pierres ou les éclats de roche.

Les Indiens avaient dressé cet animal à tourner des manéges ; les Anglais l'emploient à faire marcher des moteurs mécaniques bien plus délicats, bien plus puissants et bien plus compliqués.

On me fit voir près des ruines d'Ava, où subsiste encore une certaine communauté chinoise, un éléphant jongleur. A cinquante pas, il ne manquait jamais le palmier latanier contre lequel on l'avait exercé à lancer des pierres. Ensuite, prenant plusieurs gros anneaux de fer, il les jetait en l'air et les recevait au bout de sa trompe comme le bâtonniste, que l'on rencontrait autrefois sur les places de Paris, le faisait avec sa canne. Il exécutait aussi la danse des œufs et se livrait à des tours d'équilibre, de gymnastique, etc. Enfin il débouchait à merveille une bouteille de *soda water*.

Les livres sacrés de l'Inde parlent d'un éléphant appelé Khouny-Noor — diamant noir, — qui était chéri du rajah auquel il appartenait. Des révoltés s'emparèrent de leur souverain, le couvrirent de chaînes et l'emmenèrent en captivité ainsi que Khouny-Noor. Celui-ci ne laissait percer aucun signe de mécontentement : il préparait silencieusement sa vengeance... Par une nuit sombre, il étouffa ses gardiens, brisa les fers de son maître, s'enfuit avec lui et contribua de la sorte à le faire remonter sur le trône. Les troupes de bateleurs indiens possèdent toutes un éléphant dressé à simuler les scènes dont la plupart de nos lecteurs ont probablement vu la représentation à l'un de nos cirques ou hippodromes.

15

Voici un récit assez curieux. Un jeune seigneur birman s'était remarié. Le lendemain du jour des noces, dans la matinée, la nouvelle épouse, environnée d'un essaim de suivantes, voulut prendre le frais sur la *varande*, espèce de galerie couverte qui règne autour des habitations de quelque importance. L'éléphant favori du maître — celui que montait habituellement le jeune seigneur — se promenait à ce moment, sous la surveillance du cornac, dans un enclos palissadé au centre duquel était située l'habitation. Ayant remarqué la présence des femmes, que fit notre pachyderme?... Il s'approcha de la varande, s'appuya délicatement contre une barrière de bambous destinée à enclore un jardin d'agrément, cueillit la fleur la plus belle, la plus fraîche, la plus frêle, avec cette saillie en forme de doigt qui termine le bourrelet dont sa trompe est munie; puis il agita ses larges oreilles, fit entendre un cri expressif, imprima un air d'animation significative à ses yeux si doux et si vifs; après quoi, relevant la tête et arrondissant sa trompe avec grâce, il tendit la fleur au niveau de la balustrade... Une des femmes allongea le bras; l'éléphant retira sa trompe. Le même manége s'étant renouvelé à plusieurs reprises, le maître voulut prendre la fleur; l'éléphant ne retira pas sa trompe, mais il ne lâcha pas la fleur. Enfin, sollicitée, la reine de la fête avança la main en tremblant; aussitôt ce courtisan improvisé lui remit galamment son offrande. Jugez s'il fut choyé depuis lors !

« Je puis garantir le fait, dit le narrateur, car j'y assistais. »

Le personnage en question n'est autre chose que le fils aîné d'un nommé Cameratta, ex-cuisinier, d'origine portugaise, devenu par son entregent et sa souplesse le favori, l'homme de confiance, l'intendant, le *factotum*

L'éléphant courtisan.

de l'empereur des Birmans et le directeur des douanes de l'empire. Le fils était lui-même chef de la douane de Mandalay, la capitale, ce qui ne l'empêchait pas d'être gouverneur d'un district où il ne résidait jamais.

Aujourd'hui les Anglais, dans l'Inde, attellent l'éléphant à la charrue; de ce bel animal guerrier ils ont fait un pacifique laboureur. D'habiles fondeurs de la Grande-Bretagne fabriquent d'énormes et de très-fortes charrues. Le paquebot les apporte à travers la Méditerranée, l'isthme de Suez, la mer Rouge et la mer des Indes; l'éléphant est habitué à traîner cet instrument. Chaque matin, à la pointe du jour, il prend son ami, le cornac, par la ceinture, le place sur son dos et s'en va aux champs. On confie à deux valets de ferme le soin de tenir les deux mancherons de la charrue. Tant que le soleil est au-dessus de l'horizon, l'éléphant marche, et en marchant il soulève, derrière ses pas, une bande de terre ou plutôt une longue colline : c'est ainsi qu'il trace un sillon d'un mètre et demi de largeur sur un mètre de profondeur!

LE CHEVAL

Souplesse d'intelligence. — Mémoire. — Chevaux de régiment.

La plus noble conquête que l'homme ait jamais faite est, sans contredit, celle de l'intelligence du cheval. Tout, dans cet animal, respire la vivacité et l'énergie. Ce besoin continuel d'agir, cette impatience dans le repos, cette crispation des lèvres, ce trépignement de pieds, indiquent un pressant besoin d'activité. A l'ampleur de son crâne, à la largeur de son front, on reconnaît les signes de l'intelligence. Et, en effet, presque toujours, le cheval intelligent, qui comprend facilement les ordres de son maître, a la tête développée, les yeux écartés et bas, les mâchoires relativement courtes, le haut de la tête large et les oreilles éloignées l'une de l'autre, les yeux et les oreilles très-mobiles; il tourne son encolure à droite et à gauche, comme s'il voulait parler ou demander quelque chose.

Le cheval a aussi une sensibilité très-grande. A la moindre excitation, sa respiration s'accélère, son pouls devient vif et fréquent.

Non-seulement le cheval possède un cerveau bien développé ayant des circonvolutions, mais il est pourvu de sens exquis. Il a les yeux tellement conformés, que, tout en pâturant, il porte la vue très-loin dans la direction horizontale, et que même il distingue les objets pendant la nuit. Son ouïe est délicate, et il a la faculté de recueillir les ondes sonores, au moyen de conques auriculaires grandes et mobiles.

Cette mobilité de l'oreille peut servir à reconnaître le caractère ou les impressions du cheval. Une oreille hardie, très-mobile, décèle l'activité. Une oreille souvent déplacée, portée de tous côtés, surtout si le cheval regarde à droite, à gauche, en arrière; une paupière supérieure froncée, un regard tantôt fixe, tantôt incertain, indiquent un cheval ombrageux, peureux. Un cheval qui dirige ses oreilles en avant, cherchant à flairer la personne qui l'approche, est doux, confiant, disposé à recevoir des caresses.

Les fossés nasales du cheval sont amples et ses narines propres à percevoir de fort loin les particules odorantes; sa délicatesse pour la nourriture est plus grande qu'elle ne l'est dans les autres espèces herbivores; son goût est plus développé; sa lèvre supérieure est douée d'une grande facilité de mouvements pour palper et ramasser les aliments. Sa peau est d'une exquise sensibilité, et il jouit de la faculté de la faire froncer pour chasser les insectes pernicieux ou incommodes.

Sa voix, qui se nomme hennissement, se module sur ses sensations, ses désirs, ses passions : de là cinq sortes de hennissements bien caractérisés :

1° Celui de l'allégresse, dans lequel les sons montent à des tons toujours plus forts et plus aigus ; l'animal bondit, il a l'air de ruer, mais il n'a aucune intention de nuire ;

2° Celui du désir ; les accents alors se prolongent et deviennent plus graves ;

3° Celui de la colère : il est court, aigu, entrecoupé ; l'animal cherche à ruer, à frapper des pieds de devant s'il est vigoureux, à mordre s'il est méchant ;

4° Celui de la peur : il est grave, rauque, il ne semble sortir que des naseaux, et, comme celui de la colère, il est fort court ;

5° Le hennissement de la douleur : c'est un gémissement, une espèce de toussement étouffé, dont les sons graves et sourds suivent les mouvements de la respiration.

Ce sont les chevaux les plus nobles et les plus intelligents, comme aussi les plus heureux, qui hennissent le plus souvent d'allégresse et de désir.

Les chevaux sauvages se choisissent des chefs qui donnent le signal du départ ; quand un pâturage est épuisé, ils marchent à la tête de la colonne, s'élancent les premiers à travers un ravin, une rivière, un bois inconnu, qu'il importe de franchir. Apparaît-il un objet extraordinaire, le chef commande une halte, il va à la découverte et, après son retour, il donne par un hennissement convenu le signal de la confiance, de la fuite ou du combat. Se présente-t-il un ennemi redoutable qu'on ne veuille et qu'on ne puisse pas éviter par la fuite, on se réunit en pelotons serrés et circulaires, toutes les têtes tournées vers le centre, dans lequel se réfugient les jeunes animaux ; il est rare qu'à la vue d'une pareille manœuvre, les tigres et les lions ne fassent pas une retraite précipitée.

Ces hordes, fortes ordinairement de plusieurs milliers d'individus, se divisent en plusieurs familles, dont chacune est formée par un mâle et un certain nombre de juments et de poulains qui les suivent avec abandon et lui obéissent avec docilité.

Le cheval chef est le sultan exclusif : toutes les cavales lui appartiennent par le droit du plus fort ; malheur au téméraire qui vient lui disputer son sérail et son auto-rité ! Il le défie, le combat, le force à s'éloigner et quelquefois lui fait payer de sa vie son audace ; le plus souvent néanmoins il lui pardonne ; mais il ne serait pas si généreux s'il pouvait prévoir que cet ennemi vaincu va attendre que l'âge ait augmenté ses forces et doublé son courage, pour renouveler le combat ; et qu'alors lui-même devenu vieux, et ayant perdu une partie de sa vigueur, succombera sous les coups de son rival ou mourra de douleur et de honte.

Que font les juments, lorsque les rivaux furieux se disputent ? Elles paissent tranquillement, sans paraître prendre aucun intérêt à l'issue du combat, et elles se rangent ensuite docilement sous les lois du vainqueur.

Les choses se passent à peu près ainsi dans les haras. Toujours au moment où l'empire de l'homme cesse de peser directement sur les animaux de haras, il s'élève parmi eux des chefs qui sont presque toujours des vieux mâles. Tant il est vrai que, chez les animaux sociables, seuls susceptibles de devenir domestiques, la subordination leur est inspirée par la nature ; ils se soumettent à l'un d'entre eux, et cette habitude a pour objet la conservation des espèces.

L'habitude de marcher en troupe et de manœuvrer comme sous le commandement de chefs pris dans son espèce même, rendait le cheval plus propre qu'aucun autre animal aux travaux de la guerre, et l'homme n'a fait que profiter d'un penchant naturel en le dressant pour les combats ; aussi remarque-t-on que ces animaux, retrouvant dans la vie qu'on leur fait mener dans les régiments des rapports avec leurs propres mœurs, s'y plaisent et s'y portent mieux que dans toute autre condition de servitude ; ils y acquièrent les connaissances de tous les mouvements qui peuvent être ordonnés, au point d'être bientôt capables, non-seulement de les comprendre, mais même de diriger le cavalier inexpérimenté qui les monterait : celui-ci est-il emporté par un boulet de canon, le vieux cheval de troupe ne déserte pas les rangs : il continue de suivre son chef de file. Quand, au régiment, le capitaine instructeur exerce le jeune soldat et le cheval arrivés hier des champs, c'est par les sonneries différentes du clairon que l'homme et la monture reconnaissent les manœuvres variées qu'ils doivent exécuter. Pourquoi dire que l'animal seul est dressé ? l'éducation des deux conscrits ne se fait-elle pas par les mêmes moyens ? Grognier rapporte qu'il en a vu, lorsque les colonnes de cavalerie traversaient un champ de bataille de la veille où plusieurs chevaux avaient été abandonnés, accourir et suivre, autant que leurs forces défaillantes le leur permettaient, les escadros où ils semblaient reconnaître d'anciens camarades. Pausanias se vante d'avoir connu un cheval qui se rendait parfaitement compte de son triomphe quand il avait gagné le prix de la course olympique et qui, toutes les fois que la chose lui arrivait, se dirigeait fièrement vers la tribune des juges pour réclamer sa couronne.

Les chevaux redevenus libres dans les steppes du

Nouveau-Mexique et dans les pampas de Buenos-Ayres,
a-t-on dit, ne doivent à aucun modèle, à aucune expérience, leur tactique d'attaque et de défense... L'imitation ne leur a donc rien appris, et leurs facultés naturelles, endormies pendant des siècles, se sont réveillées
vierges de toute altération... Mais en pouvait-il être autrement? Les habitudes et les mœurs chez les animaux
sont-elles autre chose que la conséquence nécessaire de
leur organisation? Si la domesticité ou toute autre cause
vient à les altérer, ou que l'influence étrangère cesse, la
nature reprend ses droits. Ce qu'on regarde comme un
prodige dans le retour du cheval sauvage de l'Amérique
à la façon de vivre du cheval de la Scythie, arrive, dit
Grognier, à toutes les espèces qui, rendues à la liberté,
se débarrassent, comme leur devenant inutile, de tout ce
que nous leur avons appris, parce que l'éducation leur
est un stigmate d'esclavage.

Un sentiment qui paraît surtout propre au cheval,
c'est l'émulation. Quiconque a été témoin d'une course
de chevaux a pu se convaincre de cette ardeur, de cette
concurrence qui, de même que chez les hommes civilisés, suscite leurs facultés et leur énergie.

Le cheval est doué d'une grande mémoire. Il est arrivé
à quantité de personnes de s'égarer la nuit dans les chemins, et, toujours, en se laissant guider par le cheval, on
a été sûr de retrouver sa route. Franklin rapporte qu'il
avait un cheval qui le conduisait dans un pays de montagnes difficiles à reconnaître. Toutes les fois qu'il avait
perdu son chemin, il laissait flotter la bride sur le cou
de l'animal qui, abandonné à lui-même, ne manquait
jamais de retrouver sa route.

L'intelligence du cheval serait encore plus grande si,
au lieu de la limiter à un seul ordre de services mécaniques, on prenait la peine de développer cette intelli-

Fidélité d'une troupe de chevaux bavarois.

gence en la mettant en contact avec divers ordres de
faits. Les chevaux les plus sagaces sont en général les
chevaux de régiment, parce que les cavaliers, dans leurs
moments de loisir, prennent la peine de leur parler, de
les dresser à toutes sortes d'exercices. Le cheval de
guerre est un compagnon, un ami pour le soldat. Il
entend la voix de l'homme, il partage ses passions belli-
quéuses, il hennit de fureur contre l'ennemi. On se rappelle qu'en 1809 les Tyroliens, dans une de leurs in-
surrections, prirent quinze chevaux bavarois et les
montèrent. Mais, dans une rencontre qui eut lieu ensuite, ces chevaux s'échappèrent au grand galop et por-
tèrent leurs cavaliers, en dépit de tous les efforts de ces
derniers, dans les rangs des Bavarois, où ils furent faits
prisonniers.

Les chevaux ont aussi la mémoire du cœur. Delachambre rapporte que des chevaux se sont laissés mourir après avoir perdu leur maître : il cite le cheval de
Nicomède et celui de Scanderbeg. Oppien parle du
cheval de l'Athénien Soclès. On le vendit ; le chagrin le
prit et il se laissa mourir de faim. Un dernier fait, qui
prouve tout à la fois l'intelligence et le cœur du cheval, a
été raconté dernièrement par le Mémorial de Lille : « Un
cultivateur possédait un cheval hors d'âge dont les dents
étaient usées au point de ne pouvoir plus mâcher le foin,
ni broyer l'avoine ; cet animal était nourri par deux chevaux qui se trouvaient dans la même écurie. Ces deux
chevaux prenaient au râtelier du foin qu'ils mâchaient et
jetaient ensuite devant le cheval infirme ; ils faisaient de
même pour l'avoine, qu'ils broyaient bien menu et met-
taient ensuite à sa portée. » Un certain nombre de personnes ont été témoins de cet acte de dévouement, qui
étonnera peut-être, mais qui est rigoureusement vrai. »

L'ANE

Nous avons trop aimé les ânes dans notre jeunesse, nous serons peut-être encore trop heureux dans nos vieux jours d'être traînés par ce pacifique animal, pour ne pas rendre justice à une intelligence méconnue, à un cœur excellent, au compagnon si dévoué du pauvre travailleur. Prolétaire aussi par nature, l'âne est haï, méprisé, calomnié, mal nourri, tiré à droite, tiré à gauche, bousculé, battu par tous les enfants ; il ne recueille que les chardons de la vie. Aussi combien ce patient animal a-t-il perdu de la taille dont il jouit à l'état sauvage ! Son caractère est également tout changé ; ce n'est plus un animal vif et indomptablement farouche, c'est un pauvre esclave abruti par les coups d'un maître sans pitié.

Toussenel, qui est toujours enclin à personnifier les animaux d'après l'idée vulgaire qu'on se fait d'eux, semble avoir pris à la lettre la bêtise, l'ânerie de l'âne. Pour lui l'âne symbolise plus spécialement en France le porteur d'eau, qui est son compagnon de peine. Le natif des monts d'Auvergne, dit-il, ne brille pas précisément non plus par l'atticisme du langage, l'élégance des manières et le purisme de la gastrosophie. Il y aurait pour Toussenel parenté entre l'âne et l'Auvergnat, comme entre le gentilhomme et le cheval arabe.

Ce n'est pas d'aujourd'hui que l'âne et l'analogie se connaissent, ajoute spirituellement notre maître en zoologie passionnelle. Il y a quelques millions d'années que l'histoire et la fable les ont mis en rapport.

L'histoire sainte, entre autres, s'est fort occupée de la

pauvre bête qui fut la monture du Sauveur. De ce que
l'âne porte sur le dos une croix emblème de tribulations,
on l'a d'abord vénéré. De ce qu'il paraît aimer les chardons et les épines, on l'a comparé au philosophe qui
supporte avec calme toutes les amertumes de l'existence, et au juste qui, pour gagner le ciel, renonce aux
pompes et aux œuvres de Satan. De ce qu'on avait remarqué que la prudente bête ne traversait qu'avec répugnance les passages dangereux où elle avait trébu-
ché, on en fait un sage qui craint de retomber dans le
piége où il a été pris, et fuit la récidive. Enfin parce
que l'âne a peu de confiance aux eaux nouvelles, et se
fait un peu prier pour boire aux abreuvoirs inconnus,
on l'a fait passer longtemps, par forme de comparaison, pour un modèle de prudence et de fidélité à l'É-
glise, pour le beau idéal du croyant qui regimbe contre
l'hérésie et les idées nouvelles et repousse le droit
d'examen.

Après avoir comparé l'âne au porteur d'eau, Toussenel
voit entre lui et le paysan grossier une grande analogie.

L'esprit d'obscurantisme, dit-il, et de répulsion sys-
tématique pour les idées nouvelles, est en effet la domi-
nante passionnelle du baudet, et il arrive à en faire
parade ; mais, ajoute-t-il, l'esprit d'obscurantisme n'a
jamais constitué la sagesse, au contraire. L'âne, qui
est l'emblème du paysan grossier et du conservateur
bourru, pèche surtout par la paresse d'intelligence. Ce
n'est pas tant l'amour des anciens us et coutumes qui
le retient dans l'ornière que l'horreur du nouveau.
Toussenel admire volontiers l'âne et le paysan son
image, en ce que tous deux ont d'admirable en leur sobriété, leur constance au travail, leur résignation dans
l'indigence ; mais il ne veut pas leur faire des vertus de
leurs vices, parce qu'il sait que c'est par défaut d'éléva-

tion dans les idées que l'âne et le paysan supportent si patiemment le joug de la tyrannie.

Cela est très-facile à dire, mon cher professeur. Mais vous vous laissez aller trop facilement à vos sympathies ou antipathies passionnelles.

L'âne n'est ni un sale porteur d'eau, ni un grossier paysan, ni un paresseux d'intelligence, ni un être sans élévation d'idées. L'âne est, au contraire, un animal excessivement propre et qui sans cesse reproche à l'homme de ne point l'étriller. Voyez-le se rouler sur le gazon, sur les chardons, sur la fougère, il ne se vautre pas comme le cheval dans la fange et dans l'eau ; il craint même de se mouiller les pieds et se détourne pour éviter la boue.

L'âne, dans sa première jeunesse, est charmant, plein de gaieté, de légèreté et de gentillesse. Il ne perd toute la grâce de ses formes que par les mauvais traitements, la vie misérable qu'on le force à mener.

Aucun animal velu n'est plus propre que lui. Et, nouvelle dissemblance avec le grossier paysan, l'âne n'a jamais de vermine.

L'âne n'est point un paresseux d'intelligence. Aucun être n'est plus réfléchi, plus prudent, ni plus sobre. La sobriété, on le sait, est la force des gens intelligents.

Regardez aussi sa forte tête, et ses yeux retirés dans leur orbite, pleins de réflexion et chargés de poils larges et touffus. Mais écoutez Buffon, qui n'est jamais si éloquent que lorsqu'il a bien vu ce qu'il décrit. « L'âne s'attache à son maître, quoiqu'il en soit maltraité. Il le sent de loin et le distingue de tous les autres hommes. Il reconnaît aussi les lieux qu'il a coutume d'habiter, les chemins qu'il a fréquentés. Il a les yeux bons, l'odorat admirable, l'oreille excellente, ce qui a encore contribué à le faire mettre au nombre des animaux timides, qui ont tous, à ce qu'on prétend, l'ouïe très-fine et les oreilles longues. Lorsqu'on le tourmente trop, il ouvre la bouche et retire les lèvres d'une manière très-désagréable, ce qui lui donne l'air moqueur et dérisoire. »

L'âne est intelligent. En voici une preuve que je cite

L'âne musicien.

d'autant plus volontiers qu'elle est relative à un âne beauceron.

Le docteur Franklin rapporte qu'un âne de Chartres avait coutume d'aller au château de Guerville, où l'on faisait de la musique. Le propriétaire de ce château était une dame qui avait une excellente voix. Toutes les fois qu'elle commençait à chanter, l'âne ne manquait jamais de s'approcher tout près des fenêtres, et là il écoutait avec une attention soutenue. Un jour, un morceau de musique ayant plu sans doute à notre dilettante mieux que tous ceux qu'il avait entendus jusque-là, l'animal quitta son poste ordinaire, entra, sans cérémonie, dans la chambre, et, pour ajouter ce qui manquait, selon lui, à l'agrément du concert, il se mit à braire de toutes ses forces.

Ce trait dément l'opinion d'Érasme, qui déclare que ce quadrupède porte-croix a peu de dispositions pour la musique ; mais il est vrai qu'il essaye de faire valoir, en faveur de son protégé, cette circonstance atténuante : que si l'âne contribue peu à l'harmonie pendant sa vie, il la sert généreusement après sa mort, lui fournissant les meilleures peaux qui existent pour faire les grosses caisses et les meilleurs tibias pour fabriquer les clarinettes (*tibiæ*).

La mémoire de l'âne est remarquable. En mars 1816, un âne, qui était la propriété du capitaine Dundas, avait été chargé à Gibraltar, pour l'île de Malte, sur la frégate *Ister*. Le vaisseau qui le portait ayant touché des bancs de sable, vers la pointe de Gat, à quelque distance du rivage, l'âne fut jeté par-dessus le bord, pour lui fournir une chance de regagner la terre. Le sort du pauvre animal était déplorable ; car la mer s'enflait si terriblement à une telle hauteur, qu'une barque qui avait quitté le navire fut perdue. Quelques jours après, lorsqu'on ouvrit, le matin, les portes de Gibraltar, l'âne se présenta de lui-même pour être admis dans l'écurie de M. Wecks, négociant de la ville. Valiante (c'était le nom de l'animal) avait déjà occupé ce local. Quelle fût la surprise de cet honnête marchand ! Il s'imagina que, pour une raison ou pour une autre, l'âne n'avait jamais été chargé à bord de l'*Ister*. Au retour du navire, le mystère s'éclaircit. Non-seulement Valiante avait nagé sain et sauf vers le rivage ; mais sans guide, sans compas, sans carte géographique, il avait trouvé sa route depuis la pointe de Gat jusqu'à Gibraltar, une distance de plus de 200 milles, qu'il n'avait jamais parcourue avant cette aventure. C'est pourtant une contrée montagneuse, difficile, entrecoupée par des cours d'eau. La courte période de temps, dans laquelle ce voyage avait été accompli, montrait bien que l'animal ne s'était point écarté du droit chemin.

L'auteur de la *Vie des animaux*, à qui nous devons ce fait important, ajoute, avec beaucoup de raison, qu'il y a loin du mépris absurde que certains fabulistes, d'accord avec le vulgaire, ont répandu sur le caractère de l'âne, au respect que l'humoriste Sterne professait pour cette créature. « Je ne puis, disait ce philosophe, frapper cet animal. Il y a une telle patience, une telle résignation écrites dans ses regards et dans son maintien! tout cela plaide tellement pour lui, que cela me désarme. C'est au point que je n'aime pas à lui parler malhonnêtement. Au contraire, quand je le rencontre, n'importe où, dans la ville ou dans la campagne, attaché à une charrette ou sous des paniers, en liberté ou en servitude, j'ai toujours quelque chose de civil à lui dire, comme mon imagination travaille alors pour saisir ses réponses par les traits de sa contenance. »

LES CARNASSIERS

Parmi les animaux, ceux que leur appétit porte à se nourrir de chair ont un plus grand nombre de rapports que les autres avec les objets qui les environnent ; aussi marquent-ils une plus grande étendue d'intelligence dans les détails ordinaires de la vie. La nature leur a donné, dit Georges Leroy, des sens exquis avec beaucoup de force et d'agilité, et cela était nécessaire parce qu'étant, pour se nourrir, en relation de guerre avec d'autres espèces, ils périraient bientôt de faim s'ils n'avaient que des moyens inférieurs ou même égaux. Nous admettons comme Georges Leroy le rôle des sens dans les manifestations intellectuelles. Nous avons même déjà déclaré qu'un plus grand développement des sens pouvait suppléer à une moindre perfection des hémisphères cérébraux, de même qu'un instinct plus vif peut parfaitement être plus sûr qu'une intelligence médiocre ; mais les sens, source des instincts, ne sont que des messagers de l'intelligence. Ils apportent les sensations, mais ne les transforment pas en actes intellectuels ; cette propriété est, a-t-on dit, le privilége des hémisphères cérébraux : cependant si l'on prenait à la lettre la loi d'intelligence tirée du développement des hémisphères cérébraux, on y trouverait peut-être quelques contradictions, même chez les carnassiers, dont les uns sont fort intelligents et les autres très-stupides. Le cerveau n'en est pas moins l'organe de l'intelligence.

Georges Leroy a fait une étude tellement approfondie des facultés intellectuelles des carnassiers, que nous ne résistons pas au désir de faire connaître sa lettre sur l'intelligence du loup et du renard.

Ce n'est pas, dit-il, uniquement à la finesse de leurs sens que les animaux doivent la mesure de leur intelligence. Ce sont les intérêts vifs, comme les difficultés à vaincre et les périls à éviter, qui tiennent sans cesse en exercice la faculté de sentir, et impriment dans la mémoire de l'animal des faits multipliés, dont l'ensemble constitue la science qui doit présider à sa conduite. Ainsi, dans les lieux éloignés de toute habitation, et où en même temps le gibier est abondant, la vie des bêtes carnassières est bornée à un petit nombre d'actes simples et assez uniformes. Elles passent successivement d'une rapine aisée au sommeil. Mais lorsque la concurrence de l'homme met des obstacles à la satisfaction de leurs appétits, lorsque cette rivalité de proie prépare des précipices sous les pas des animaux, sème leur route d'embûches de toute espèce et les tient éveillés par une crainte continuelle, alors un intérêt puissant les force à l'attention, la mémoire se charge de tous les faits relatifs à cet objet, et les circonstances analogues ne se présentent pas sans les rappeler vivement.

Ces obstacles multipliés donnent à l'animal deux manières d'être qu'il est bon de considérer à part. L'une est purement naturelle; très-simple, bornée à un petit nombre de sensations; telle est peut-être, à certains égards, la vie de l'homme sauvage. L'autre est factice, beaucoup plus active et pleine d'intérêt, de craintes et de mouvements, qui représentent, en quelque sorte, les agitations de l'homme civilisé. La première est plus également la même dans toutes les espèces carnassières; l'autre varie davantage d'une espèce à l'autre, en raison de l'organisation plus ou moins heureuse. Il faut en faire la comparaison.

L'OURS

Le journal de Varsovie *Dzienik Warszawski* donne les détails les plus curieux sur un ours apprivoisé qui avait été pris tout jeune dans une forêt de l'odolie (province, polonaise russe), et apporté dans un couvent de la contrée.

Pour lui donner droit de cité dans la communauté, où chacun est tenu de concourir au bien-être général par un travail en rapport avec ses aptitudes, on le dressa, lorsqu'il fut grand, à des travaux que sa force musculaire et son intelligence lui permettaient d'exécuter.

La corvée la plus pénible du couvent consistait dans l'approvisionnement d'eau de la buanderie, servant également de brasserie (on sait que les moines doivent pourvoir eux-mêmes à tous leurs besoins). On dressa l'ours aux fonctions de porteur d'eau.

Il remplissait les seaux, qu'il fixait lui-même à chaque bout d'un bâton, et qu'il portait ensuite sur ces épaules à la buanderie.

La surveillance avait cessé du jour où il s'était acquitté de sa tâche avec l'exactitude et la ponctualité du chien qui va chercher à la poste les dépêches de son maître.

Il portait donc l'eau de lui-même dans la cuve, et, quand elle était pleine, il se reposait.

Tout allait pour le mieux. L'ours avait oublié la vie indépendante des forêts et s'accommodait de la vie monacale. Ses services, justement appréciés, sa docilité, dont on n'avait aucun sujet de se plaindre, en faisaient un bon serviteur, un auxiliaire utile. Aussi les douceurs ne lui étaient point épargnées. Il jouissait parmi les moines des faveurs que *Vert-Vert* obtenait des nonnes ; c'était presque un enfant gâté.

Malheureusement il n'est pas de si bons amis qui ne finissent par se brouiller.

Et c'est ici que le récit fait par le *Journal de Varsovie* prend un véritable intérêt, considéré au point de vue de l'intelligence de l'animal.

Un jour que l'ours avait versé une assez grande quantité d'eau dans la cuve, quantité jugée apparemment suffisante pour la remplir, il parut donner des signes d'inquiétude. L'ours est naturellement défiant, et la défiance chez l'animal est un signe manifeste d'intelligence et de raisonnement.

Il retourne au puits, revient, vide ses seaux et regarde la hauteur de l'eau. Après cet examen, il effectue le même trajet, vide encore ses seaux, et fixe avec une sorte d'anxiété le degré d'élévation du liquide. Au troisième ou au quatrième tour, il paraît réfléchir à la vue de l'eau de la cuve, qui n'augmente pas de volume.

C'est alors que l'instinct soupçonneux de l'animal ou pour mieux dire son intelligence, stimulée peut-être aussi par la fatigue résultant de la multiplicité des voyages, lui rend suspects de supercherie les deux frères convers chargés du travail de la buanderie.

Sous l'empire d'un soupçon, il sort ; mais, au lieu de se rendre au puits, il se poste derrière la porte.

Les jeunes moines le croyaient parti et riaient à cœur-joie.

Entendant des éclats de rire, l'ours allonge doucement le museau par la porte entre-bâillée, et voit que le robi-

net est ouvert et laisse échapper l'eau de la cuve. A
la vue de l'eau qui met la cuve en vidange, son corps
frémit de rage ; il pousse un cri rauque et sauvage, puis,
saisissant une bûche à sa portée, il la lance avec une
force prodigieuse contre les mauvais plaisants, et peu
s'en fallut qu'il ne leur fît subir le sort de l'*amateur
des jardins*.

Bientôt les grognements de l'animal furieux jettent
l'épouvante et l'effroi dans la communauté. On fuit dans
toutes les directions, on barricade les portes : la panique
est générale. Cependant les plus hardis cherchent à l'a-
paiser en lui prodiguant les noms les plus doux ; mais,
soit qu'il redoute une correction ou qu'il rende tous les
moines solidaires du mauvais tour qu'on lui a joué, il
oppose aux démonstrations pacifiques une attitude me-
naçante et terrible.

A la fin, il se retire lentement vers le chantier, grimpe
sur une pile de bois et s'y établit avec l'intention bien
évidente de faire un mauvais parti à celui qui oserait
s'en approcher.

Mais ce que les noms les plus tendres n'avaient pu
faire, le temps l'opéra. Vers le soir il se montra inquiet,
tourmenté, puis enfin disposé à capituler. Vaincu par
la faim, il descendit, se laissa prendre et enchaîner, et
fut châtié, bien injustement.

LE LOUP

Le loup est le plus robuste des animaux carnassiers
des climats tempérés de l'Europe. La nature lui a donné
aussi une voracité et des besoins proportionnés à sa
force ; il a d'ailleurs des sens exquis, une vue perçante

et une excellente ouïe, il a un nez qui l'instruit encore
plus sûrement de tout ce qui s'offre sur sa route. Il apprend par ce sens, lorsqu'il est bien exercé, une partie
des relations que les objets peuvent avoir avec lui;
lorsqu'il est exercé, dis-je, car il y a une différence très-
sensible entre les démarches du loup jeune et ignorant
et celles du loup adulte et instruit.

Les jeunes loups, après avoir passé deux mois au
liteau, où le père et la mère les nourrissent, suivent
enfin leur mère, qui ne pourrait plus fournir seule à une
voracité qui s'accroît tous les jours. Ils déchirent avec
elle des animaux vivants, s'essayent à la chasse et parviennent, par degrés, à pourvoir avec elle à leurs besoins communs. L'exercice habituel de la rapine, sous
les yeux et à l'exemple d'une mère déjà instruite leur
donne chaque jour quelques idées relatives à cet objet.
Ils apprennent à reconnaître les forts où se retire le gibier : leurs sens sont ouverts à toutes les impressions ;
ils s'accoutument à les distinguer entre elles et à recti-
fier par l'odorat les jugements que leur font porter les
autres sens. Lorsqu'ils ont huit ou neuf mois, la louve
quitte la portée de l'année précédente; elle fuit, ou
chasse ses enfants, qui ne doivent plus avoir besoin
d'elle; et les jeunes loups se trouvent abandonnés à
leurs propres forces. La famille reste encore unie pendant quelque temps, et cette association lui serait assez
nécessaire ; mais la voracité naturelle à ces animaux
les sépare bientôt, parce qu'elle ne peut plus souffrir
le partage de la proie. Les plus forts restent maîtres du
terrain, et ceux qui sont plus faibles vont ailleurs traîner
une vie souvent exposée à se terminer par la faim.
D'ailleurs, le peu d'expérience qu'ils ont encore les
livre à tous les périls que les hommes leur préparent.
C'est alors surtout qu'ils vont chercher dans les campa-

gnès les cadavres d'animaux, parce qu'ils n'ont encore ni
la force, ni l'habileté qui y supplée. Lorsqu'ils résis-
tent à ce temps de nécessité, leurs forces augmentées
et l'instruction qu'ils ont acquise leur donnent plus de
facilité pour vivre. Ils sont en état d'attaquer de grands
animaux, dont un seul les nourrit pendant plusieurs
jours : lorsqu'ils en ont abattu un, ils le dévorent en partie et en cachent soigneusement les restes ; mais cette
précaution ne les ralentit point sur la chasse, et ils n'ont
recours à ce qu'ils ont caché que quand elle a été malheureuse. Le loup vit ainsi dans les alternatives de la chasse
pendant la nuit, et d'un sommeil inquiet et léger pendant
le jour. Voilà ce qui regarde sa vie purement naturelle ;
mais dans les lieux où ses besoins se trouvent en concurrence avec les désirs de l'homme, la nécessité continuelle d'éviter les piéges qu'on lui tend, et de pourvoir à sa sûreté, le contraint d'étendre la sphère de son
activité et de ses idées à un bien plus grand nombre d'objets. Sa marche, naturellement libre et hardie, devient
précautionnée et timide ; ses appétits sont souvent sus-
pendus par la crainte ; il distingue les sensations qui
lui sont rappelées par la mémoire de celles qu'il reçoit par l'usage actuel de ses sens. Ainsi, en même
temps qu'il évente un troupeau enfermé dans un parc,
la sensation du berger et du chien lui est rappelée par
la mémoire et balance l'impression actuelle qu'il reçoit
par la présence des moutons ; il mesure la hauteur du
parc, il la compare avec ses forces, il juge de la difficulté de le franchir lorsqu'il sera chargé de sa proie, et
il en conclut l'inutilité ou le danger de la tentative. Cependant, au milieu d'un troupeau répandu dans la campagne, il saisira un mouton à la vue même du berger,
surtout si le voisinage du bois lui laisse l'espérance de
s'y cacher avant d'être atteint. Il ne faut pas beaucoup

d'expérience à un loup adulte qui vit dans le voisinage des habitations pour apprendre que l'homme est son ennemi. Dès que l'homme paraît, le loup est poursuivi : l'attroupement et l'émeute lui annoncent combien il est craint et tout ce que lui-même il doit craindre. Aussi, toutes les fois que l'odeur d'homme vient frapper son nez, elle réveille en lui les idées du danger. La proie la plus séduisante lui est inutilement présentée, tant qu'elle a un accessoire effrayant ; et même lorsqu'elle ne l'a plus, elle lui reste longtemps suspecte. Le loup ne peut alors avoir qu'une idée abstraite du péril, puisqu'il n'a pas la connaissance particulière du piége qu'on lui tend : cependant il ne parvient à surmonter cette idée qu'en s'approchant de l'objet par degrés presque insensibles ; plusieurs nuits suffisent à peine à le rassurer. Le motif de sa défiance n'existe plus, mais il est rappelé par la mémoire, et la défiance dure encore. L'idée de l'homme réveille celle d'un piége qu'il ne connait pas et rend suspects les appâts les plus friands : *Timeo Danaos et dona ferentes.*

C'est une science que le loup est forcé d'acquérir pour l'intérêt de sa conservation, qui ne manque jamais au loup adulte doué de quelque expérience, et qui s'étend plus ou moins selon les circonstances qui l'obligent à revenir sur lui-même et à réfléchir. Sans argumenter comme nous, il est du moins nécessaire qu'il compare entre elles les sensations qu'il a éprouvées, qu'il juge des rapports que les objets ont entre eux, et de ceux qu'ils peuvent avoir avec lui ; sans quoi il lui serait impossible de prévoir ce qu'il doit craindre ou espérer de ces objets. Cependant le loup est le plus brut de nos animaux carnassiers, parce qu'il est le plus fort : naturellement plus grossier que défiant, l'expérience le rend précautionné, et la nécessité, industrieux ; mais il n'a ces qualités que par acquisition, et ce ne sont point ses moyens naturels. Si on le chasse avec des chiens courants, il ne se dérobe à la poursuite que par la supériorité de sa vitesse et de son haleine : il n'a point recours aux retours et aux autres ruses des animaux plus faibles. La seule précaution qu'il prenne et qu'en effet il ait à prendre, c'est de fuir toujours le nez au vent : le rapport de ce sens l'instruit fidèlement des objets dangereux qui peuvent se rencontrer sur sa route. Il a appris à comparer le degré de sensation que l'objet lui fait éprouver, avec la distance où il se trouve, et la distance avec le danger qu'il peut en craindre ; il s'en détourne assez pour l'éviter, mais sans perdre le vent, qui est toujours sa boussole. Comme il est vigoureux et exercé et que souvent la chasse l'a forcé de parcourir une grande étendue de pays, il dirige sa course vers les lieux éloignés qu'il connaît, et on ne parvient à le dévoyer qu'en multipliant les embuscades avec beaucoup d'attirail et d'apprêt.

Le loup emploie, quant à la recherche de sa nourriture, toute l'industrie qui convient à sa force. Il prend des mesures pour s'assurer du lieu où il trouvera sa proie ; et si dans cette recherche il choisit un lieu plutôt qu'un autre, ce choix suppose des faits précédemment connus. Il observe ensuite pendant longtemps les différents genres de périls auxquels il s'expose ; il les évalue, et ce calcul de probabilités le tient en suspens jusqu'à ce que l'appétit vienne mettre un poids dans la balance et le déterminer volontairement. Les précautions relatives à la sûreté exigent plus de prévoyance, c'est-à-dire un plus grand nombre de faits gravés dans la mémoire. Il faut ensuite comparer tous ces faits avec la sensation actuelle que l'animal éprouve, juger du rapport qu'il y a entre ces faits et la sensation, enfin se déterminer d'après le jugement porté. Toutes ces opérations sont absolument nécessaires ; et par exemple, on aurait tort de croire que la crainte qu'excite un bruit soudain fût, pour la plupart des animaux carnassiers, une impression purement machinale. L'agitation d'une feuille n'excite dans un jeune loup qu'un mouvement de curiosité ; mais le loup instruit, qui a vu le mouvement d'une feuille annoncer un homme, s'en effraye avec raison, parce qu'il juge du rapport qu'il y a entre ces deux phénomènes. Lorsque les jugements ont été souvent répétés, et que la répétition a rendu habituelles les actions qui en sont la suite, la promptitude avec laquelle l'action suit le jugement la fait paraître machinale ; mais, avec un peu de réflexion, il est impossible de méconnaître la gradation qui y a conduit, et de ne pas la rappeler à son origine. Il peut arriver que l'idée de ce rapport entre le mouvement d'une feuille et la présence d'un homme ou de tel autre objet soit très-vive et réalisée par différentes occasions : alors elle s'établira dans la mémoire comme idée générale. Le loup se trouvera sujet à la chimère et à de faux jugements qui seront le fruit de l'imagination ; et si ces faux jugements s'étendent à un certain nombre d'objets, il deviendra le jouet d'un système illusoire qui le précipitera dans une infinité de démarches fausses, quoique conséquentes aux principes qui se seront établis dans sa mémoire. Il verra des piéges où il n'y en a point ; la frayeur, déréglant son imagination, lui représentera dans un autre ordre les différentes sensations qu'il aura reçues, et elle en composera des formes trompeuses, auxquelles il attachera l'idée abstraite du péril. C'est, en effet, ce qu'il est aisé de remarquer dans les animaux carnassiers, partout où ils sont souvent chassés et continuellement assiégés d'embûches. Leurs démarches n'ont plus l'assurance ni la liberté de la nature. Le chasseur, en suivant les pas de

l'animal, ne cherche qu'à découvrir le lieu de son rem-
buchement ; mais le philosophe y lit l'histoire de ses
pensées ; il démêle ses inquiétudes, ses frayeurs, ses
espérances ; il voit les motifs qui ont rendu sa marche

Loups attaquant les troupeaux.

précautionnée, qui l'ont suspendue, qui l'ont accélérée ;
et ces motifs sont certains, ou, comme je l'ai déjà dit,
il faudrait supposer des effets sans cause.

Les loups unis chassent ensemble, et le secours qu'ils
se prêtent rend leur chasse plus facile et plus sûre. S'il
est question d'attaquer un troupeau, la louve va se présenter au chien, qu'elle éloigne en se faisant poursuivre,
pendant que le mâle envahit le parc et emporte un mouton que le chien n'est plus à portée de défendre. S'il
faut attaquer quelque bête fauve, les rôles se partagent
en raison des forces : le loup se met en quête, attaque
l'animal, le poursuit et le met hors d'haleine ; puis la

louve, qui d'avance s'était placée à quelque détroit, le reprend avec des forces fraîches, et rend en peu de temps le combat trop inégal.

Il est aisé de voir combien de telles actions supposent de connaissances, de jugements et d'inductions ; il paraît même difficile que des conventions de cette nature puissent s'exécuter sans un langage articulé, et c'est ce que nous examinerons ailleurs. Cependant, comme nous l'avons dit, le loup est un des animaux carnassiers qui, attendu sa force, a le moins besoin d'avoir beaucoup d'idées factices, c'est-à-dire de celles qui se forment par la réflexion qu'on fait sur les sensations qu'on a éprouvées. La nécessité de la rapine, l'habitude du meurtre et la jouissance journalière de membres d'animaux déchirés et sanglants ne paraissent pas devoir former au loup un caractère moral bien intéressant : cependant, excepté le cas de rivalité, cas privilégié pour tous les animaux, on ne voit pas que les loups exercent de cruauté directe les uns contre les autres. Tant que la société subsiste entre eux, ils se défendent mutuellement, et la tendresse maternelle est portée dans les louves jusqu'à l'excès de fureur qui méconnaît entièrement le péril. On dit qu'un loup blessé est suivi au sang et enfin achevé et dévoré par ses semblables : mais c'est un fait peu constaté, qui sûrement n'est pas ordinaire, et qui peut avoir été quelquefois l'effet du dernier terme de la nécessité qui n'a plus de loi. Les relations morales ne peuvent pas être fort étendues entre des animaux qui n'ont nul besoin de société : tout être qui mène une vie dure et isolée, partagée entre un travail solitaire et le sommeil, doit être très-peu sensible aux tendres mouvements de compassion.

LE RENARD.

Le renard a les mêmes besoins que le loup, et la même inclination pour la rapine : il a les sens aussi fins, plus d'agilité et de souplesse ; mais la force lui manque, et il est contraint de la remplacer par l'adresse, la ruse et la patience. Un des premiers effets de l'industrie par laquelle il est supérieur au loup, c'est de se creuser un terrier qui le met à l'abri des injures de l'air et lui sert en même temps de retraite. Pour s'épargner de la peine, il s'empare ordinairement de ceux qu'habitent les lapins ; il les en chasse et s'y établit. Lorsque quelque raison le détermine à changer de pays, son premier soin est d'aller visiter tous les terriers dont la position peut lui convenir, surtout ceux qui ont été anciennement habités par des renards. Il les nettoie successivement ; et ce n'est qu'après les avoir tous parcourus, qu'il se fixe à la fin : mais s'il est troublé, même légèrement, dans celui qu'il a choisi, il en change bientôt, et il ne souffre pas que l'inquiétude approche du lieu qu'il destine à sa demeure. Le renard ainsi établi parcourt en peu de temps tous les entours de son terrier à une assez grande distance ; il prend connaissance des villages, des hameaux, des maisons isolées, et il évente les volailles ; il s'assure des cours où l'on entend des chiens et du mouvement, et de celles où le repos règne ; il reconnaît les haies et les lieux couverts qui pourraient, en cas de péril, favoriser son évasion. Cet attirail de précautions, tant de possibilités prévues, supposent nécessairement beaucoup de faits déjà connus : toujours guidé dans sa marche par une défiance raisonnée, il se

laissé rarement emporter à l'ardeur de poursuivre une
proie qui fuit; il arrive près d'elle en se traînant, et
s'en saisit en sautant légèrement dessus. Lorsqu'il est
bien assuré que la tranquillité règne dans une basse-
cour où il a éventé des volailles, il tâche d'y pénétrer,
et son agilité naturelle lui en donne aisément les
moyens. Alors, s'il n'est point troublé, il en profite pour
multiplier les meurtres, et il emporte ce qu'il a tué,
jusqu'à ce que les approches du jour lui fassent craindre
moins d'assurance pour sa retraite. Il amasse ainsi des
vivres pour plusieurs jours, et cache avec soin tous ses
restes, pour les retrouver au besoin.

Si le renard est établi dans un pays giboyeux,
son industrie a d'autres formes à prendre pour suffire
à sa voracité : tantôt il parcourt les campagnes, marche le nez au vent, prend connaissance ou de quelque
lièvre au gîte, ou de perdrix couchées dans un sillon ; il
en approche en silence ; ses pas, marqués à peine sur la
terre molle, annoncent sa légèreté et l'intention qu'il a
de surprendre; il réussit souvent. Quelquefois sa ressource
est dans la patience; il se glisse le long des bois, observe le passage d'un lapin, se cache, attend, et le saisit
lorsqu'il rentre d'assurance.

Mais la chasse n'est pas toujours immédiatement
l'objet des courses du renard : quoique déjà rassasié,
sa prévoyance active le fait marcher encore, moins dans
l'intention de chercher une nouvelle proie que pour
prendre des connaissances plus sûres et plus détaillées
du pays qui lui fournit à vivre. Il revient souvent aux
différents terriers qu'il a nettoyés d'abord, il en fai
le tour avec beaucoup de précautions, il y entre et en
examine avec soin les différentes gueules ; il s'approche
par degrés des objets qui lui sont nouveaux : toute nou-
veauté lui est d'abord suspecte, et chacun de ses pas

17

vers l'objet indique la défiance et l'examen. Cependant, avec des appâts dont les renards sont friands, on les fait aisément donner dans les piéges, lorsqu'ils ne leur sont pas encore connus ; mais sitôt qu'ils sont instruits, les mêmes moyens deviennent inutiles. Il n'est point d'appât qui puisse alors faire braver au renard le danger qu'il reconnaît ou qu'il soupçonne. Il évente le fer du piége ; et cette sensation, devenue terrible pour lui, l'emporte sur toute autre impression. S'il aperçoit que les embûches soient multipliées autour de lui, il quitte le pays pour en chercher un plus sûr. Quelquefois cependant, enhardi par des aproches graduelles et réitérées, guidé par le sentiment sûr de son nez, il trouvera le moyen de dérober légèrement, et sans s'exposer, un appât de dessus un piége.

On voit que cette action suppose, avec ses circonstances, une quantité de vues fines et de combinaisons assez compliquées. On ne finirait point, si l'on voulait détailler toutes les intentions qui lui font changer ses refuites, les motifs qui balancent en lui le pouvoir de l'habitude, si puissant sur tous les animaux, et toutes les variétés que les circonstances nouvelles jettent dans sa conduite. Tout cela est nécessaire à un animal faible qui se trouve en concurrence avec l'homme, et qui nuit à ses besoins ou à ses plaisirs. Si c'est pour lui un avantage naturel d'avoir une retraite et d'être domicilié, c'est aussi un moyen de plus qu'a son ennemi pour l'attaquer : il découvre aisément sa demeure et vient l'y surprendre ; mais l'homme, avec ses machines, a besoin lui-même de beaucoup d'expérience pour n'être pas mis en défaut par la prudence et les ruses du renard. Si toutes les gueules du terrier sont masquées par des piéges, l'animal les évente, les reconnaît, et, plutôt que d'y donner, il s'expose à la faim la plus cruelle. J'en ai vu s'obstiner ainsi à rester jusqu'à quinze jours dans le terrier, et ne se déterminer à sortir que quand l'excès de la faim ne leur laissait plus de choix que celui du genre de mort. Cette frayeur, qui retient le renard, n'est alors ni machinale, ni instinctive : il n'est point de tentative qu'il ne fasse pour s'arracher au péril ; tant qu'il lui reste des ongles, il travaille à se faire une nouvelle issue, par laquelle il échappe souvent aux embûches du chasseur. Si quelque lapin enfermé avec lui dans le terrier vient à se prendre à l'un des pièges, ou si quelque autre hasard le détend, l'animal juge que la machine a fait son effet, et il y passe hardiment et sûrement.

La seule passion qui fasse oublier au renard une partie de ses précautions ordinaires, c'est la tendresse pour sa famille : la nécessité de la nourrir, lorsqu'elle est enfermée dans le terrier, rend le père et la mère, mais surtout celle-ci, plus hardis qu'ils ne le sont pour eux-mêmes, et cet intérêt pressant leur fait souvent braver le péril. Les chasseurs savent bien profiter de cette tendresse du renard pour sa famille. La communauté de soins et d'intérêts suppose des affections qui s'étendent au delà des besoins physiques proprement dits. Ces animaux, familiarisés avec les scènes de sang, n'entendent pas sans être émus les cris de leurs petits souffrants. Les poules ont sans doute le droit de ne pas les regarder comme des animaux compatissants ; mais leurs femelles, leurs enfants et même tous ceux de leur espèce n'ont pas du moins à s'en plaindre. Cette tendre inquiétude, qui porte la renarde à s'oublier elle-même, la rend infiniment attentive à tous les dangers qui peuvent menacer ses petits. Si quelque homme approche du terrier, elle les transporte pendant la nuit suivante ; et elle est souvent exposée à déloger ainsi, parce que dans ces temps les renards signalent leur voisinage par des ravages plus grands, et qu'on est plus intéressé à s'en défaire.

Outre l'intérêt qu'a l'homme de détruire le renard, il a fait encore de la chasse de cet animal un objet d'amusement. On le chasse avec des bassets ou de petits chiens courants. D'abord l'animal ne s'écarte pas beaucoup de sa retraite, et il fait plusieurs randonnées ; mais comme on garde ordinairement son terrier, et que souvent il y est tiré, il prend enfin le parti de s'éloigner ; et pour retarder la poursuite des chiens, il passe dans les plus épais halliers dont il a la connaissance et l'habitude. Si quelques chasseurs cherchent à prendre les devants pour le tirer au passage, il les évite et tente tout plutôt que de passer à côté d'un homme. J'en ai vu un sauter alternativement jusqu'à trois fois un mur de neuf pieds de haut, pour éviter les embuscades qu'on lui préparait. Mais enfin, comme il n'a que la fuite pour défense, et qu'il est doué d'une vigueur moindre que celle des chiens qui le poursuivent, après avoir épuisé tout ce que la fuite peut comporter d'habileté et de variétés, la lassitude le force à se retirer dans quelque terrier où souvent il périt.

On a pu remarquer que la manière de vivre habituelle du renard, et le détail de ses actions journalières, supposent un plan mieux réglé, un ensemble de réflexions plus compliquées, et des vues plus étendues et plus fines que ne le sont celles du loup. La prudence est la ressource de la faiblesse, et souvent elle la guide mieux que l'audace ne conduit la force.

Montaigne indique comment les habitants de Thrace, quand ils veulent entreprendre de passer par-dessus la glace de quelque rivière gelée, se servent de l'intelligence du renard. « Ils le laschent devant eux pour cet effect. Quand nous le verrions au bord de l'eau approcher son oreille bien près de la glace

pour sentir s'il orra, d'une longue ou d'une voisine distance, bruire l'eau courant au-dessous, et selon qu'il
trouve par là qu'il y a plus ou moins d'espaisseur en la
glace se reculer, ou s'avancer; puis n'aurions-nous pas

Renard essayant la force de la glace.

raison de juger qu'il luy passe par la teste ce même discours qu'il feroit en la nostre: et que c'est une ratioci-
nation et conséquence tirée sans naturel. Ce qui fait
bruit se remue, ce qui se remue n'est pas gelé, ce qui
n'est pas gelé est liquide, et ce qui est liquide plie sous le
faix. Car d'attribuer cela seulement à une vivacité du sens
de l'ouie, sans discours et sans conséquence, c'est une
chimère et ne peut entrer en nostre imagination. » Georges

Leroy ajoute qu'on remarque également dans ces animaux une aptitude à se perfectionner qui leur est commune, malgré la différence que l'organisation et les besoins mettent dans les résultats : ignorants, grossiers et presque imbéciles dans les lieux où l'on ne leur fait pas une guerre ouverte, ils deviennent habiles, pénétrants et rusés lorsque la crainte de la douleur ou de la mort, présentée sous mille formes, leur a fait éprouver des sensations multipliées ; ces sensations se sont établies dans leur mémoire ; elles ont produit des jugements ; ensuite, rappelées par des circonstances intéressantes, l'attention les a combinées avec d'autres et en a tiré des inductions nouvelles. Ces jugements, qui sont le produit de l'induction, ne sont pas toujours sûrs ; mais l'expérience les rectifie, et il est aisé de reconnaître dans les différents âges de ces animaux leurs progrès dans l'art de juger. Dans la jeunesse, l'imprudence et l'étourderie leur font faire beaucoup de fausses démarches : ensuite les périls auxquels ils sont exposés leur causent une frayeur qui souvent égare leur jugement, leur fait regarder comme dangereuses toutes les formes inconnues, attache l'idée abstraite du péril à tout ce qui est nouveau, et les jette par conséquent dans la chimère.

Les vieux loups et les vieux renards, que la nécessité a mis souvent dans le cas de vérifier leurs jugements, sont moins sujets à se laisser frapper par de fausses apparences, mais plus précautionnés contre les dangers réels. Comme une crainte déplacée peut leur faire manquer leur nuit et les réduire à une diète incommode, ils ont un grand intérêt à observer. L'intérêt produit l'attention, l'attention fait démêler les circonstances qui caractérisent un objet et le distinguent d'un autre ; la répétition des actes rend ensuite les jugements aussi prompts et aussi faciles qu'ils sont sûrs. Ainsi, les animaux sont perfectibles ; et si la différence de l'organisation met des limites à la perfectibilité des espèces, il est sûr que toutes jouissent jusqu'à un certain degré de cet avantage, qui doit nécessairement appartenir à tous les êtres qui ont des sensations et de la mémoire.

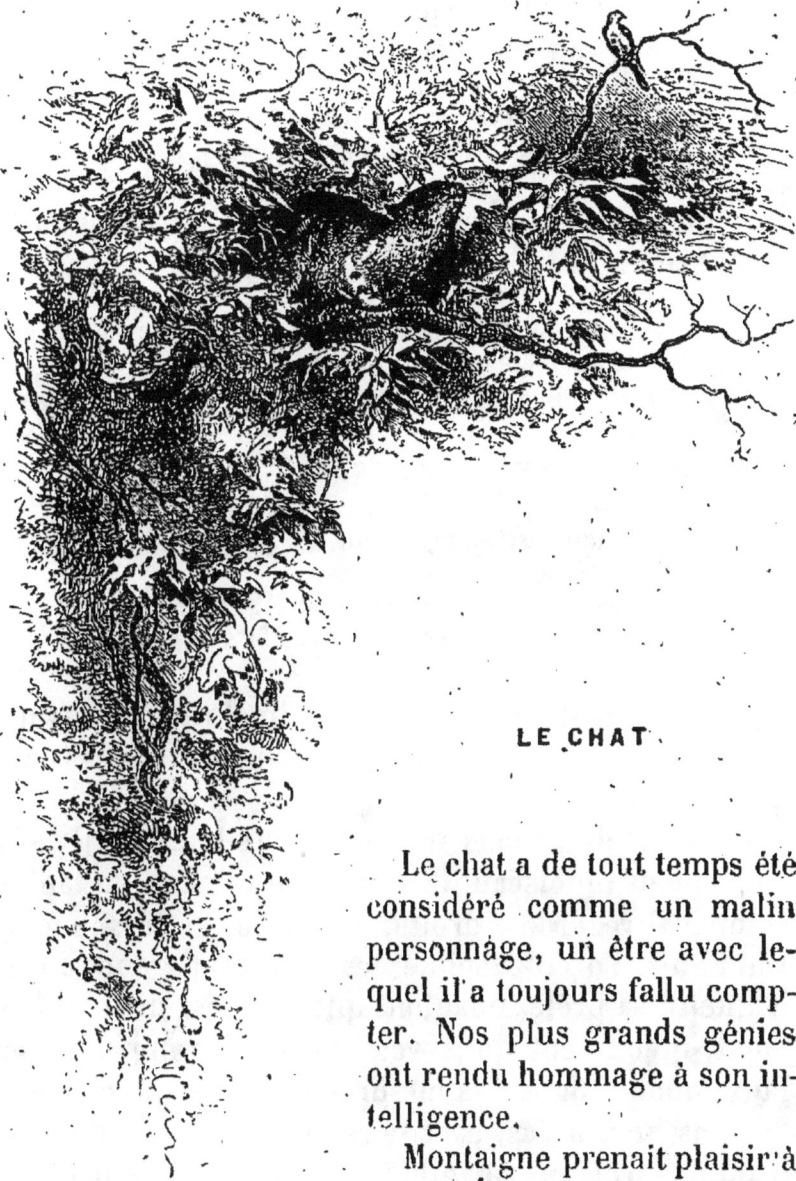

LE CHAT

Le chat a de tout temps été considéré comme un malin personnage, un être avec lequel il a toujours fallu compter. Nos plus grands génies ont rendu hommage à son intelligence.

Montaigne prenait plaisir à jouer avec sa chatte, et il demandait comment on pouvait accuser les animaux de bêtise.

La Fontaine, dans ses Fables, a souvent mis en scène

les chats et les chattes, et il leur a toujours fait remplir
le rôle de gens fins et rusés.

Vous vous rappelez cet admirable portrait de

> Rodilard, l'Alexandre des chats.
> L'Attila, le fléau des rats,

qui, pour prendre les souris, invente un merveilleux
stratagème.

> Le galant fait le mort et du haut d'un plancher
> Se pend la tête en bas : la bête scélérate
> A de certains cordons se tenait par la patte;

puis, quand les souris approchent,

> Le pendu ressuscite, et, sur ses pieds tombant,
> Attrape les plus paresseuses.
> « Nous en savons plus d'un, dit-il, en les gobant;
> C'est tour de vieille guerre. »

Je ne connais pas, en effet, d'animal plus observateur,
plus patient, plus réfléchi et calculant mieux ses actions
que le chat.

Pour le juger dans toute son intelligence, il faut le
voir épiant un oiseau. Comme il se ramasse en tapinois,
comme il regarde à droite, à gauche, si personne ne le
voit ! Puis, l'oreille tendue, les yeux tout grands ouverts,
il guette sa proie, miaulant quelquefois, mais si doucement, qu'on sent qu'il veut attirer, tromper l'oiseau.
Puis, quand toutes ses mesures sont bien prises, ses réflexions bien faites, avec la rapidité du trait, d'un bond
il tombe droit sur son gibier et rarement il le manque. Il
ne faudrait jamais avoir observé un chat pour douter que,
dans cette circonstance, il ait déployé beaucoup de raisonnement, de ruse et d'habileté.

Une autre scène dans laquelle on remarque l'intelli-

gence du chat, est celle où la mère chatte enseigne à
son petit à saisir les souris. Quiconque voudra se donner
la peine de suivre les mouvements de la chatte dans cet
exercice sera encore convaincu qu'un jour le jeune chat
deviendra un vrai Grippeminaud, qui dira à son tour à
la belette et au petit lapin :

Mes enfants, approchez,
Approchez : je suis sourd, les ans en sont la cause,

et puis jettera prestement sur eux sa griffe profonde.

Depuis la femme chatte jusqu'au saint homme de chat
bien fourré, gros et gras, jusqu'à ce Raminagrobis qui,
dit-on, vivait comme un dévot ermite, vous trouverez
partout la figure intelligente du chat. Le front du chat
est large, proéminent ; il contient un cerveau bien développé ; ses sens exquis, sa sensibilité hyperesthésique,
tout son être enfin porte l'empreinte de la finesse, de
la prudence et de la réflexion.

On a souvent accusé le cœur des chats, mais ces accu-
sations ont été portées par des gens sans réflexion qui
n'ont jamais vu le chat que sur les gouttières ou au
moment des repas. Autrement le chat a trop d'esprit pour
ne pas avoir un peu de cœur. Bien des braves femmes
de la campagne vous diront que leur chat les suit comme
le chien suit le maître de la maison. Le chat va jusqu'aux champs avec elles, et, pendant qu'elles cueillent
l'herbe pour la vache, Noirot chasse et attrape les
innocents de la plaine.

Un dame de mes amies avait un chat d'un caractère in-
dépendant et un peu léger : Minet était son nom. Tous
les soirs Minet avait l'habitude d'aller respirer l'air sur les
toits. Puis, quand il avait bien rafraîchi ses poumons, calmé
son cœur, et qu'il voulait rentrer au logis, Minet sautait

tout simplement après le cordon de la sonnette, et la
porte s'ouvrait. Sa maîtresse lui faisait bien quelques
reproches, mais il la regardait d'un air câlin, allait
sur sa chaise et s'endormait tranquille comme le juste.
Certains jours de franche lippée ou de bonheur, notre
chat revenait fort avant dans la nuit. A n'importe quelle

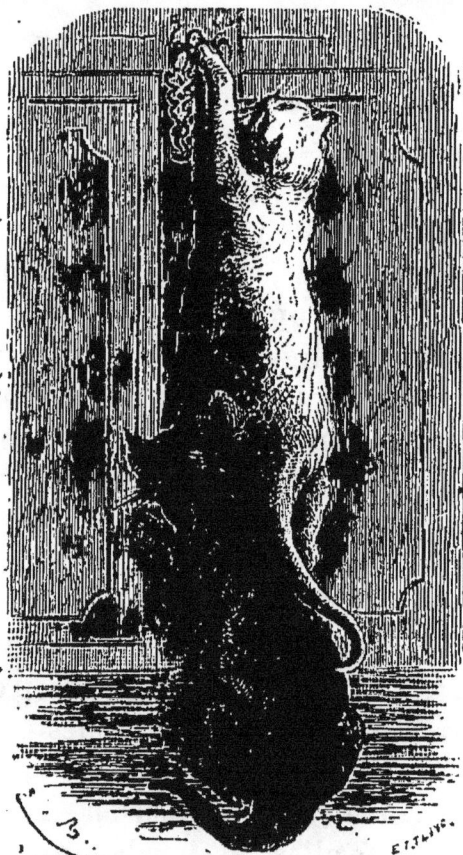

Chats ouvrant une armoire.

heure il sonnait et on lui ouvrait toujours. « Il est si intelligent, disait sa maîtresse, qu'on ne peut lui résister. »
Dilly raconte qu'on avait accoutumé dans une maison
de mettre de la viande dans une armoire, à la serrure

de laquelle on laissait la clef après l'avoir fermée. Deux
chats qu'on nourrissait ne manquaient pas, quelque
temps après, de venir ouvrir cette armoire en s'attachant
l'un au-dessus de l'autre au-dessous de la clef et la faisaient tourner. Cela exécuté, ils ne s'amusaient point à
prendre la viande qu'ils cherchaient : ils se cachaient
d'abord sous l'armoire pour épier si quelqu'un les avait
aperçus; ils revenaient quelque temps après et exami-
naient avec leurs pattes si l'armoire était ouverte, et
alors ils ne manquaient pas de prendre la chair qui les
avait attirés.

Champfleury, dans son livre sur les chats, nous donne
un exemple de la sagacité du chat.

« Après déjeuner, dit-il, j'avais pour habitude de jeter
le plus loin possible, dans une pièce voisine, un morceau
de mie à pain qui, en roulant, excitait mon chat à courir. Ce manége dura plusieurs mois; le chat tenait cette
miette de pain pour le dessert le plus friand. Même
après avoir mangé de la viande, il attendait l'heure
du pain et attendait juste le moment où il lui semblait
extraordinairement gai de courir après le morceau de
mie.

« Un jour je balançai longuement ce pain que le chat
regardait avec convoitise, et, au lieu de le lancer par la
porte dans la pièce voisine, je le jetai derrière le haut
d'un tableau, séparé du mur par une inclinaison légère.
La surprise du chat fut extrême ; épiant mes mouvements, il avait suivi la projection du morceau de pain
qui tout à coup disparaissait.

« Le regard inquiet de l'animal indiquait qu'il avait
conscience qu'un objet matériel traversant l'espace ne
pouvait être annihilé.

« Un certain temps le chat réfléchit.

« Ayant argumenté suffisamment, il alla dans la pièce

voisine, poussé par le raisonnement suivant : Pour que le morceau de pain ait disparu, il faut qu'il ait traversé le mur.

« Le chat désappointé revint. Le pain n'avait pas traversé le mur.

« La logique de l'animal était en défaut.

« J'appelai de nouveau son attention par mes gestes, et un nouveau morceau de pain alla rejoindre le premier derrière le tableau.

« Cette fois le chat monta sur le divan et alla droit à la cachette. Ayant inspecté de droite et de gauche le cadre, l'animal fit si bien de la patte qu'il écarta du mur le bas du tableau et s'empara ainsi des deux morceaux de pain.

« N'est-ce pas là, dit avec raison Champfleury, de la sagacité doublée d'observation et de raisonnement? »

M. Parpalet, un véritable ami des animaux et qui devrait se faire l'éditeur de leurs belles actions, m'a raconté l'histoire d'un chat qui, tous les soirs, fermait les volets intérieurs de la chambre où il couchait, et qui, quand il voulait entrer, se jetait sur la clef et la faisait tourner jusqu'à ce que la porte s'ouvrît.

LE CHIEN

Ce qu'il y a de mieux dans l'homme,
c'est le chien.

CHARLET.

Connaissez-vous un ami plus intelligent et plus dévoué que le chien? connaissez-vous aussi un meilleur
cœur? Jeune, vous avez fait de lui ce que vous avez
voulu; vous vous en êtes servi comme d'un cheval,
vous montiez dessus, vous l'atteliez à votre brouette.
Vous lui tiriez la queue, les oreilles, quelquefois même
il vous est arrivé de le battre. Jamais il ne s'est plaint;
il semblait au contraire heureux de recevoir vos mauvais traitements; il criait bien un peu, mais aussitôt
il vous léchait la main; il vous regardait de l'œil
le plus doux et semblait tendre son dos pour avoir
l'honneur de vous porter. Plus tard, quand vous êtes
parti au collége, quelle est la dernière caresse que vous
avez reçue, le dernier cri que vous avez entendu? C'est
celui de votre chien, il a suivi bien longtemps l'affreuse
voiture qui vous entraînait loin de votre famille. Et
quand vous êtes revenu, sans le moindre accessit, qui
vous a reçu avec le plus de joie, d'enthousiasme, de sincère amitié? Votre chien. Pauvre bête! on eût dit qu'il
voulait faire savoir à tout le village que vous arriviez: il
aboyait à tue-tête, il tombait de joie à vos pieds; il se

jetait sur vous avec frénésie et semblait vouloir écarter
toutes les personnes qui vous approchaient.

Ah ! pauvre chien ! il a été votre protecteur, votre con-
solateur, le voilà votre compagnon, votre ami, il partage
vos joies, vos passions. Il vous accompagne à la chasse,
il ne fait plus qu'un avec vous ; il devient votre guide,
vous ne faites plus que suivre ses pas, ses mouvements.
C'est lui qui vous apprend votre métier de chasseur, qui
semble vous dire : Cherchez et vous trouverez. C'est lui
qui trouve, c'est vous qui tuez, qui profitez. Pour ses
fatigues, pour ses pattes saignantes, il vous demande,
non pas de partager le butin, mais seulement un peu
d'eau, un morceau de pain, et surtout un regard affectueux, une bonne parole. Il ne réclame rien de plus.
Et si vous voulez le rendre bien heureux, mettez-le
coucher sur votre tapis à côté de vous. Alors il ne se
possédera plus de bonheur. Toute la nuit il rêvera
de chasse, il se lèvera, il quêtera, fera des arrêts,
aboiera. Il ne s'en tiendra pas là ; ce bon animal fera
tant, par ses caresses, ses amitiés, qu'il deviendra votre
confident, votre messager d'amour. C'est lui qui vous
annoncera, lorsque vous irez voir votre fiancée. Il aura
de la gaieté, de l'entrain ou de la discrétion, selon que
vous le voudrez. Il aimera ceux que vous aimerez, il sera
aussi votre meilleur conseiller. Vous pourrez juger à sa
manière de traiter les gens ceux qui vous sont amis ou
ennemis. Et quand viendront les mauvais jours, quand
le malheur aura fait le vide autour de vous, c'est alors
que vous comprendrez toute la tendresse, la fidélité, le
dévouement, l'excellent cœur du chien. Lui seul vous
consolera, vous caressera, vous léchera les mains, vous
regardera de son œil plus qu'humain ; alors vous comprendrez que l'intelligence n'est rien sans l'excellence
du cœur.

Tout peut être utilisé dans l'esprit du chien, parce que tout est bon dans son cœur. Et une des études que je me propose de faire, c'est de rechercher les rapports qui existent entre ce dernier organe et le cerveau. On admet généralement, en physiologie, que les hommes et les animaux à long cou sont lents, sots et sans beaucoup de cœur, parce que cet organe, étant plus éloigné du cerveau, ne lui porte que faiblement ses impressions. Les chiens ont, la plupart, le cou peu développé, ils sont ardents dans leurs sentiments, dans leurs passions et pleins d'activité intellectuelle. Mais cette activité on ne l'obtient qu'en sachant gagner leur cœur, et il faut bien le dire, aussi en flattant un peu leurs passions, leur gourmandise par exemple; il est vrai d'ajouter qu'elle est le défaut des grands esprits. A côté du bon cœur il faut placer l'excellence de l'odorat du chien. On comprend qu'un sens plus développé puisse venir beaucoup en aide au cerveau, et par suite aux manifestations intellectuelles. Plus le sens est vif, plus les impressions qu'il reçoit sont profondes, plus de cerveau en est frappé. Aussi est-il facile de concevoir qu'avec un cerveau moindre un animal, merveilleusement doué sous le rapport de tel ou tel sens, pourra néanmoins se montrer très-intelligent.

Il n'est pas besoin pour cela d'invoquer le système de Gall. Le célèbre observateur possédait un chien qui avait, disait-il, l'organe de la mémoire des mots. « J'ai fait à ce sujet, raconte cet illustre phrénologiste, les observations les plus suivies. J'ai parlé souvent avec intention d'objets qui pouvaient intéresser mon chien, en évitant de le nommer lui-même et, sans laisser échapper aucun geste qui pût éveiller son attention : il n'en témoigna pas moins du plaisir ou du chagrin, suivant l'occasion : il manifestait ensuite, par sa conduite, qu'il

avait très-bien compris, quand la conversation le con-
cernait. »

Lorsque Gall quitta l'Allemagne et vint s'établir à
Paris, il emmena avec lui son chien. Dans les commen-
cements, le pauvre animal parut étonné et malheureux
de ne plus rien comprendre à la conversation. Peu à
peu, cependant, il apprit le français et devint également
fort dans les deux langues. « Je m'en suis assuré, affir-
mait Gall, en disant devant lui des périodes en français
et en allemand. »

Une femme très-connue, à Chaillot, sous le nom de la
Mère aux chiens, a prouvé ce fait assez curieux que le
chien comprend parfaitement la conversation que l'on
tient devant lui. M. Louis Noir rapporte qu'un jour
elle fit une expérience décisive en sa présence. Elle eut
l'air de conclure un marché concernant son caniche de
prédilection ; sans affectation, sans élever la voix, elle
débattait ses conditions. Son chien vint aussitôt gémir
et se rouler à ses pieds, la supplier à sa façon de ne pas
le vendre.

Elle fit ainsi vingt autres épreuves concluantes. De
même que ses chiens comprennent sa langue, elle comprend la leur, elle a parfaitement remarqué qu'un chien
ne demande pas à boire de la même façon qu'il demande à manger. C'est qu'en effet le chien est peut-être
le meilleur exemple que l'on puisse prendre pour prouver que les animaux ont un langage. Il est évident que
chaque espèce animale possède un langage en rapport
avec sa manière d'être et avec ses instincts. Ce langage
se compose de la voix et du geste. Le langage du geste
est bien plus étendu chez les animaux que celui de la
voix, surtout chez les animaux supérieurs ; le chien est
l'animal qui sait le mieux unir le geste à la voix dans la
manifestation de ses impressions. Examinez le chien.

On frappe à la porte du logis, sa voix est forte, mena-
çante et pleine de colère. Son regard brille, sa queue
est tendue ; gare si vous entrez ! Quelques instants après
la porte s'ouvre, c'est le maître qui rentre : quels bonds,
quels frétillements de queue, quel regard tendre, quelle
joie éclate dans ses cris, dans sa voix douce, entrecoupée,
émue de bonheur ! Voyez aussi quelle attitude pleine de
douleur : sa tête est inclinée, son œil fixé à terre, sa
queue basse, sa marche lente, sa voix éteinte, il suit le
convoi de son maître.

Chaque animal a donc un langage suffisant pour exprimer les idées que comporte sa nature et les faire
comprendre des animaux de la même espèce et même
des animaux d'une autre espèce. Ceux qui n'ont pas
l'organe de la voix y suppléent par la mimique et font
encore très-bien comprendre ce qu'ils sentent. Ils suppléent au défaut d'un sens par le développement d'un
autre: Si les animaux n'avaient pas un langage, comment pourraient-ils faire l'éducation de leurs petits ? On
a observé dans le pays où les renards sont chassés et
traqués par l'homme que les petits de ces animaux ont
plus de finesse et de prudence que n'en ont les vieux renards dans les pays sauvages. Comment cela peut-il s'expliquer, si l'on n'admet pas que les petits renards ont reçu
des leçons de leurs parents et que ceux-ci ont pu leur
transmettre les fruits de leur expérience acquise ?

Le chien est un des animaux les mieux doués sous le
rapport de l'expression de ses sentiments par la voix et
le geste. Plus le geste est énergique, plus l'animal a de
volonté et d'intelligence. Comme l'a très-bien dit Gratiolet, l'absence de mouvement dans un appareil extérieur,
la placidité de ses muscles, indiquent le repos et mieux
encore un état absolu d'indifférence. Un mouvement
faible exprime une volonté nonchalante ; un mouvement

énergique correspond à une volonté forte; un mouvement contrarié, continu, indiquera avec plus d'évidence
encore la volonté commandant à l'instinct et se dominant
elle-même.

Les causes qui déterminent ces mouvements appartiennent toutes à l'ordre de la sensibilité. Mais un fait
remarquable, c'est que toute impression produite sur un
sens détermine surtout des attitudes symétriques et
des mouvements en ligne droite. Tout le monde a vu
chez les chiens en colère les oreilles se dresser, s'étaler,
s'agrandir et se disposer de la manière la plus favorable
pour recueillir les impressions sonores. Souvent les pa-
villons de l'oreille chez les chiens sont dirigés dans le
même sens que les yeux lorsqu'ils chassent. Les organes
des sens inférieurs ont des expressions non moins intel-
ligibles. Voyez, ajoute Gratiolet, comme les narines se
dilatent pour appeler un air pur et réjouissant! comme
elles se froncent sur les côtés! comme elles se relèvent
et se rétractent en soufflant brusquement pour repousser
une odeur mauvaise! comme elles flairent avec délicatesse appelant à petits coups les effluves odorants qu'elles veulent examiner à loisir! Ces derniers mouvements
sont un indice très-significatif d'une attention de l'esprit
analysant une odeur. Ils sont faciles et francs, si l'odeur
est agréable; si, au contraire, elle est mauvaise, ils sont
plus contenus.

Le nez se recourbe alors plus fortement; la lèvre supérieure, légèrement soulevée et gonflée à sa base, s'ap-
prête à s'appliquer aux ouvertures des narines comme
un véritable opercule. Ces mouvements sont accompa-
gnés de défiance, d'un sentiment de doute sur un aliment
qu'on a intérêt à connaître, mais à l'égard du quel on se
tient en garde.

De même que l'œil et l'oreille, le nez est, chez le

chien, un directeur du corps tout entier. L'expression du
geste, le jeu de la physionomie sont des signes d'intelligence, et si l'homme a seul le pouvoir de rire comme
celui de pleurer, on a vu le griffon et le chien de chasse
sourire.

On a souvent dit du chien qu'il ne lui manque que la
parole. Si l'on en croit Leibnitz, la parole elle-même ne
lui manque pas toujours. Cet illustre philosophe rapporte qu'il a rencontré, en Saxe, un chien qui prononçait
distinctement vingt mots.

Buffon n'a pu s'empêcher de reconnaître l'intelligence
du chien :

« Pour l'intelligence et la sagacité, l'attachement et
la reconnaissance, en un mot, pour tout ce qui, dans les
effets de l'instinct, imite l'esprit, et dans le sentiment
ressemble à des vertus, le chien, entre tous les animaux,
est le chef-d'œuvre de la nature ; c'est un ami que
l'homme a trouvé parmi eux, et pour lui souvent plus
fidèle que les amis qu'il cherche et croit rencontrer
parmi ses semblables.

« Le chien, fidèle à l'homme, conservera toujours une
portion de l'empire, un degré de supériorité sur les
autres animaux ; il leur commande, il règne lui-même
à la tête d'un troupeau, il s'y fait mieux entendre que la
voix du berger ; la sûreté, l'ordre et la discipline sont
le fruit de sa vigilance et de son activité sur un peuple
qui lui est soumis, qu'il conduit, qu'il protège et contre
lequel il n'emploie jamais la force que pour y maintenir
la paix. Mais c'est surtout à la guerre, c'est contre les
animaux ennemis ou indépendants qu'éclate son courage et que son intelligence se déploie tout entière.
Les talents naturels se réunissent ici aux qualités
acquises.

« Dès que le bruit des armes se fait entendre, dès que

le son du cor ou la voix du chasseur a donné le signal
d'une guerre prochaine, brûlant d'une ardeur nouvelle,
le chien marque sa joie par les plus vifs transports ; il
annonce par ses mouvements et par ses cris l'impatience
de combattre et le désir de vaincre ; marchant ensuite
en silence, il cherche à reconnaître le pays, à découvrir,
à surprendre l'ennemi dans son fort, il recherche ses
traces, il les suit pas à pas, et par des accents différents
indique le temps, la distance, l'espèce, et même l'âge de
celui qu'il poursuit. En vain l'ennemi oppose la ruse à sa
sagacité, et déploie toutes les ressources de son instinct
pour faire perdre sa trace ; en vain il cherche à en
substituer un autre à sa mauvaise fortune, le chien ne
perd pas l'objet de sa poursuite ; il voit de l'odorat
tous les détours du labyrinthe ; après avoir triomphé de
la ruse, il redouble d'ardeur, arrive enfin, l'attaque, et,
le mettant à mort, étanche dans le sang sa soif et sa
haine.

« Lorsque l'éducation a perfectionné ce talent naturel
dans le chien domestique, lorsqu'on lui a appris à mo-
dérer son ardeur, à mesurer ses mouvements, qu'on l'a
accoutumé à une marche régulière et à l'espèce de discipline nécessaire à l'art de la chasse, le chien chasse
avec méthode, et toujours avec succès.

« Le chien, indépendamment de la beauté de sa forme,
de la vivacité, de la force, de la légèreté, a par excellence toutes les qualités intérieures qui peuvent lui attirer les regards de l'homme. Un naturel ardent, colère,
même féroce et sanguinaire, rend le chien sauvage
redoutable à tous les animaux, et cède, dans le chien
domestique, aux sentiments les plus doux, au plaisir de
s'attacher et au désir de plaire ; il vient en rampant
mettre aux pieds de son maître son courage, sa force,
ses talents ; il attend ses ordres pour en faire usage, il

le consulte, il l'interroge, il le supplie ; un coup d'œil suffit, il entend les signes de sa volonté ; sans avoir, comme l'homme, la lumière de la pensée, il a toute la chaleur du sentiment ; il a de plus que lui la fidélité, la constance dans ses affections ; nulle ambition, nul intérêt, nul désir de vengeance, nulle crainte que celle de déplaire ; il est tout zèle, tout ardeur et tout obéissance ; plus sensible au souvenir des bienfaits qu'à celui des outrages, il ne se rebute pas par les mauvais traitements ; il les subit, les oublie, ou ne s'en souvient que pour s'attacher davantage ; loin de s'irriter ou de fuir, il s'expose de lui-même à de nouvelles épreuves ; il lèche cette main, instrument de douleur qui vient de le frapper ; il ne lui oppose que la plainte, et là désarme enfin par la patience et par la soumission.

« Plus docile que l'homme, plus souple qu'aucun des animaux, non-seulement le chien s'instruit en peu de temps, mais même il se conforme aux mouvements, aux manières, à toutes les habitudes de ceux qui lui commandent ; il prend le ton de la maison qu'il habite ; comme les autres domestiques, il est dédaigneux chez les grands et rustre à la campagne ; toujours empressé pour son maître, et prévenant pour ses seuls amis, il ne fait aucune attention aux gens indifférents, et se déclare contre ceux qui, par état, ne sont faits que pour importuner ; il les connaît aux vêtements, à la voix, à leurs gestes, et les empêche d'approcher. Lorsqu'on lui a confié, pendant la nuit, la garde de la maison, il devient plus fier et quelquefois féroce ; il veille, il fait la ronde ; il sent de loin les étrangers, et pour peu qu'ils s'arrêtent ou tentent de franchir les barrières, il s'élance, s'oppose, et par des aboiements réitérés, des efforts ou des cris de colère, il donne l'alarme, avertit et combat ; aussi furieux contre les hommes de proie que contre les ani-

maux carnassiers, il se précipite sur eux, les blesse, les
déchire, leur ôte ce qu'ils s'efforçaient d'enlever, mais,
non content d'avoir vaincu, il se repose sur les dépouilles, n'y touche pas, même pour satisfaire son appétit, et
donne en même temps des exemples de courage, de
tempérance et de fidélité.

« On sentira de quelle importance cette espèce est
dans la nature, en supposant un instant qu'elle n'eût
jamais existé. Comment l'homme aurait-il pu, sans le
secours du chien, conquérir, dompter, réduire en esclavage les autres animaux? comment pourrait-il encore
aujourd'hui découvrir, chasser, détruire les bêtes sauvages et nuisibles? Pour se mettre en sûreté et pour se
rendre maître de l'univers vivant, il a fallu commencer
par se faire un parti parmi les animaux, se concilier
avec douceur et par caresses ceux qui se sont trouvés
capables de s'attacher et d'obéir, afin de les opposer aux
autres. Le premier art de l'homme a donc été l'éducation du chien, et le fruit de cet art, la conquête et la possession paisible de la terre. »

A cette magnifique description nous ajouterons
quelques observations fort intéressantes de Georges
Leroy.

« Cet animal, dit-il, est tellement connu, que son
exemple seul aurait dû faire rejeter bien loin toute idée
de l'automatisme des bêtes. Comment, en effet, pourrait-
on rapporter à un instinct privé de réflexion les mouvements variés de cet intelligent animal, que l'homme
plie à un si grand nombre d'usages, et qui, conservant
jusque dans son assujettissement une liberté sensible, excite dans son maître de tendres mouvements d'intérêt et
d'amitié par sa docilité volontaire? Suivant les différents
usages auxquels on emploie le chien, on voit son intelligence faire des progrès de deux espèces. Les uns sont

dus à l'instruction qu'on lui donne, c'est-à-dire aux habitudes qu'on lui fait prendre par l'alternative de la douleur et du plaisir; les autres doivent s'attribuer à l'expérience propre de l'animal, c'est-à-dire ses réflexions per-
sonnelles sur les faits qu'il remarque et les sensations
qu'il éprouve. Mais les uns et les autres de ces progrès
se font toujours en proportion des besoins et de l'intérêt
qui le forcent à l'attention. Le chien de basse-cour,
presque toujours à l'attache, chargé seulement de la
fonction d'aboyer les inconnus, reste dans un état de
stupidité qui serait à peu près le même dans tout autre
animal dont l'intelligence n'aurait pas plus d'exercice.
Le chien de berger, continuellement occupé d'un office
qu'excite la voix de son maître, montre beaucoup plus
d'esprit et de discernement. Tous les faits relatifs à son
objet s'établissent dans sa mémoire. Il en résulte pour
lui un ensemble de connaissances qui le guident dans le
détail et qui modifient ses actions et ses mouvements. Si
le troupeau passe auprès d'un champ de blé, vous verrez
le vigilant gardien rassembler sa troupe, l'écarter de l'épi
qui doit être ménagé, avoir l'œil sur ceux qui voudraient
enfreindre la défense, en imposer aux téméraires par
des mouvements qui les épouvantent, et châtier les
obstinés auxquels l'avertissement ne suffit pas. Si l'on
ne reconnaît pas que la réflexion seule peut être l'origine de cette variété de mouvements faits avec discernement, c'est-à-dire en raison des circonstances, ils deviennent absolument inexplicables. Car si le chien n'ap-
prenait pas de son maître à distinguer les céréales d'avec
la pâture ordinaire du troupeau, s'il ne savait pas que
le blé ne doit pas être mangé, s'il ignorait que la vivacité
de ses mouvements doit être proportionnée à la disposition des moutons qui composent le troupeau, s'il ne
reconnaissait pas cette disposition, sa conduite n'aurait

point de motif, et il n'aurait point de raison suffisante
pour agir.

« Mais c'est à la chasse qu'il faut principalement suivre
cet animal, pour voir le développement de son intelligence. La chasse est naturelle au chien, qui est un animal carnassier. Ainsi l'homme, en l'appliquant à cet
exercice, ne fait que modifier et tourner à son usage une
aptitude et un goût que la nature avait donnés à l'animal
pour sa conservation personnelle. De là résulte, dans les
actions du chien, un mélange de la docilité acquise par
les coups de fouet et du sentiment qui lui est naturel.
L'un ou l'autre de ces deux éléments se fait plus ou
moins apercevoir, selon les circonstances qui lui donnent
plus ou moins d'activité. La nature est plus abandonnée
à elle-même et plus libre dans le chien courant que
dans les autres. L'habitude de l'assujettissement le rend
attentif jusqu'à un certain point à la voix et aux mouvements de ceux qui le mènent ; mais, comme il n'est pas
toujours sous leurs mains, il faut que son intelligence
agisse d'elle-même, et que son expérience personnelle
rectifie souvent le jugement des chasseurs. L'attention
qu'on apporte à chasser, autant qu'on peut, l'animal
qu'on a lancé d'abord, à rompre les chiens et les châtier
lorsqu'ils sont sur des voies nouvelles, les accoutume
peu à peu à distinguer par l'odorat le cerf qu'on a lancé
devant eux d'avec tous les autres. Mais le cerf, im-
portuné de la poursuite, cherche à s'accompagner de
bêtes de son espèce, et alors un discernement plus
exquis devient nécessaire au chien. Dans ce cas-là, il ne
faut rien attendre de ceux qui sont jeunes. Il n'appartient qu'à l'expérience consommée de porter un jugement prompt et sûr dans cet embarras. Il n'y a que les
vieux chiens qui soient ce qu'on appelle *hardis dans le*
change, c'est-à-dire qui démêlent sans hésiter la voie de

leur cerf à travers celles de tous les animaux dont il est accompagné. Ceux qui n'ont encore qu'une expérience commencée donnent au chasseur attentif un spectacle d'incertitude, de recherche et d'activité qui mérite d'être observé. On les voit balancer et donner toutes les marques de l'hésitation. Ils mettent le nez à terre avec beaucoup d'attention, ou bien ils s'élancent aux branches où le contact du corps de l'animal laisse un sentiment plus vif de son passage, et ils ne sont déterminés que par la voix du chasseur, qui les appuie sur la confiance qu'il a lui-même dans les chiens les plus confirmés et les plus sûrs. Si les chiens, emportés un moment par l'ardeur, outrepassent la voie et viennent à la perdre, les chefs de meute prennent d'eux-mêmes, pour la retrouver, le seul moyen que les hommes puissent employer. Ils retournent sur les derrières, ils prennent les devants pour rechercher dans l'enceinte qu'ils parcourent la trace qui leur est échappée. L'industrie du chasseur ne peut pas aller plus loin, et à cet égard le chien expérimenté paraît arriver au dernier terme du savoir, c'est-à-dire prendre tous les moyens qui peuvent le conduire au succès.

Le chien couchant a des relations plus intimes et plus continuelles avec l'homme. Il chasse toujours sous ses yeux et presque sous sa main. Son maître le rend heureux; car c'est un vrai bonheur pour lui que de prendre le gibier dans sa gueule. Il lui rapporte ce gibier; il en est caressé s'il fait bien, gourmandé et châtié s'il fait mal; sa douleur et sa joie éclatent dans l'un ou l'autre cas, et il s'établit entre eux un commerce de services, de reconnaissance et d'attachement réciproque. Lorsque le chien couchant est jeune encore, mais que cependant les coups de fouet l'ont déjà rendu docile, il n'écoute que la voix du maître et suit ses ordres avec précision. Mais comme il est guidé, pour la chose dont il s'agit, par un sentiment plus fin et plus sûr que l'homme, quand l'âge lui a donné une expérience suffisante, il ne montre pas toujours la même docilité, quoiqu'il en ait, en général, une plus grande habitude. Si, par exemple, une pièce de gibier est blessée, et que le chien vieux et expérimenté en rencontre sûrement la trace, il ne se laissera pas dévoyer par son maître, dont la voix et les menaces le rappelleront en vain. Il sait qu'il le sert en lui désobéissant ; et les caresses qui suivent le succès lui apprennent en effet bientôt qu'il a dû désobéir. Aussi l'usage des chasseurs intelligents est-il de conduire les jeunes chiens et de laisser faire les vieux. Chacun peut faire soi-même des expériences sur cet animal, dont l'homme dispose à son gré par l'alternative du plaisir et de la douleur, qui s'attache à l'homme, qui reçoit ses leçons, mais qui, dans le cas où il sent que son expérience personnelle le guide plus sûrement, en donne lui-même à son maître et résiste avec assurance à la crainte des coups et au pouvoir de l'habitude. Il est vraisemblable que nous devons en partie l'extrême docilité du chien et la disposition que nous lui voyons à l'assujettissement, à une sorte de dégénération très-ancienne. Du moins il est sûr par le fait que plusieurs qualités acquises se transmettent par la naissance. L'habitude de certaines manières d'être ou d'agir modifie sans doute l'organisation même, et perpétue ainsi les dispositions, qui alors deviennent naturelles. Mais il n'est guère d'animaux qu'on n'apprivoise, jusqu'à un certain point, par l'alternative du plaisir et de la douleur. Ceux même que la nature paraît avoir le plus éloignés de la contrainte, ceux qu'elle a doués des instruments les plus sûrs de la liberté, comme sont les oiseaux de proie, subissent le joug que le besoin impose à tout être qui sent, et même ils acquiè-

rent en fort peu de temps une docilité qui étonne. On les
voit au plus haut des airs écouter la voix du chasseur, se
laisser guider par ses mouvements, lorsqu'une expérience répétée leur a appris que la docilité les conduit
sûrement à la proie. Il est impossible de rapporter au
pur instinct, c'est-à-dire à une impulsion aveugle et
sans réflexion, ces actions des bêtes, dans lesquelles
leur instinct est en quelque façon dénaturé. On ne peut
assigner aucune cause de leurs mouvements sans supposer la réflexion sur des faits précédents. L'éducation
des bêtes, sans réflexion de leur part, serait aussi incompréhensible que celle des hommes sans liberté. Toute
éducation, quelque simple qu'elle soit, suppose nécessairement le pouvoir de délibérer et de choisir.

Adrien Léonard, auteur d'un ouvrage sur l'éducation
des animaux, a étudié l'intelligence des chiens relativement à la conformation de leur crâne, et il est arrivé à
établir les trois classes suivantes :

1° Dans la première classe il range les chiens à front
large, à tête renflée aux tempes, de manière à faire pré-
juger un grand développement du cerveau et des sinus.
Tels sont les épagneuls, les barbets, les chiens courants,
les bassets et les braques ; tous ces chiens ont les oreilles tombantes.

2° La deuxième classe comprend les mâtins et les lé-
vriers, doués de moins d'intelligence, et dont l'odorat
est moins développé ; leur front est étroit, leurs tempes
rapprochées, leur museau allongé, leurs oreilles sont à
demi pendantes.

3° Dans la troisième classe sont les chiens à museau
raccourci, à crâne court en remontant ; leur intelligence
est peu développée : telles sont les différentes variétés
de dogues ou de doguins.

Adrien Léonard affirme, d'après ses propres expériences, que les chiens chez lesquels il lui a été le plus facile de développer l'intelligence sont les braques, dont les yeux sont plus expressifs, les mouvements plus vifs sans brusquerie, et les allures plus gracieuses et plus fermes.

Cet auteur ajoute qu'il est parvenu, au moyen d'une espèce de formulaire, à tirer de ces chiens tout ce qu'il veut et à leur faire exécuter, au simple commandement, les choses les plus opposées. Il pouvait leur dire : Allez vous coucher ; puis les arrêtant tout à coup dans leur impulsion, leur commander de venir à lui, leur dire : Soyez gais ; puis un instant après : Soyez tristes ; mettre un morceau de pain devant Braque et dire : Voilà pour Phylax ; un second morceau devant Phylax et dire : Voilà pour Braque, sans que l'un prît le morceau destiné à l'autre ; bien plus, les laisser un temps indéfini devant ces deux morceaux de pain et leur dire ensuite : Mangez, sans que l'un ni l'autre se trompât sur le morceau qui lui avait été destiné, bien que ce morceau ne fût pas placé devant lui. Dans tous les cas il y a bien évidemment exercice de l'intelligence.

L'animal à qui l'on commande une chose tout opposée doit nécessairement comparer. Dans le dernier cas, par exemple, il doit se faire à peu près le raisonnement que voici : Ce n'est pas ce morceau placé devant moi qui m'est destiné, c'est le morceau placé devant mon compagnon. On me dit : Mangez : il ne faut pas que je me trompe, sinon je risque de recevoir un châtiment. Évidemment l'animal se dit tout cela. Il fait donc un raisonnement qui implique l'exercice et la combinaison de la fonction intellectuelle.

M. Émile de Tarade a été tellement convaincu des aptitudes intellectuelles du chien, qu'il vient d'écrire un volume sur les moyens à l'aide desquels on peut cultiver l'intelligence de cet animal. Pour cet auteur, un chien n'est véritablement instruit que lorsqu'il fait tout ce qu'on lui commande, même en l'absence de son maître. Autrement, on tombe dans le cas de Munito qui, malgré sa science apparente en réalité, ne savait rien.

« J'ai suivi, dit M. de Tarade, ses expériences jusqu'au moment où j'ai découvert le nœud de l'énigme. Munito était placé dans un cercle formé de grands cartons sur lesquels étaient tracés, ou des lettres, ou des chiffres peints de couleurs différentes ; Munito avait l'ouïe excessivement fine et exercée à saisir le léger bruit que son maître (un Italien) produisait avec l'ongle ou un cure-dent, quoique la main qui donnait ce signal fût cachée dans sa poche. Et le chien soi-disant savant se promenait dans le cercle, ayant l'air de réfléchir, et s'arrêtait devant le carton voulu par le maître. »

Munito était fréquemment récompensé ; il recevait une petite boulette de pain et de viande hachée. Ce procédé est pour M. de Tarade de la pure jonglerie.

Il proteste contre cette manière de développer l'intelligence, qui n'est en effet qu'un mode d'obéissance, d'asservissement, et non un développement des facultés intellectuelles ; il indique les moyens rapides et positifs de faire savoir au chien la valeur des mots et leur application aux différents objets usuels. Un chien suffisamment exercé doit connaître les lettres, les chiffres, les couleurs, les meubles, etc. Il doit être fixé sur la valeur des prépositions dessus, dessous, devant, derrière, à côté. Il doit savoir comparer.

Il est clair que le choix du chien dépendra de l'usage auquel on le destine. Si c'est un chien de garde que vous voulez, prenez un mâtin, vous trouverez en lui la force, le courage, un grand attachement et une intelligence suffisante.

Le chien braque convient pour la chasse en plaine, l'épagneul pour le gibier d'eau ; ces deux chiens sont les plus intelligents et les plus susceptibles d'éducation. Le basset à jambes torses, dont l'allure dépourvue de vitesse permet au lapin de nombreux temps d'arrêt, est excellent pour chasser ce gibier. La chasse à courre nécessite l'emploi du chien courant, mais il y a peu de fond à faire sur lui sous le rapport de l'éducation. Il en est de même pour le lévrier, dont généralement l'intelligence est fort restreinte. La conformation du cerveau, de forme allongée et déprimée à la partie antérieure, pourrait bien, physiologiquement, être cause de cette inaptitude du lévrier à une éducation suivie. Ce dernier ne peut être employé avec succès qu'à la chasse pour coiffer le cerf, le loup et le sanglier ; pour chasser le lièvre et encore dans les pays de plaine. La vue chez lui est excellente, mais son odorat est relativement très-mauvais, en sorte que le moindre bois qui lui dérobe la vue de sa proie la lui fait perdre aussitôt. J'ajouterai aux conseils donnés par M. de Tarade pour le choix du chien dont on veut faire l'éducation, le passage suivant que j'emprunte encore à Montaigne :

« Les chasseurs nous assurent que pour choisir d'un nombre de petits chiens celuy qu'on doit conserver pour le meilleur, il ne faut que mettre la mère au propre de choisir elle-même ; comme si on les emporte de leur giste, le premier qu'elle y rapportera sera toujours le meilleur ; ou bien si on fait semblant d'entourner de feu le giste de toutes parts, celui des petits au secours duquel elle courra premièrement. Par où il appert qu'elles ont un usage de prognostique que nous n'avons pas : ou qu'elles ont quelque vertu à juger de leurs petits autre et plus vive que la nostre. » — Qu'on vienne nous soutenir encore que les bêtes n'ont pas d'esprit !

L'histoire est pleine de faits qui attestent l'intelligence
et le dévouement des chiens. L'illustre auteur des *Essais*,
en parlant d'eux, dit : « Quant à l'amitié, ils l'ont sans
comparaison plus vive et plus constante que n'ont pas
les hommes. » Il rapporte, à l'appui de cette opinion,
l'histoire d'Hyrcanus, le chien du roi Lysimachus. « Son
maître mort, il demeura obstiné sur son lict sans vouloir boire ni manger, et le jour qu'on en brusla son
corps, il prinst sa course et se jesta dans le feu où il
fust bruslé. Comme fist aussi le chien d'un nommé
Pyrrhus, car il ne bougea pas de dessus le lict de son
maitre depuis qu'il fut mort, et quand on l'emporta, il
se laissa enlever quant et luy et finalement se lança dans
le buscher où on brusloit le corps de son maitre. »
L'illustre auteur des *Essais* cite encore plusieurs
exemples de la fidélité des chiens, entre autres celui
d'un chien qui gardait un temple à Athènes. Cet animal
ayant aperçu un larron qui emportait les plus beaux
joyaux, aboya contre lui tant qu'il put sans pouvoir
éveiller les marguilliers. Désespérant de faire prendre
le voleur, il se mit à le suivre pendant toute la nuit; le
jour étant venu, il se tint un peu plus éloigné de lui
sans le perdre jamais de vue; s'il lui offrait à manger,
il n'en voulait pas, tandis qu'aux passants qu'il rencontrait dans son chemin il leur faisait fête de la queue et
prenait de leurs mains ce qu'ils lui donnaient à manger;
si son larron s'arrêtait pour dormir, il s'arrêtait près
de lui.
Ce fait étant venu aux oreilles des marguilliers, ils
allèrent à la recherche du chien, demandent quels chemins il avait suivis. Ils finirent par le rencontrer en la
ville de Cromyon, ainsi que le larron, qu'ils ramenèrent
à Athènes, où il fut puni. Les juges, par reconnaissance
pour le chien, ordonnèrent que le public fournirait cer-

taine mesure de blé pour le nourrir, et ils recomman-
dèrent aux prêtres d'en avoir soin.

En 1803, une société s'était fondée en Angleterre pour
supprimer le vol. Elle se procura et éleva un limier
chargé de découvrir les malfaiteurs. Afin de montrer
l'utilité de cette nouvelle application du chien, un voleur
fût lâché, à peu près vers dix heures du matin, d'une
place où il y avait un grand concours de monde. Une
heure après, le chien fut mis à la poursuite du fugitif.
A la suite d'une chasse qui dura une heure et demie, le
limier trouva l'homme caché à plusieurs milles de là
dans un arbre.

Il est évident que c'est à l'aide de l'étendue et de la
sûreté de son flair que le chien sait retrouver les traces
d'un homme ou même d'un objet, mais il n'accomplit
pas moins un acte de réflexion et d'intelligence quand,
la personne trouvée, il se met à aboyer et qu'il ne veut
plus la quitter.

Un domestique destitué de sa charge par un gentleman du Nord se glissa dans les écuries de son maître
pendant la nuit, et coupa par vengeance les oreilles et
la queue d'un cheval de chasse favori. Les chiens donnèrent l'alarme pendant une heure, et un limier, introduit
dans les écuries, prit aussitôt la piste.

Après avoir suivi les traces de l'homme pendant plus
de 20 milles, il s'arrêta à la porte d'une certaine maison
d'où il fut impossible de l'éloigner. Ayant réussi à se
glisser dans la maison, il monta tout en haut et, poussant
avec fureur la porte du grenier, il trouva l'objet de ses
recherches : le domestique était au lit. le chien le saisit
aussitôt et il l'eût mis en pièces si, heureusement, le
maître, qui n'avait pas perdu de vue les poursuites de
l'animal, ne fût accouru au secours du malfaiteur.

Après de si notables faits, il ne faut pas s'étonner

qu'on ait songé en Angleterre à utiliser le chien pour la police des villes et des campagnes. Il remplacerait ou tout au moins aiderait les recherches de la justice toutes les fois qu'il s'agit de découvrir les auteurs d'un crime. On a objecté qu'il serait dangereux de lui confier de telles fonctions à cause de la violence de son caractère, mais le lévrier anglais ne mord jamais celui qu'il poursuit. Il le chasse seulement vers un repaire, et alors par de sonores aboiements il indique le lieu où la personne est cachée.

Ces faits nous prouvent surabondamment les titres qu'ont les chiens, aujourd'hui surtout qu'ils payent contribution, à demander des places de sergent de ville ou de policeman. Le docteur Franklin raconte à ce sujet l'histoire fort curieuse d'un chien connu sous le nom de *Peeler*.

LE CHIEN DU POLICEMAN

Il y a quelques années, un policeman avait été tué à Kingstown dans des circonstances mystérieuses. La justice informait. Un petit chien actif et fureteur, appartenant à la race de l'épagneul, rôdait chaque jour autour de la chambre de la victime, entrait, sortait et semblait prendre à l'enquête des magistrats un intérêt tout personnel. On admira la conduite de l'animal, et un des juges d'instruction demanda à l'un des officiers de la sûreté publique : « A qui appartient ce chien ? — Oh ! répondit l'officier, ne le connaissez-vous point ? J'aurais cru que tout le monde connaissait Peeler, le chien de la police. » Le juge s'informa de l'histoire de l'épagneul. Voici cette histoire :

Il y a quelques années, le pauvre petit Peeler avait

tenté l'appétit d'un énorme chien du mont Saint-Bernard
ou d'un terre-neuve, le géant, je pourrais dire l'ogre de
sa race. Le malheureux épagneul courait grand risque
d'être dévoré et de servir de déjeuner à Sa Majesté canine,
le Gargantua des neiges, lorsqu'un policeman intervint,
et, d'un coup de son bâton, abaissa le fort et releva le
faible. Depuis ce temps-là, Peeler a conçu une reconnaissance sans limite pour les hommes de police. Où ils
vont, il va, ou, pour mieux dire, il suit. Il monte la garde
avec eux et charme par sa présence l'ennui des longues
factions ; — ou bien encore, il aide ses amis à arrêter les
perturbateurs du repos public. Peeler s'est constitué lui-
même inspecteur de police en chef ; il va d'une station
à une autre, et quand il a visité un district de la ville,
il continue sa ronde dans les quartiers voisins. On le
voit souvent entrer au chemin de fer de Kingstown,
monter dans un wagon de première classe et se rendre
à Black-Rock. Là il visite la station de police, continue
son tour d'inspection jusqu'à Boosterstown, attend le
passage du convoi et se rend ailleurs pour observer les
habitants. S'étant assuré par ses propres yeux que tout
est en ordre, il retourne par un autre train du soir à
Kingstown.

De même que Peeler a ses attachements, il a ses antipathies. Il existe surtout un homme pour lequel il éprouve
une répugnance extrême ; un jour qu'il le rencontra dans
un wagon, il descendit et attendit le train suivant, préfé-
rant souffrir un retard d'une demi-heure plutôt que de
subir une pareille compagnie. Sa partialité pour les
hommes de police est extraordinaire. Toutes les fois
qu'il rencontre un homme en habit de constable, il
exprime sa joie en dansant et en marchant à côté de lui.
Il devine même quelques-uns de ses amis et les aborde
jusque sous l'habit bourgeois. Mais il faut pour cela que

ce soient de vieilles connaissances. Ainsi recherchés par l'animal dévoué, les gardiens de la ville de Londres ne le traitent pas avec moins de courtoisie. Partout où va Peeler, il reçoit d'un côté une croûte de pain, une petite tape d'amitié sur la tête, une caresse sur le dos ; Peeler aime les policemen durant leur vie, il ne les oublie pas après leur mort. On le vit dernièrement assister au convoi de Daly, le policeman qui fut tué à Kingstown.

LE CHIEN DU DÉCROTTEUR

Autres exemples.

Les gentlemen anglais ne sortent guère sans être bien peignés et bien cirés. Un d'eux, étant venu à Paris, passait sur un des ponts de la Seine, lorsque ses bottes, qui étaient parfaitement cirées, se trouvèrent injurieusement salies par un caniche. L'animal avait frotté ses pattes sur les pieds de l'Anglais. Celui-ci s'avança, en conséquence, vers un homme qui stationnait sur le pont avec une boite et fit réparer l'outrage qu'avait subi sa chaussure. La même aventure se renouvela le lendemain et les jours suivants. Pour le coup, la curiosité de l'Anglais fut excitée, et cette fois il observa attentivement le chien. Il le vit alors se diriger vers la Seine, tremper ses pattes dans la boue que la rivière dépose sur ses bords, puis remonter sur le pont, attendre là une personne bien propre, bien chaussée, bien cirée, sur les souliers desquels il pût s'essuyer. Découvrant alors que le décrotteur était le propriétaire du chien, le gentleman l'interrogea finement. Après quelques moments d'hésitation, l'homme avoua qu'il avait dressé son chien à cet exercice, afin de se procurer des pratiques. « Ah ! monsieur, ajouta-t-il,

le commerce va si mal !... » Le gentleman, frappé de la
sagacité du chien, l'acheta et l'emmena à Londres. Le
nouveau maître, après avoir tenu l'animal quelque temps

Le chien du décrotteur.

à l'attache, le laissa courir ; le chien demeura librement
avec lui un ou deux jours, puis s'échappa. Deux semaines après, on le trouva avec son premier maître, se li-
vrant à son ancien métier sur un des ponts de Paris.

Julien Scaliger et l'histoire de Montargis nous ont
conservé l'histoire émouvante du chien d'Aubry de
Montdidier. Cette histoire, arrivée au temps de Charles V,
est devenue si populaire, que nous croyons inutile de la
reproduire.

« Tout Paris a vu, en 1660, dit Sonnini, un chien fixé,
pendant plusieurs années, sur le tombeau de son maître,
au cimetière des Innocents, sans que rien pût l'en arra-

cher. Plusieurs fois on voulut l'emmener, l'enfermer à l'extrémité de la ville ; dès qu'on le lâchait, il retournait au poste que sa constante affection lui avait assigné ; il y restait malgré la rigueur des hivers. Les habitants du voisinage avaient été touchés de sa persévé-

(Il se mit à tirer le cordon. Page 295).

rance, lui portaient à manger ; le pauvre animal ne semblait manger que pour prolonger sa douleur et donner l'exemple d'une fidélité héroïque. »

A l'époque de la Révolution, lors des scènes sanglantes qui se passaient aux Brotteaux, un chien suit son maître, condamné à être fusillé.... Après l'exécution, le chien se couche sur le cadavre, refuse obstinément de s'en séparer, il repousse toute nourriture et meurt de faim et de chagrin quelques jours après.

Tout le monde sait l'histoire de ce chien français, qui, après avoir vu des mendiants sonner à la porte d'un couvent et recevoir de la soupe, se mit aussi à tirer le cordon pour avoir une ration.

Voici un autre trait d'esprit et de reconnaissance. Un chirurgien rencontre un chien dont la patte était cassée; il emporte chez lui la pauvre bête, lui remet sa fracture et lui rend la liberté. Quelques mois après, le chirurgien est tout étonné de voir entrer chez lui l'animal qu'il avait soigné, accompagné d'un autre chien qui avait aussi une fracture à la patte.

TERRE-NEUVIEN

On connaît aussi le dévouement intelligent de ces chiens qui, sur les hautes montagnes des Alpes, vont à la recherche des voyageurs surpris par la neige. Les religieux du mont Saint-Bernard, habitants hospitaliers de ces hauteurs glacées et presque inaccessibles, ne manquent pas d'envoyer, chaque jour l'hiver, un domestique accompagné de deux chiens, à la rencontre des voyageurs du côté du Valais, jusqu'à Saint-Pierre. Les chiens suivent la trace du voyageur qui a perdu son chemin; ils le trouvent, le ramènent et l'arrachent à une mort inévitable.

Voici un trait d'un chien de Terre-Neuve que nous empruntons au *Bulletin* de la Société protectrice des animaux :

« Un individu que, pour son honneur, il vaut mieux ne point nommer, avait un vieux chien de Terre-Neuve dont il voulut se défaire par économie, dans l'année où la gent canine fut frappée d'un impôt.

« Cet homme, en vue d'exécuter son méchant dessein, mène son vieux serviteur au bord de la Seine, lui attache les pattes avec une ficelle et le fait rouler de la berge dans le courant.

« Le chien, en se débattant, parvient à rompre ses liens, et voilà qu'il remonte à grand'peine et tout haletant sur la rive escarpée du fleuve.

« Ici même son indigne maître l'attendait, un bâton à la main.

« Il repousse l'animal, le frappe avec violence ; mais il perd l'équilibre dans cet effort et tombe à la rivière. Il était perdu sans ressource, si son chien n'eût été qu'un homme comme lui.

« Mais le terre-neuvien, fidèle au mandat que les chiens de son espèce ont reçu, et qu'on nomme instinct pour se dispenser de la reconnaissance, oublie, en une seconde, le traitement qu'il vient de recevoir, et il s'élance dans les eaux mêmes qui avaient failli l'engloutir, pour arracher son bourreau à la mort.

« Il y parvient non sans peine.

« Et tous deux retournent au logis · l'un humblement joyeux d'avoir accompli sa bonne œuvre et obtenu sa grâce, l'autre désarmé, repentant peut-être. »

TERRE-NEUVIEN ET MATIN

Voici encore une autre anecdote qui prouve l'excellent cœur du terre-neuvien. Un chien de cette race et un mâtin se détestaient. Chaque jour amenait entre eux de nouveaux combats. Or il advint que, dans une de ces batailles violentes et prolongées sur la jetée de Donaghadee, ils tombèrent tous les deux à la mer. La jetée était longue et escarpée : ils n'avaient d'autre moyen de salut que de nager. Seulement, la distance qu'ils devaient parcourir à la nage était considérable. Le terre-neuve, étant un excellent nageur, se tira lestement d'affaire : il aborda tout mouillé sur la côte, où il fit quelques pas en se secouant. Puis, au même instant, témoin des efforts de son récent antagoniste, qui, n'étant point nageur, s'épuisait à lutter contre l'eau et était sur le point de s'engloutir, le terre-neuve est pris d'un généreux sentiment. Il se précipite de nouveau à la mer, attrape le mâtin par le collier et lui tenant la tête hors de l'eau, le ramène sain et sauf sur le bord.

Cette heureuse délivrance fut suivie d'une scène de reconnaissance vraiment touchante entre les deux animaux. Désormais ils ne se battirent plus : on les voyait toujours ensemble ; enfin, le terre-neuve ayant été écrasé par un wagon chargé de pierres, l'autre chien se lamenta et fut longtemps inconsolable.

VAILLANT

Dans son ouvrage sur l'éducation du chien, M. de Tarade rapporte le récit d'un drame récent raconté par M. Léonce Guine.

Deux enfants de douze à quinze ans (cet âge est sans pitié) venaient de jeter dans la Seine, au niveau de la rue de la Grande-Arche, un pauvre chien aveugle, à moitié mort de faim et de vieillesse. C'était un serviteur

inutile, on lui donnait son congé dans la forme usitée...
pour les chiens.... On le noyait pour lui épargner les
douleurs de l'abandon et de la faim! Quoi de plus logique? N'est-ce pas ainsi (c'est triste à dire) que l'on traite
généralement les animaux domestiques, quand ils ne
sont plus bons à rien?

C'était donc avec un malin plaisir, je dirai même
avec une joie cruelle, que les enfants avaint lancé la
pauvre bête au milieu des flots. Non contents de cette
exécution capitale, les petits bourreaux accablèrent leur
victime d'une grêle de pierres; ses cris plaintifs, ses
aboiements désespérés, loin de les attendrir, ne faisaient
qu'exciter leur joyeuse humeur.

Par instants, de sourds gémissements leur appre-
naient, à leur grande satisfaction, que le pauvre chien
venait d'être atteint par quelques-uns de leurs pro-
jectiles.

«J'allais, dit M. Guine, fermer ma fenêtre pour ne
plus assister à ce drame des rues, cher encore à tant de
désœuvrés, quoique si peu conforme à la douceur de
nos mœurs parisiennes actuelles, lorsque tout à coup,
j'entendis la foule, qui prenait grand plaisir à voir ce
divertissement barbare, battre bruyamment des mains
et pousser de vives acclamations. Je retournai la tête et
j'aperçus, non sans surprise, mon chien *Vaillant* qui,
attiré par les aboiements lugubres de son camarade,
venait de se jeter dans le fleuve et se dirigeait de son
côté. Il fendait l'eau avec une agilité incroyable; ses cris
joyeux et la direction qu'il suivait me firent deviner ses
intentions: Vaillant s'érigeait en sauveur!

«Le chien aveugle, en effet, devinant que des secours
inespérés allaient lui arriver, sembla redoubler de force
et de vie: en quelques bonds, il rejoignit Vaillant.
Celui-ci, comprenant tout le danger de la tâche qu'il ve-

nait de s'imposer, souleva son train de derrière de manière que le naufragé pût y cramponner sûrement ses
pattes de devant, sans pour cela gêner trop ses mouve-

Vaillant sauvant un chien aveugle.

ments, et se remit bravement à nager de mon côté. Ses
efforts furent couronnés de succès; en quelques secon-
des, il prit pied et se mit fièrement à secouer sa belle cri-
nière, tandis que son camarade tombait épuisé à ses
côtés. Son dévouement cependant ne devait pas s'arrêter
là. Les enfants, qui avaient compté sans ce sauveur improvisé et voulaient à toute force se payer le spectacle
d'une noyade, s'efforcèrent de l'éloigner à coups de bâ-

ton ; mais, en s'approchant de lui, ils virent deux yeux si brillants, si terribles, ils aperçurent deux rangées de dents si blanches, si longues, si serrées, qu'ils furent forcés de rebrousser chemin et de renoncer à leur dessein.

« Ce trait ne me surprit pas beaucoup de la part de Vaillant, qui est une bête aussi bonne qu'intelligente ; mais les spectateurs, qui n'avaient pas comme moi l'avantage de le connaître, l'accablèrent de tant de caresses, que je crus un instant qu'il allait prendre le parti de se débarrasser des importuns, comme il s'était débarrassé des menaces des deux gamins. Je mis fin à l'enthousiasme général et préservai les mollets des plus empressés en rappelant Vaillant auprès de moi. Pour la première fois peut-être, le docile animal refusa de se rendre à mon appel ; j'en compris bien vite le motif : Vaillant ne voulait pas laisser son protégé à la merci de ses ennemis. Sur ma prière, un homme du peuple chargea sur ses épaules l'aveugle encore trop faible pour se traîner et alla le déposer dans la niche de mon chien ; ce fut à ce prix-là seulement que ce dernier consentit à se dérober à l'ovation de la foule, pour aller faire à son hôte les honneurs du logis. »

BRILLANT

Brillant, autre gloire de la gent canine, a depuis longtemps déjà, raconte l'*Indépendance belge*, cessé de remplir auprès de ses maîtres aucune des fonctions qui constituent ce qu'on peut appeler les métiers de chien. Brillant est monté en grade, il a franchi d'un bond la distance qui sépare la niche de l'antichambre ou de l'office : de simple veilleur de nuit il est passé messager, *factotum*, chien de confiance. Un peu d'arithmétique et de littérature, et on en fera un comptable, peut-être un secrétaire.

Le matin, maître Brillant, la tête haute et son panier crânement suspendu aux dents, fait sa première visite au boulanger, lequel, sûr de sa bonne conduite et de sa discrétion, s'empresse de lui remettre le pain de ses maîtres. De nouvelles courses attendent, au retour, le zélé commissionnaire qui, toujours muni de son panier, se rend successivement, et sur une simple indication verbale, chez l'épicier, chez la fruitière, à l'estaminet, où il apporte une bouteille vide qu'il remporte pleine, après avoir surveillé avec soin l'opération du mesurage, et en avoir constaté la moralité. Plus tard, c'est le courrier de son patron, et rien alors n'est plus plaisant et à la fois plus intéressant que de voir Brillant, une ou plusieurs lettres à la gueule, dressé sur ses pattes de derrière, au-dessous de la grande poste, une de ses pattes de devant appuyée au mur, et de l'autre tirant par son vêtement soit un passant, soit le factionnaire, et le priant du geste de jeter les lettres dans la boîte, à l'orifice de laquelle sa taille ne lui permet pas d'atteindre.

Et tous ces prodiges de mémoire, de discernement, de raisonnement pour ainsi dire, l'intelligent animal les accomplit dans un ordre quelconque, à toute heure, sans être escorté ou tout au moins dirigé par quelque signe, sans jamais commettre ni erreur ni quiproquo.

MOFFINO

Tout le monde à Milan connait l'*histoire*, car ce n'est
pas un conte, du caniche *Moffino*. Ce chien avait suivi
son maître, qui faisait partie du corps d'armée du prince
Eugène Beauharnais, lors de l'expédition de Russie
en 1812. Au passage de la Bérésina, ces deux fidèles
compagnons furent séparés par les glaçons qui roulaient
dans le fleuve, et le caporal milanais revint dans sa ville

Le retour de Russie.

natale en regrettant, non pas ses blessures, mais son
pauvre caniche, avec lequel il avait partagé bien des
souffrances et bien des misères.

Un an s'était écoulé, et le soldat, rentré dans sa fa-

mille, avait pour ainsi dire oublié l'objet de son chagrin.
Un jour pourtant, les gens de la maison virent arriver
le fantôme d'un animal qui jadis avait dû être un chien,
mais qui, à coup sûr, ne méritait plus ce nom ; c'était
quelque chose de hideux, qu'on chassa sans pitié malgré les cris plaintifs que le pauvre être faisait entendre.
A ce moment, l'ex-caporal revenait d'une promenade en
ville et vit s'avancer vers lui, en rampant sur le sol, ce
quadrupède informe qui vint lui lécher les pieds en
poussant de sourds gémissements ; il le repousse alors
assez rudement et allait peut-être débarrasser ce singulier visiteur du reste de vie qui paraissait l'animer,
quand, se ravisant, il examine avec plus d'attention
certaines marques, certains indices particuliers de cet
hôte qui lui fait fête.

Il prononce le nom de *Moffino*, et voilà que l'animal
se relève, pousse un joyeux aboiement et retombe épuisé
de faim, de fatigue, et peut-être, devrait-on ajouter, d'é-
motion. Son maître, qui l'a enfin reconnu, s'empresse
auprès de lui, le secourt, le ranime, le sauve en un mot.

Cette traversée de plus de la moitié de l'Europe, entreprise par un animal ; ces fleuves, ces montagnes
franchis par un être faible au prix de souffrances terribles, tout cela tenté pour retrouver son maître, n'est-ce
point une grande leçon pour bien des hommes? n'est-ce
point un acte merveilleux d'une intelligence soutenue?

LE CHIEN PÊCHEUR, OU LE BARBET DES CORDELIERS D'ÉTAMPES

On trouve dans l'histoire d'Étampes les faits et
gestes, non d'un chien savant, tel que les Munito de nos
jours, dont on applaudit les talents stériles, mais d'un

barbet aussi utile qu'ingénieux, et qui, pendant plusieurs années, fut le pourvoyeur adroit du réfectoi e des pères cordeliers. Son habileté à pêcher les écrevisses

Chien pêcheur d'écrevisses.

mérite d'être rapportée ; elle a été du reste le sujet d'un poëme latin composé en 1714 par Claude-Charles Hémard de Danjouan, jeune habitant d'Étampes, qui a lui-même traduit ses vers latins en vers français. Nous ne citerons de ce poëme que les passages relatifs à la pêche aux écrevisses.

Trois hivers écoulés, on lève la barrière,
Qui dans un lit forcé captive la rivière :
Le fleuve impétueux s'échappe en un moment,
Et laisse les poissons hors de leur élément.
Comme un autre Tantale, on y voit sur les rives

L'écrevisse cherchant les ondes fugitives ;
Alors chacun s'empresse à prendre part au gain,
Et les poissons, ce jour, se pêchent à la main.
Tous profitent du temps ; il n'est pas jusqu'au frère
Qui, les bras retroussés, en tunique légère,
Ne cherche l'écrevisse en ses antres profonds :
Barbet le suit aussi, Barbet fait mille bonds,
Et, sans crainte, foulant le bourbeux marécage,
Va flairant dans les trous qui sont sous le rivage.
L'écrevisse aussitôt le prend pour un appât,
Et de sa double serre entr'ouvrant le compas,
Par ses crins le saisit ; un autre vient ensuite :
Le barbet vers son maître à l'instant prend la fuite.
Que vois-je, juste ciel ! s'écria celui-ci.
Barbets en ce pays pêchent-ils donc aussi ?
De la pourpre autrefois ils montrèrent l'usage ;
L'écrevisse est pour nous un plus grand avantage.
  Il dit, et sans délai, d'un signe de la main
Il lui marque sa route en lui jetant du pain.
La fortune, à l'envi, Barbet, te favorise ;
Tu retournes chargé d'une nouvelle prise.
Qui pourrait exprimer le plaisir, le transport
Dont le frère est ravi, le revoyant à bord !
Dans ses bras il le prend, le baise, le caresse ;
Barbet, à sa façon, répond à sa tendresse,
Et, par reconnaissance autant que par honneur,
Se poste à son devoir avec plus de vigueur.

. . . .

On le voit, enhardi, méprisant le danger,
Se jeter dans les eaux, sous les flots se plonger,
Le frère, plus prudent, prend une gibecière,
En fait à son plongeur comme une muselière :
Le nouvel amphibie, étant ainsi masqué,
Contre un double ennemi ne sera plus risqué.
Mais, pour mieux amorcer l'imprudente écrevisse,
Le frère ajoute encore un nouvel artifice :
De certain composé de sympathique odeur
Il parfume le poil de l'athlète pêcheur.
L'ennemi le croit mort, saisit son apanage ;
Le barbet ressuscite et revient à la nage.
Tel qu'on voit quelquefois du milieu d'un buisson,
Le dos armé de traits, sortir un hérisson,
Tel on voit le barbet reparaître avec gloire,
Chargé de toutes parts du fruit de sa victoire,

Le frère, en souriant, le décharge aussitôt,
Au fond d'un vaste sac met la pêche en dépôt,
Puis vers un autre endroit à l'instant le renvoie
Se charger, s'il se peut, d'une nouvelle proie.
Il ne l'en quitte point qu'après la quantité
Qu'il juge suffisante à la communauté.

C'est moins pour prouver le génie poétique de notre compatriote que pour démontrer l'intelligence du chien, que nous avons rapporté l'histoire du barbet des cordeliers d'Étampes, qui n'a eu ni rival ni successeur.

LES CHIENS DE BOISVILLE-LA-SAINT-PÈRE

Je terminerai cette étude sur le chien par l'histoire de deux chiens de chasse beaucerons, qui, à ce titre, doivent avoir place dans mon ouvrage, d'autant plus aussi que cette histoire m'a été racontée par le père Baumer, serrurier d'Angerville.

Un beau matin, le boucher de Boisville-la-Saint Père, voulant se décarêmer, dit à sa femme : « Je m'en vais tuer un lapin. » Sur ce, il partit, comme d'habitude, avec son chien et sa chienne. Ces pauvres animaux étaient d'une joie folle, ils sautaient, jappaient, frétillaient, allaient, venaient autour de leur maître. Menaces, jurons, coups de pied, rien ne pouvait maîtriser leur ardeur ni apaiser leurs cris. Le chasseur se dirigeait vers un petit bois situé près du village.

Arrivé là, il monte sur un arbre, et pour mieux grimper, le pauvre boucher prend son fusil entre ses dents. A peine a-t-il atteint les premières branches, que l'une d'elles, touchant la détente, fait partir le fusil, et l'imprudent chasseur, recevant toute la charge, tombe bai-

Les chiens de Boisville-la-Saint-Père.

gné dans son sang. Ses pauvres chiens, tout consternés, le regardent, le flairent, lui lèchent les mains, aboient comme pour l'éveiller, puis se mettent à hurler de douleur. Personne n'entend leurs cris. La nuit arrive, que faire? s'en aller? abandonner leur maître? Un domestique l'eût fait; un chien, jamais. Les deux fidèles compagnons, soit pour le réchauffer, soit pour mieux le défendre, se couchent sur lui, et restent ainsi toute la nuit, sans songer un instant ni à boire ni à manger. Le jour, en revenant, les retrouve encore là, immobiles, étendus sur le cadavre, qu'ils gardent religieusement, aboyant tour à tour comme pour appeler au secours. Personne ne venant, l'un d'eux se décide à retourner au village, tandis que l'autre restera près du maître. Il arrive au logis et rassure tout le monde par sa présence. « Quand le chien arrive, disent les gens de la maison, le maître n'est pas loin. » On donne à manger à la pauvre bête, qui, malgré son long jeûne, mange avec peu d'appétit; elle regarde chacun avec tristesse, puis disparaît. Le maître ne revenant pas, on s'aperçoit de l'absence du chien. On sort, on regarde si l'on ne verra pas de quel côté l'animal est parti. A ce moment arrive la chienne; on la caresse, on lui donne aussi à manger. A peine a-t-elle fini, qu'elle regarde fixement un des ouvriers de la maison, elle aboie, elle le tire par sa blouse, ayant l'air de dire : « Suivez-moi. » On se met en effet à marcher sur ses traces, elle paraît plus gaie, elle s'avance avec ardeur, s'arrête de distance en distance, se retourne, regarde si on la suit toujours, et plus elle approche du bois, plus elle ralentit sa marche, plus elle regarde souvent derrière elle. Enfin, on approche, la pauvre bête marche tout doucement, et silencieuse elle arrive près de son maître. Le chien était couché sur lui, attendant avec inquiétude le retour de sa compagne.

Tous deux se mettent à lécher leur maître, cherchent à l'éveiller comme pour l'avertir qu'on est là.

On va informer la justice, elle se rend à l'endroit indiqué, et, la mort constatée, on emmène le cadavre dans une voiture ; les chiens suivent le cercueil. Arrivés à la maison, ils ne veulent point le quitter ; ils se couchent près de lui ; et poussent des hurlements lugubres ; on les entraîne avec peine dans une grange, et, loin de se taire, ils ne font que pousser des hurlements qui déchirent l'âme. L'infortuné chasseur est enterré. Le soir on donne la liberté aux chiens.

Le cimetière de Boisville, comme ceux de village, n'est pas difficile à franchir. Voilà nos pauvres chiens, qui, flairant les tombes, arrivent à celle de leur maître ; ils grattent tant et si longtemps, qu'ils finissent par découvrir le cercueil, sur lequel on les trouve couchés le lendemain. On les entraîne de nouveau à la grange, on les flatte, on leur donne à manger. On emploie tous les moyens pour les consoler. Rien ne peut réussir. Ils recommencent à hurler, refusent toute nourriture, et trois jours après ils meurent de chagrin. Quel meilleur sentiment, nous autres hommes, pouvons-nous opposer à un trait si touchant[1] ?

---

[1] Nous aurions pu citer beaucoup d'autres exemples encore de l'intelligence des chiens ; mais il faut se limiter. Nous renvoyons le lecteur aux ouvrages de M. B.-H. Révoil et de M. Émile Richebourg.

QUADRUMANES

SINGES. — ORANGS-OUTANGS. — CHIMPANZÉS

Les quadrumanes, dont les quatre pieds ressemblent à de véritables mains, sont les êtres de la création qui ressemblent le plus à l'homme. Ces animaux, que Linné appelait primates pour indiquer leur supériorité sur tous les autres, offrent avec l'homme les caractères suivants de ressemblance.

Leurs mamelles sont le plus souvent pectorales et au nombre de deux ; habituellement ils ont les quatre pouces opposables aux autres doigts (leurs pouces de derrière possèdent toujours ce caractère) ; leur cerveau, qui est presque constamment pourvu de circonvolutions, a, comme celui de l'homme, des lobes olfactifs plus petits que ceux des autres animaux.

Les quadrumanes forment deux familles principales : s singes et les lemures ou makis.

Les singes, si variés en espèces et si curieux par la vivacité de leurs allures, ainsi que par la ressemblance parfois singulière qu'ils ont avec notre espèce, sont répandus dans l'ancien continent ainsi que dans le nouveau ; mais leurs caractères sont différents pour chacune de ces deux grandes parties du globe.

Encore plus semblables à l'homme que ceux de l'Amérique, les singes de l'ancien continent, ou les pithéciens, ont comme lui les dents au nombre de trente-deux, et disposées suivant le même ordre. Ils ont la cloison qui sépare les narines étroite; leur partie postérieure est le plus souvent garnie de plaques épidermiques nommées callosités. Leur queue n'est jamais prenante; elle est parfois courte ou tout à fait nulle à l'extérieur; alors on ne trouve sous la peau qu'un coccyx rudimentaire, comme il existe aussi chez l'homme.

Les singes les plus rapprochés de notre espèce sont l'orang-outang de Sumatra, de Bornéo; le chimpanzé de la côte occidentale d'Afrique; le gorille, propre aux mêmes régions, particulièrement aux forêts du Gabon, et les gibbons habitant le continent indien ainsi que les îles qui en sont les plus rapprochées.

L'ORANG-OUTANG

L'orang-outang servant de domestique, — Mangeant à table. — Contrefaisant un vieillard, un prédicateur. — Détachant sa chaîne, et l'emportant sur ses épaules.

L'orang-outang a l'angle facial moins ouvert que le chimpanzé; c'est pourquoi la plupart des naturalistes le regardent comme moins intelligent que ce dernier. L'orang-outang est connu vulgairement sous le nom d'homme des bois. Cette espèce est d'un roux plus ou moins foncé devenant quelquefois très-sombre avec l'âge; ses poils sont assez longs et peu fournis; les parties inférieures et antérieures du corps sont presque tout à fait dénudées, de même que les oreilles et la face, qui est noire. La tête est couverte de poils assez longs pour figurer une sorte de chevelure. Ils habitent les îles de Bornéo, de Sumatra, la péninsule de Malacca et demeurent dans la plus profonde retraite des forêts. On a cru pendant longtemps que l'orang-outang était distinct du pongo ; il est reconnu aujourd'hui que c'est le même animal à deux âges différents de la vie. Le pongo est un adulte de l'espèce orang dont quelques jeunes seulement ont été amenés jusqu'ici en Europe.

A l'état libre, l'orang-outang est alerte, doué d'une force athlétique, et se tient presque constamment sur les arbres, au milieu desquels il court et saute avec une agilité extrême. A terre, les orangs-outangs sont graves et n'ont pas cette pétulance capricieuse ou brusque qui caractérise si bien les autres singes.

Les jeunes individus ont toujours montré une grande intelligence, une assez grande douceur de caractère et une sociabilité remarquable : en effet, ils s'ennuient quand ils sont seuls, cependant ils n'aiment pas voir de trop nombreux visiteurs. Ces animaux répètent sans peine, dit Frédéric Cuvier, toutes les actions auxquelles leur organisation ne s'oppose pas ; ce qui résulte de leur confiance, de leur docilité et de la grande facilité de leur conception. Dès la première tentative, ils comprennent ce qu'on leur demande, c'est-à-dire qu'après avoir fait l'action pour laquelle on vient de les guider, ils savent qu'ils doivent la répéter d'eux-mêmes, lorsque les mêmes circonstances se renouvellent. Ainsi ils boivent dans un verre, mangent avec une fourchette ou une cuiller, se servent d'une serviette, se tiennent à table comme un domestique derrière leur maître, et l'on assure même qu'ils lui servent à boire.

Frédéric Cuvier cite l'exemple d'un orang-outang qui, tenu en cage, pour sortir, montait sur une chaise et tirait la targette de la porte, le pêne de la serrure. Il conclut avec raison que ces actes sont intelligents et d'une intelligence supérieure par la combinaison d'idées qu'ils supposent.

Buffon raconte qu'il a vu cet animal présenter sa main pour reconduire les gens qui venaient le visiter, se promener gravement avec eux et comme de compagnie. « Je l'ai vu, ajoute-t-il, s'asseoir à table, déployer sa serviette, s'en essuyer les lèvres, se servir de la cuiller et de la fourchette pour porter à sa bouche, verser lui-même sa boisson dans un verre, choquer, lorsqu'il y était invité, aller prendre une tasse et une soucoupe, l'apporter sur la table, y mettre du sucre, y verser du thé, le laisser refroidir pour le boire, et tout cela sans autre instigation que les signes ou la parole de son maître et souvent de lui-même. »

Il ne faisait de mal à personne, s'approchait même avec circonspection et se présentait comme pour demander des caresses.

L'orang-outang observé par M. Flourens au Jardin des Plantes faisait toutes ces choses. Il était fort doux, aimait singulièrement les caresses, particulièrement celles des petits enfants, jouait avec eux, cherchait à imiter tout ce qu'on faisait devant lui.

Il savait très-bien prendre la clef de la chambre où il était logé, l'enfoncer dans la serrure, ouvrir la porte. On mettait quelquefois cette clef sur la cheminée ; il grimpait alors sur la cheminée, au moyen d'une corde suspendue au plancher, et qui lui servait ordinairement pour se balancer. On fit un nœud à cette corde pour la rendre plus courte ; il défit le nœud.

Il n'avait pas l'impatience, la pétulance des autres singes ; son air était triste, sa démarche grave, ses mouvements étaient mesurés.

« Je fus un jour, dit M. Flourens, le visiter avec un illustre vieillard, observateur fin et profond. Un costume

Le singe imita la pose et la marche de mon vieil ami.

un peu singulier, une démarche lente et débile, un corps voûté, fixèrent, dès notre arrivée, l'attention du jeune animal. Il se prêta, avec complaisance, à tout ce qu'on exigea de lui, l'œil toujours attaché sur l'objet de sa curiosité. Nous allions nous retirer, lorsqu'il s'approcha de son nouveau visiteur, prit, avec douceur et malice, le bâton qu'il tenait à la main, et feignant de s'appuyer dessus, courbant son dos, ralentissant son pas, il fit ainsi le tour de la pièce où nous étions, imitant la pose et la marche de mon vieil ami. Il rapporta ensuite le bâton de lui-même, et nous le quittâmes, convaincus que, lui aussi, savait observer. »

L'orang-outang a été quelquefois apprivoisé dans les pays de l'Orient où la température lui permet de vivre. Le père Caubasson avait élevé un jeune singe de cette famille. L'animal s'attacha tellement à lui qu'il ne le quittait plus ; il voulait l'accompagner jusque dans ses moindres mouvements. Toutes les fois que le père avait quelque service religieux à accomplir, il était toujours obligé d'enfermer l'orang-outang dans une chambre. Un jour cependant l'animal s'échappa et suivit son maître dans l'église. Là, il monta silencieusement sur le sommier d'orgue, au-dessus du pupitre, et demeura parfaitement tranquille jusqu'à ce que le sermon commençât. Alors il se glissa sur le bord du sommier et, regardant en face le prédicateur, il se mit à imiter tous ses gestes d'une manière si grotesque, que toute la congrégation fut saisie d'un irrésistible éclat de rire. Le père, surpris et confondu de cette légèreté, réprima sévèrement l'auditoire inattentif. La mercuriale manqua son effet : la congrégation continuait de se montrer distraite, et le prédicateur, dans la chaleur de son zèle, redoubla les effets de voix et les gestes. Le singe imita si bien la véhémence de cette action oratoire, que la congrégation ne put se contenir plus longtemps : elle se répandit en un bruyant et continuel éclat de rire. Le père se fâcha pour tout de bon et menaça ses auditeurs de la colère du ciel. Un ami du prédicateur vint enfin vers lui et lui désigna du doigt la cause de cette hilarité inconvenante. Le prédicateur, alors, se mit lui-même à rire, et les domestiques de l'église enlevèrent, non sans quelque résistance, le singe qui abusait ainsi de sa faculté d'imitation.

Un savant anglais, le docteur Abel, a écrit une curieuse relation sur les mœurs et les habitudes de l'orang-outang. Nous ne citerons de cette relation que ce qui se rapporte plus spécialement à l'intelligence de cet animal, qui fut amené des profondeurs des forêts de l'intérieur de l'Inde.

« L'orang-outang, dit-il, jouissait depuis son arrivée à Java d'une entière et parfaite liberté. Il n'en abusa point et ne fit aucune tentative d'évasion. Un jour ou deux seulement avant son départ pour l'Angleterre, à bord du vaisseau le *César*, on jugea à propos de l'enfermer dans une cage garnie de barreaux en bambou ; cet emprisonnement le rendit furieux. Aussitôt qu'il se vit en captivité, il prit les barreaux de sa cage avec la main et, les secouant violemment, il tâchait de les mettre en pièces ; mais trouvant que l'ensemble de ce système de clôture ne cédait point sous ses efforts, il réfléchit qu'il vaudrait mieux s'y prendre autrement : il se mit à attaquer chaque barreau séparément. Ayant découvert un bambou plus faible que les autres, il travailla sans relâche jusqu'à ce qu'il l'eut brisé et qu'il se fut échappé.

« A bord du vaisseau, on essaya de l'attacher au moyen d'une chaîne fixée à un fort poteau : il se délia aussitôt et se sauva avec la chaîne qu'il traînait derrière lui. Jugeant alors que la longueur de ce lien l'incommodait,

il le roula en une ou deux brassées et le jeta sur son
épaule. Il répéta souvent la même manœuvre, et, quand
il trouvait que la chaine jetée sur l'épaule ne se com-
portait point à son gré, il la prenait dans sa bouche.

« Dans les moyens qu'il mettait en jeu pour obtenir sa
nourriture, il nous fournit plus d'une occasion d'apprécier ses talents et sa sagacité. Il se montrait très-im-
patient de saisir les bons morceaux qu'on tenait hors de
sa portée; il témoignait de la colère quand on ne voulait
pas les lui donner et poursuivait quelquefois une personne tout le long du vaisseau pour obtenir une frian-
dise. Je venais rarement sur le pont sans quelques sucreries, ou sans des fruits dans ma poche; jamais, en
pareil cas, je ne pouvais échapper à son œil vigilant.
Quelquefois j'essayais de me soustraire à ses poursuites
en montant à la tête du mât; mais j'étais toujours gagné
de vitesse dans ma fuite. Quand il montait avec moi sur
les haubans, il assurait sa position, en posant une de
ses mains contre mes jambes. Pendant ce temps-là, le
voleur fouillait mes poches : s'il trouvait impossible de
me surprendre à cet égard, il grimpait à une hauteur
considérable sur les cordes détendues et alors sautait
tout d'un coup sur moi; que si, devinant ses intentions,
j'essayais de descendre, il se laissait glisser le long d'une
corde et me rencontrait au pied des haubans. Quelquefois, je liais une orange au bout d'une corde et je la
descendais sur le pont, du haut de la tête du mât. A
chaque fois qu'il essayait de la saisir, je l'attirais lentement à moi. Après avoir été plusieurs fois trompé dans
ses tentatives, il changeait de système. Paraissant désormais se soucier fort peu de l'orange, il s'écartait à quelque distance et montait avec une indifférence bien jouée
dans les agrès. Puis, au moyen d'une gambade soudaine,
il saisissait la corde qui tenait le fruit. S'il arrivait qu'il

fût déçu cette fois encore, dans ses desseins, par la rapidité de mon geste, il entrait dans un véritable désespoir, abandonnait la partie et courait dans les agrès en poussant des cris perçants. »

On pouvait le voir plus d'une fois à la porte de la cabine de son protecteur, dégustant son café, nullement embarrassé par la présence de ceux qui l'observaient, affectant un air grotesquement sérieux, qui semblait une charge de la nature humaine.

Les petits singes qui étaient alors sur le navire et que nous ramenions de Java, attiraient peu son attention, lorsqu'il était observé par les personnes du vaisseau. J'ai quelques raisons de soupçonner qu'il n'était pas aussi indifférent à leur société qu'il voulait en avoir l'air. Il fallait seulement pour cela qu'il fût exempt de notre surveillance. Un jour, sur le mât de misaine, je le vis jouer furtivement avec un de ces jeunes singes. Couché sur le dos, couvert en partie par la voile, il regardait de temps en temps avec une grande gravité les gambades de la petite créature qui bondissait autour de lui. A la fin, il la prit par la queue et il se mit en devoir de l'envelopper dans sa couverture. Ce système d'assujettissement n'était guère du goût de notre espiègle, qui s'échappa et qui recommença ses gambades ; quoique plusieurs fois repris, il se délivra toujours. Ces relations entre l'orang-outang et le singe ne semblaient d'ailleurs pas des relations d'égal à égal ; car l'orang-outang ne consentait jamais à jouer avec cette créature, comme il faisait avec les mousses du navire. On vit plus d'une fois ces petits singes s'embusquer dans son voisinage ou ramper furtivement autour de lui, mais sans qu'il répondît à leurs avances.

Tels furent les faits, dit le docteur Abel, dont nous rendit témoins un commerce de plusieurs mois avec cet

animal. Je les ai décrits tels que je les observai durant
notre voyage de Java en Angleterre. Depuis son arrivée
dans la Grande-Bretagne, il acquit, à ma connaissance,
deux manières d'agir qu'il ne pratiqua jamais à bord
du vaisseau, où son éducation, je dois le dire, avait été
ort négligée. Une de ces deux choses fut de marcher
droit, ou du moins sur ses pieds de derrière, sans
s'appuyer sur les mains ; la seconde fut de baiser le
gardien.

Quelques écrivains avancent que l'orang-outang donne
de véritables baisers et ils supposent que c'est un acte
naturel de l'animal. Je crois qu'ils se trompent : c'est de
sa part un acte appris.

Certains naturalistes ont contesté la supériorité de
l'intelligence de l'orang-outang sur celle du chien domestique. Ils en ont tiré des conséquences contre la doc-
rine des anatomistes touchant les relations du physique
et du moral. On a dit, par exemple, que la supériorité
organique de la masse cérébrale plus considérable du
cerveau dont était doué l'orang-outang ne se trouvait
point en rapport avec les manifestations de l'animal. Le
docteur Franklin fait remarquer, avec raison, que l'o-
rang-outang est un animal sauvage ou presque sauvage,
enlevé brusquement à son climat natal, à ses mœurs, à
la vie des forêts, son élément naturel ; dans cet état de
captivité, ses facultés, loin d'acquérir tout leur degré de
développement, doivent, au contraire, s'amoindrir. Eh
bien, malgré ces circonstances défavorables, l'orang-
outang, sans être instruit par l'homme, accomplit des
          le chien le plus sagace et le mieux instruit
se montre tout à fait incapable. Si le chien est enchaîné,
et que sa chaine s'embarrasse autour de lui par la rencontre de quelque corps étranger, l'animal la tire bru-
talement à lui et souvent accroît le mal, au lieu de le

réparèr. Si l'obstacle résiste, il s'alarme, il crie et il ne s'avise jamais de rechercher la cause du contre-temps. Il n'en est pas de même pour l'orang-outang. Du moment qu'un pareil accident arrive, il cherche à se rendre compte de l'état des choses. Vous ne le verrez pas alors tirer et insister contre la force matérielle par la force aveugle; mais à l'instant même il s'arrête comme ferait un homme placé dans les mêmes conditions. Il retourne en arrière pour examiner la raison du fait ; si la chaine est embarrassée par une masse ou par un fardeau quelconque, il la dégage. Dans tous les cas, il cherche le pourquoi. N'est-ce pas le signe le plus manifeste de l'intelligence que cette recherche des causes, que cette lutte du moral avec la résistance des objets extérieurs ?

Un autre trait de l'intelligence des singes, c'est la faculté qu'ils ont de reconnaître les dessins d'insectes ou d'oiseaux mis sous leurs yeux. Il est vrai qu'ils se font illusion sur la réalité, qu'ils cherchent à saisir ces images pour les croquer, ou qu'ils fuient s'ils se rappellent avoir quelque raison de craindre ces animaux. De même, quand ils se voient dans une glace, ils se font des mines et passent derrière, afin de voir l'animal qui leur rend grimaces pour grimaces. Les sauvages ne font pas autrement. Toutes ces manifestations intellectuelles ne s'appliquent qu'aux espèces occupant le premier rang de l'ordre. Quant aux espèces inférieures, elles sont plus stupides peut-être que les carnassiers les moins intelligents.

Le *Courrier d'Orient* rapporte un fait qui nous prouve une fois de plus à quel degré de développement peut atteindre l'intelligence des singes. Trois ou quatre enfants de sept à huit ans s'amusaient sur la place de Sultan-Mehemmed à regarder des singes qui dansaient au son du tambour de basque, et ils admiraient surtout l'un de ces animaux qui jouait à ravir de cet instrument, tout en servant de guide à un pauvre aveugle son maître, qu'il conduisait avec une adresse et des prévenances que n'aurait pas eues un homme chargé de ce soin.

Cet intéressant animal faisait de temps en temps le tour de l'assistance, présentant à chacun des spectateurs, d'une patte l'aveugle, et de l'autre patte le tambour de basque pour recevoir l'aumône. Les pièces de monnaie et les fruits pleuvaient sur le tambour. Le singe s'empressait ensuite de placer la recette dans le bissac de son maître, sans en détourner quoi que ce fût, donnant ainsi un exemple digne d'être imité.

Les trois ou quatre enfants dont nous avons parlé plus haut avaient été des premiers à mettre leur offrande sur le tambour de basque à chaque tournée du singe, et chaque fois c'étaient de petites pièces d'argent qu'ils avaient probablement destinées à des friandises, mais qu'en enfants bien élevés ils préféraient dépenser en aumônes.

Tout à coup l'un de ces enfants, le plus jeune, jeta un cri en portant la main sur sa tête. Un voleur avait voulu lui enlever son fez, garni d'un flot de perles, entouré de pièces d'or ; n'y pouvant parvenir, grâce à la mentonnière qui retenait le fez, il s'était contenté d'arracher de l'ornement une pièce d'or de grand module, *mahmoudié* de quatre-vingts piastres. Le voleur fut arrêté aussitôt : devinez par qui ?

Par le singe, qui reconnut le voleur dans la foule et le désigna en se cramponnant à ses habits avec ses dents et ses griffes. Chacun s'empressa de lui prêter mainforte, mais il ne lâcha prise qu'à l'arrivée d'un cavas, qui s'empara du coupable et le conduisit au poste.

Quant au singe, tout fier de son exploit, il alla baiser, pour sa récompense, la main du petit enfant qu'il avait si vaillamment protégé, puis il continua ses exercices.

Delachambre raconte l'histoire d'un singe qui, apercevant une belette prête prendre des lapins qui étaient dans une cage, eut l'intelligence de retirer adroitement la cage, et sauva ainsi les lapins d'une mort certaine.

LE CHIMPANZÉ

Chimpanzé attaquant un éléphant à coups de pierres. — Déférence du chimpanzé pour les femmes.

Pour la plupart des naturalistes, le chimpanzé est, de tous les singes connus celui qui se rapproche le plus de l'homme, non-seulement par le volume de cerveau, mais par l'ensemble de son organisation. La construction de la tête, la supériorité intellectuelle qui distingue l'ensemble de ses traits, la longueur de ses bras, mieux proportionnés que chez les autres singes avec la taille du corps, la grandeur et la perfection du pouce, la rondeur des cuisses, la forme plus humaine des pieds et la marche presque verticale qui en est la conséquence, la nature des sons qu'il fait entendre dans certains cas, tout concourt à distinguer le chimpanzé des autres singes, et à le rapprocher de l'homme.

Linné, dans la première édition de son *Systema naturæ*, en avait fait une espèce de genre *homo*, sous la dénomination de *homo silvestris* ou troglodyte. Depuis on en a fait un genre distinct, le genre troglodyte des zoologistes, et l'espèce la plus authentique porte le nom de troglodyte niger ou chimpanzé noir. Ce singe a le front arrondi, mais caché par les arcades sourcilières, dont le développement est extrême ; sa face est brune et nue, à l'exception des joues qui ont quelques poils disposés en manière de favoris ; les yeux sont petits et pleins d'expression ; le nez est camus et la bouche large. Le chimpanzé atteint de cinq à six pieds, et quand il s'appuie sur un bâton, il peut marcher debout pendant quelques instants. Son corps est couvert de poils plus nombreux sur le dos, les épaules et les jambes que partout ailleurs, et ces poils sont généralement noirs.

Le chimpanzé habite l'Afrique et on ne l'a trouvé encore que dans les forêts du Congo et de la Guinée.

Dans son jeune âge, il est remarquable par la douceur et la facilité avec laquelle il s'apprivoise ; mais à mesure qu'il vieillit, il perd la plupart de ses bonnes dispositions, qui sont remplacées, au contraire, par des instincts plus farouches : il ne craint pas alors d'attaquer l'homme, et, armé d'un bâton, il le frappe avec violence. Mais, jeunes, les chimpanzés sont susceptibles d'une éducation très-variée : ils apprennent à se tenir à table aussi bien que pourraient le faire les hommes civilisés ; ils mangent de tout, principalement des sucreries ; on peut les habituer aux liqueurs fortes.

Ils se servent du couteau, de la fourchette et de la cuiller pour couper ou prendre ce qu'on leur sert ; ils reçoivent avec politesse les personnes qui viennent les visiter et restent pour leur tenir compagnie et les reconduire.

Le chimpanzé habite l'Afrique intertropicale, tandis que l'orang-outang demeure en Asie. Sa vie, à l'état libre, n'est guère connue que par les récits qu'en on faits les naturels du pays. C'est, disent-ils, un formidable adversaire pour l'éléphant, ainsi que les carnivores, qu'il attaque à coups de pierres et de bâton.

Un des signes de la supériorité de l'homme, c'est de pouvoir ajouter à sa force propre des forces étrangères : le chimpanzé forme encore, sous ce rapport, une sorte d'intermédiaire entre l'homme et les animaux. Sa tactique, si bornée qu'elle soit, annonce un éclair de raison ;

A table il se tient parfaitement droit.

c'est, en effet, le rudiment de la stratégie humaine, le premier degré vers la domination.

De certaines études comparatives entre le chimpanzé et l'orang-outang, il résulte que le chimpanzé a des habitudes sociables supérieures, qu'il reconnaît mieux les personnes qui ont l'habitude d'être autour de lui. A table le chimpanzé se tient parfaitement droit, il prend plus gracieusement les morceaux entre le pouce et l'index.

Le chimpanzé aime les couleurs brillantes et se lève à l'approche d'une femme dont la robe a des nuances un peu vives.

Il est heureux de regarder aux fenêtres ; le passage

des chevaux et des voitures l'étonne et lui fait grand
plaisir.

Le chimpanzé a quelque chose de plus doux dans
le regard, de plus gracieux dans les formes, de plus
poli dans les manières. Il existe entre les facultés du
chimpanzé et celles de l'orang-outang la même différence qu'entre les caractères extérieurs de ces deux
animaux.

Le capitaine Payne décrit ainsi les mœurs d'un individu qui avait été obtenu par un vaisseau marchand sur
les côtes de la rivière Gambia et qu'il fut changé de conduire à Londres en 1851.

Quand cet animal, dit-il, vint à bord, il donna des
poignées de main à quelques-uns des matelots, mais
il refusa cette marque de confiance et même avec colère
à quelques autres, sans aucune raison apparente. Bientôt cependant il devint familier avec tout l'équipage,
à l'exception d'un jeune mousse, avec lequel il ne
voulut jamais se réconcilier. Lorsque le repas des
matelots était apporté sur le pont, il se tenait toujours
en observation, faisait le tour de la table et embras-
sait chaque convive, en poussant des cris, puis il s'as-
seyait parmi eux pour partager la nourriture. Il exprimait quelquefois sa colère par une sorte d'aboiement
qui ressemblait à celui du chien ; d'autres fois il criait
comme un enfant chagrin et s'égratignait lui-même
avec violence. Lorsqu'on lui donnait un bon morceau,
surtout des sucreries, il exprimait sa satisfaction par
un son comme *hem !* accentué sur un ton grave. La
variété des notes de son langage ne semblait d'ailleurs
pas très-étendue. Dans les latitudes chaudes, il se
montrait gai et actif ; mais la langueur s'empara de
lui lorque nous quittâmes la zone torride. En approchant de nos rivages, il manifesta le désir de s'enve-

lopper dans des couvertures chaudes. Généralement, il
marchait sur ses quatre membres, mais il ne plaçait
jamais la paume des mains de devant sur le sol.
Fermant ses poings, il s'appuyait alors sur les jointures
des doigts. Il affectait rarement la posture verticale,
quoiqu'il pût courir avec agilité sur ses deux pieds
de derrière à une courte distance. Il apprit aisément
à manger avec une cuiller et à boire dans un verre.
Dans notre société, il montra une grande disposition à
imiter les actes de l'homme.

L'éclat des métaux et des corps brillants l'attirait. Il
n'était point insensible à la coquetterie. Il mettait une
sorte d'amour-propre à se couvrir de vêtements humains. On le vit plusieurs fois se promener fièrement
sur le pont avec un chapeau à cornes sur la tête.

Le Muséum d'histoire naturelle de Paris possédait
il y a trente ans un chimpanzé qui montrait beaucoup
d'intelligence. Un jour qu'on l'avait mis en pénitence
pour je ne sais plus quelle faute, il éprouva le sentiment commun à tous les êtres vivants qu'on enferme,
c'est-à-dire le désir de recouvrer la liberté. Seulement,
il mit dans cette entreprise un esprit de suite et de
combinaison remarquable. Il fixa d'abord ses yeux
sur la porte de la chambre dans laquelle on l'avait
séquestré; mais cette porte était fermée à la clef, et
cette clef était suspendue à un clou. Le singe ne se
laissa point décourager par cet obstacle. Se haussant
sur la pointe des pieds, il essaya de s'emparer de la
clef; comme il était petit et le clou trop haut
pour que la main de l'animal pût atteindre au but;
après d'inutiles tentatives, durant lesquelles il montra
autant de persévérance que de sagacité, il reconnut que
la clef était placée à une distance telle de ses doigts que
l'extrémité du membre et l'objet ne se rencontreraient

jamais ; en conséquence, le chimpanzé monta sur la chaise, approcha une main du mur, et décrocha le clef. Cela fait, il descendit, puis introduisit adroitement la clef dans le trou de la serrure et ouvrit la porte.

Qu'on m'aille soutenir, après un tel récit,
Que les bêtes n'ont point d'esprit !
Pour moi, si j'en étais le maître,
Je leur en donnerais aussi bien qu'aux enfants.
Ceux-ci pensent-ils pas dès leurs plus jeunes ans ?
Quelqu'un peut donc penser, ne se pouvant connaître.
Par un exemple tout égal
J'attribuerais à l'animal
Non point une raison selon notre manière,
Mais beaucoup plus aussi qu'un aveugle ressort.

LA FONTAINE, liv. X, fable 1.

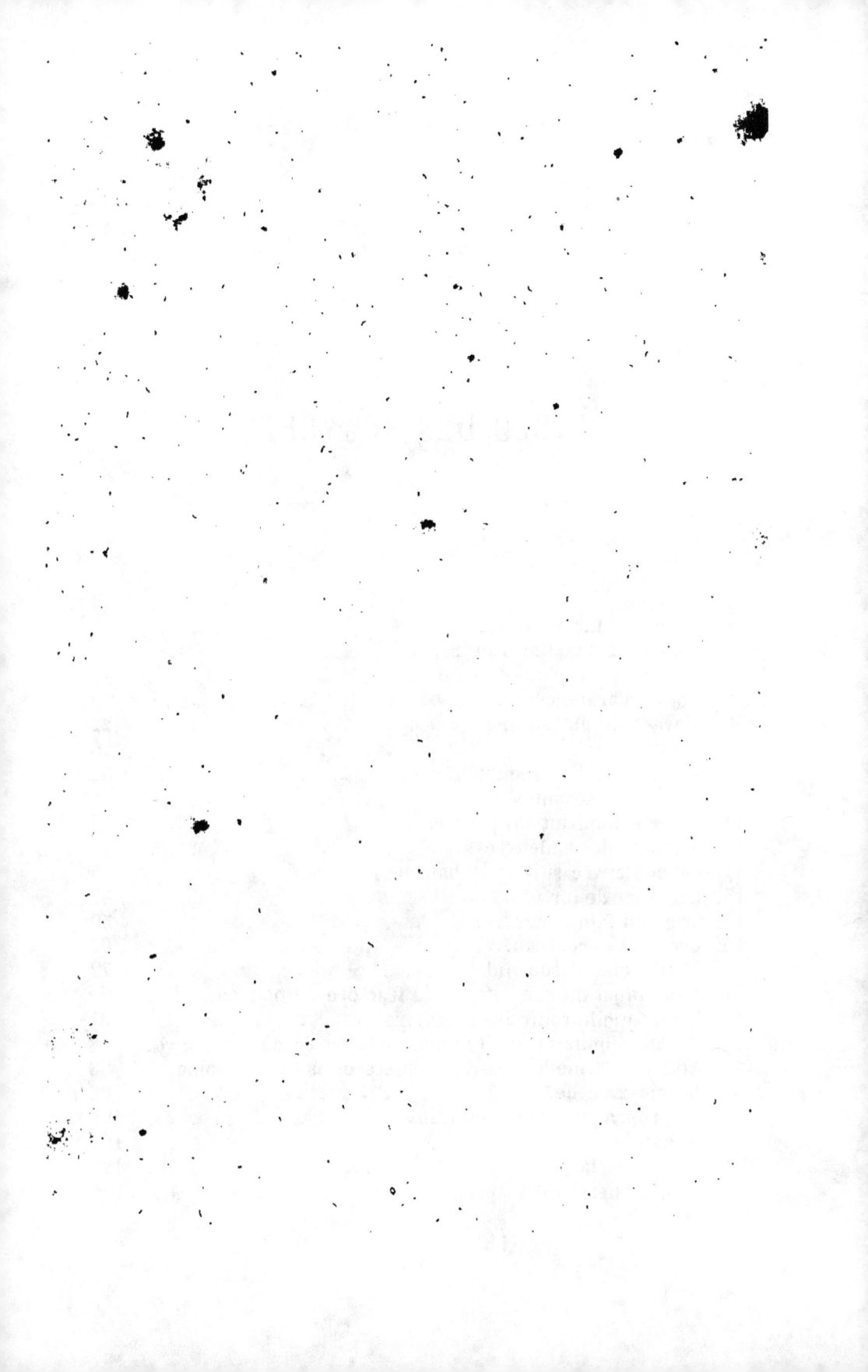

TABLE DES GRAVURES

TABLE DES MATIÈRES

FIN DE LA TABLE DES MATIÈRES.

PARIS. — IMP. SIMON RAÇON ET COMP., RUE D'ERFURTH, 1.

www.ingramcontent.com/pod-product-compliance
Lightning Source LLC
Chambersburg PA
CBHW050455270326
41927CB00009B/1763